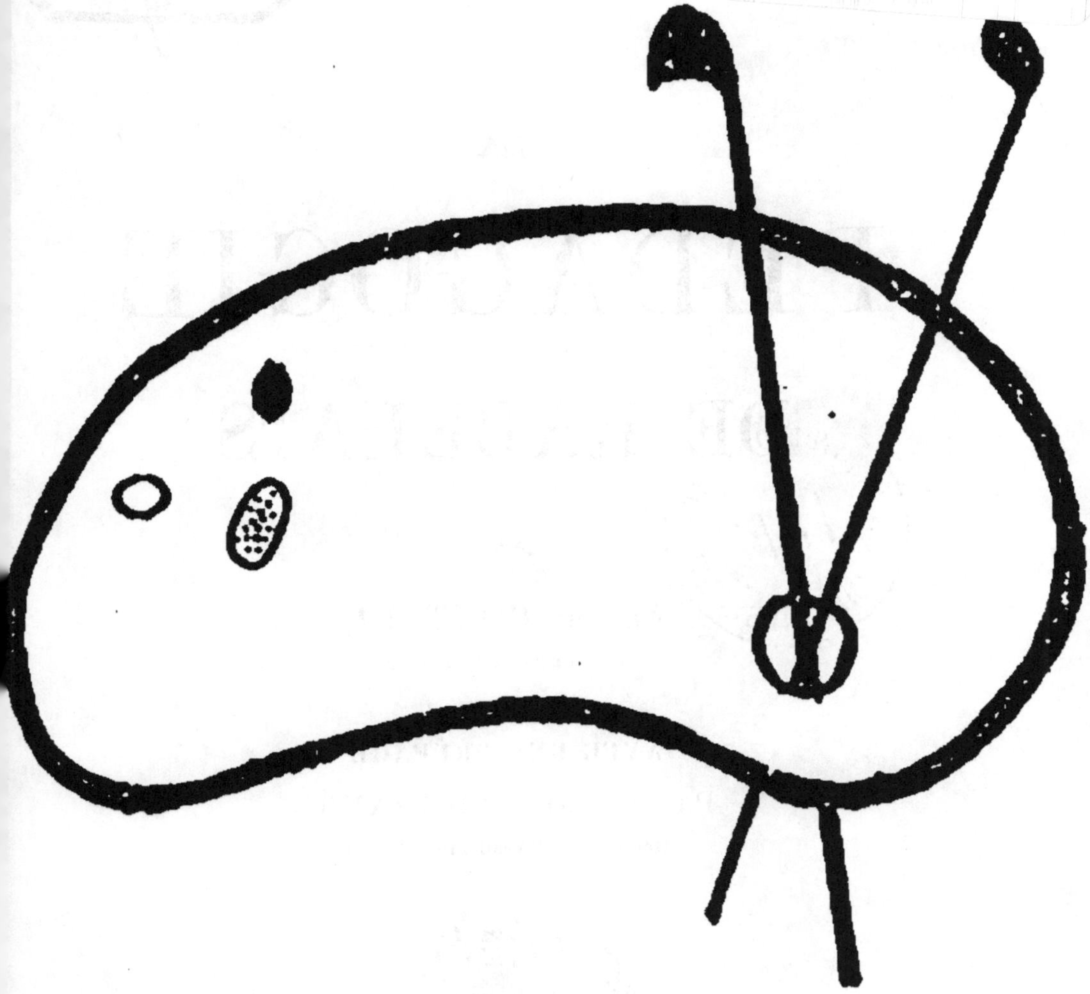

COUVERTURE SUPERIEURE ET INFERIEURE EN COULEUR

LA PÉDAGOGIE

DE RABELAIS

PAR

Albert COUTAUD

DOCTEUR EN DROIT

AVEC UNE PRÉFACE

Par Gabriel COMPAYRÉ

Recteur de l'Académie de Lyon

PARIS

LIBRAIRIE DE LA FRANCE SCOLAIRE

13 — boulevard Montparnasse — 13

1899

LA
PÉDAGOGIE DE RABELAIS

LA PÉDAGOGIE DE RABELAIS

PAR

Albert COUTAUD

DOCTEUR EN DROIT

AVEC UNE PRÉFACE
Par Gabriel COMPAYRÉ
Recteur de l'Académie de Lyon

PARIS
LIBRAIRIE DE LA FRANCE SCOLAIRE
13 — boulevard Montparnasse — 13

1899

PRÉFACE

Depuis que Guizot a publié sa mémorable étude sur les *Idées de Rabelais en fait d'éducation*, — il y a près d'un siècle de cela, — le facétieux conteur des faits et gestes de Gargantua et de Pantagruel s'est vu désormais classé parmi les auteurs graves qui, au moins en passant, ont doctement disserté sur l'art d'élever les hommes. Celui que Bacon appelait « le grand railleur de France », et Étienne Pasquier « un merveilleux ouvrier de facéties », s'est transfiguré en « un pédagogue sans le savoir », qui a maintenant sa place marquée dans les dictionnaires de pédagogie et les histoires de l'éducation.

Même de l'étranger les hommages sont venus sincères et nombreux au roi des rieurs, métamorphosé en philosophe sérieux, à qui il n'a pas fallu moins de trois siècles pour que dans ses lenteurs, la justice tardive de la critique reconnût en lui un des précurseurs les plus authentiques de l'éducation moderne.

C'est ainsi qu'en Allemagne M. Arnstædt lui a consacré, en 1872 et en 1877, deux forts volumes, qui contiennent de longs extraits, traduits et commentés, de l'épopée rabelaisienne, et où ce qui n'est qu'un épisode très court de cette épopée, une esquisse de fantaisie rapide, plutôt qu'une œuvre de réflexion étudiée, est un peu pesamment présenté comme le « Traité d'éducation » de Rabelais (1).

Aux États-Unis, où les études pédagogiques, comme

---

(1) *François Rabelais und sein « Traité d'éducation »*, par Frédéric Auguste Arnstædt, Leipzig, 1872.

on sait, fleurissent d'un éclat particulier, les historiens de l'éducation n'ont garde d'omettre le nom du premier évangéliste de la pédagogie. Dans son *Histoire de l'éducation moderne* (1), M. Samuel G. Williams célèbre l'éducateur de Pantagruel, pour avoir proposé un plan d'études qui prépare la culture humaine la plus complète qu'on puisse rêver ; il le présente comme le promoteur des méthodes d'instruction objectives, qui sont fondées sur l'observation directe des choses, et aussi des méthodes actives, qui font appel à l'initiative personnelle de l'élève : « Rabelais, écrit-il, n'a rien omis de ce qui est d'une importance vitale dans nos procédés modernes d'instruction ». De même dans son livre sur *l'Idéal de l'éducation* (2), M. James P. Munroë place Rabelais à côté de Bacon et de Coménius, de Montaigne et de Locke. Et encore un autre écrivain américain, M. Walter Besant, n'hésite pas à dire, dans un volume d'extraits, que « les leçons de Rabelais sur l'enseignement conviennent à tous les âges de l'humanité, qu'elles seront lues avec profit jusqu'à ce que nous revenions à l'âge d'or ; et alors, ajoute-t-il, nous serons tous élevés comme l'ont été Gargantua et Pantagruel » (3).

Il y a donc une pédagogie de Rabelais, et l'on ne saurait être surpris que ce sujet, quoiqu'il ait déjà été maintes fois passé au crible de la critique, ait tenté un nouvel historien : nous félicitons M. Albert Coutaud d'avoir voulu l'approfondir, avec science, conscience et talent, dans un volume de près de trois cents pages.

A vrai dire, dans les développements variés où l'auteur se laisse complaisamment engager, à propos de chacun des articles du *credo* pédagogique de Rabelais, il semble que son commentaire déborde un peu le cadre dont le titre, choisi par lui, paraissait d'avance déterminer les limites précises. M. Anatole France a écrit du livre de M. Paul Stapfer, *Rabelais, sa personne, son génie, son*

(1) Samuel G. Williams, *The history of modern education*, 1892.
(2) James P. Munroë, *Ideal of education*, 1895.
(3) Walter Besant, *Readings in Rabelais*, 1883.

œuvre, que « c'était proprement une promenade autour de Rabelais » (1). Il est permis de juger de même le travail de M. Coutaud : c'est, il le déclare lui-même, « une excursion autour des idées pédagogiques » du réformateur du XVIe siècle; « on a été entraîné à étudier d'autres faces de son génie, d'autres tendances de son esprit, d'autres détails de sa vie littéraire ». Le livre aurait pu tout aussi bien s'intituler : *Essai sur les études et l'éducation personnelle de Rabelais*, ou encore : *Sur l'état des connaissances humaines du XVIe siècle*. C'est Rabelais tout entier, — et l'œuvre n'y perd pas en intérêt, — qui nous est présenté dans la diversité infinie de ses goûts et de ses talents : — Rabelais philosophe et théologien, géographe et historien, éditeur d'Hippocrate et de Galien et faiseur d'almanachs populaires, créateur d'un genre d'épopée où il n'a guère rencontré d'imitateurs, Rabelais médecin... tout autant que Rabelais pédagogue.

N'en concluons pourtant pas que M. Coutaud soit réellement sorti des bornes de son sujet. Rabelais, en effet, comme tant d'autres, s'est raconté lui-même, il a raconté son siècle dans sa pédagogie. Pour bien comprendre le plan d'éducation qu'il a esquissé, il est nécessaire de connaître l'homme et le temps où il a vécu. Il est de la famille de ces moralistes et de ces pédagogues dont les systèmes ne sont en quelque sorte que des autobiographies, où l'auteur recommande aux autres ce qu'il a pratiqué lui-même, des codes qui ne seraient que les mœurs réelles codifiées et posées en lois. Si, par exemple, Rabelais veut que « rien ne soit incognu » à son élève, s'il demande à voir en lui « ung abisme de science, » c'est qu'il a été précisément, et en personne, cet abîme de science, un savant doublé d'un lettré, au savoir universel. S'il préconise les langues anciennes « et premièrement la grecque », c'est qu'il a adoré l'antiquité, c'est qu'il a été un enthousiaste et dévot lecteur d'Homère, de Platon et d'Aristote, — de Platon surtout. Si, d'autre part, il donne congé à l'instruction purement livresque pour y substi-

---

(1) Anatole France, *la Vie littéraire*, t. III, p. 28.

tuer l'étude de la nature, c'est qu'il s'est plongé avec ivresse dans la contemplation des choses réelles. S'il est l'apôtre de l'observation directe, de l'expérience et des leçons de choses, c'est qu'il en a le premier fait usage, lorsqu'il se livrait à l'observation des astres, lorsqu'il faisait des démonstrations publiques d'anatomie, lorsqu'il inventait et dessinait, — il dessinait fort habilement, — des instruments de chirurgie... Et ainsi du reste. L'éducation que Rabelais patronne est celle qu'il s'est donnée à lui-même dans le libre et vigoureux essor de son génie, celle qu'il a expérimentée pour son propre compte, par un travail prodigieux, se familiarisant avec toutes les sciences, passant des bibliothèques dans les laboratoires, se nourrissant de la moëlle des humanités classiques et s'abreuvant aux sources nouvelles des sciences positives. De sorte que par une pente aisée M. Coutaud passe naturellement de l'étude de ses théories à l'examen de sa vie, de ses lectures, de ses accointances avec les érudits, avec les imprimeurs du temps, de ses pérégrinations à travers le monde, enfin de tout ce qu'il a étudié et connu.

J'ajoute, quelque géniale que soit l'œuvre de Rabelais, qu'elle porte malgré tout l'empreinte de son temps. Il s'est souvent inspiré des spectacles que lui offraient ses contemporains. Ainsi, M. Coutaud suggère que Gargantua, à la fois prince lettré et homme de guerre, pourrait bien n'être que l'image « démesurément grossie » de François Ier, du roi amateur de lettres et d'arts au milieu de ses soucis militaires, qui visitait volontiers les ateliers d'imprimerie des Estienne, qui se plaisait, même aux heures des repas, à entendre les hommes savants lui parler d'histoire naturelle, qui avait appris d'eux, à ce que rapportent ses biographes, « tout ce que les anciens et les modernes ont écrit sur les animaux, les plantes, les métaux, les pierres précieuses »... C'est presque, mot pour mot, la phrase célèbre de la lettre de Gargantua à son fils Pantagruel : « Je veulx que tu cognoisses tous les arbres, arbustes des forelz, tous les métaux cachés au ventre des abysmes, les pierreries de tout Orient et Midy... » Et il n'est pas besoin de faire remarquer que roi de France et roi imaginaire de la fable rabelaisienne se ressemblent encore dans leur amour du plaisir et la licence de leurs mœurs. D'un autre côté, pour original qu'il soit dans ses vues, dans ses divinations sur la science, Rabelais n'est pas seul de son époque à avoir recherché les « novelletez » de la pensée humaine. Par exemple, il est géographe ; — il y a une géographie comme une pédagogie de Rabelais, et au XIV° Congrès national de géographie tenu à Tours en 1893, un spirituel conférencier demandait que la Société de géographie de France lui décernât rétrospectivement un brevet de sociétaire(1) ; — mais, autour de lui, les géographes du XVI° siècle sont légion. Et de même pour la linguistique, pour l'astronomie, pour la musique, pour l'histoire, pour la médecine et la chirurgie, la Renaissance, avec l'intensité de ses jeunes ardeurs, multipliait les tentatives et les efforts. Il n'y a pas un des mots mis en vedette dans le programme d'instruction de Rabelais qui ne réponde à toute une série de travaux contemporains, qui ne soit comme la conclusion d'une large et forte poussée intellectuelle, à laquelle ont participé un très grand nombre d'esprits. De là cette tentation très légitime, à laquelle M. Coutaud a eu raison de céder, de nous dire, avec une érudition solide et qui témoigne d'énormes lectures, quels ont été au XVI° siècle, et même avant, les préparateurs et les collaborateurs des idées de Rabelais.

D'ailleurs, quand on écrit sur Rabelais, comment ne pas se croire autorisé à user un peu de cette liberté de composition dont il a lui-même abusé. Siérait-il de disserter trop didactiquement, trop méthodiquement, sur le plus désordonné des écrivains fantaisistes ? Il n'a pédagogisé que par accident, à bâtons rompus. En fait d'écoles, c'est l'école buissonnière qu'il a le mieux connue. « Il aimait, disait-il, « à vagabonder à travers le siècle ». Il a vagabondé, en effet, d'université à université, étudiant errant, sans jamais parvenir à se fixer. Même quand il parut, en 1533, avoir trouvé un domicile stable à Lyon, la

(1) P. Ducrot, la *Géographie de Rabelais, les voyages de Pantagruel*.

« noble cité », comme il l'appelle, « l'inclyte et famosissime urbe de Lugdune », (les Lyonnais prétendent volontiers que Lyon a été la seconde patrie de Rabelais) ; même quand il y est devenu médecin de l'hôpital du Pont du Rhône, régulièrement appointé de 40 livres tournois, et qu'il y a noué des relations littéraires avec les Estienne Dolet, les Sébastien Gryphe, les François Just, sans parler de relations plus intimes et d'un tout autre genre : même alors son humeur voyageuse l'emporte ; un beau jour il disparaît, il s'évade... On a conservé à l'Hôtel-Dieu de Lyon le registre des délibérations relatives au départ et au remplacement du fugitif (1). Il y est dit que « Maistre Rabellays a abandonné ledict hospital, pour la deuxiesme foys, et sans congé prendre. » Un des conseillers de l'Hôtel-Dieu, une bonne âme assurément, opine qu'il ne faut pas se hâter de pourvoir à l'office vacant, qu'il conviendrait d'attendre, « de superceder jusques après Pasques, car ledict Rabellays pourra revenir.... » Mais Rabelais ne revint pas : il avait trouvé pour quelque temps, à Grenoble, une hospitalité de son goût auprès du Président de Vachon, dont la maison passait pour être un asile ouvert aux hommes de lettres, « une académie perpétuelle de gens savants ». Et après ce séjour à Grenoble, ce fut le retour à Montpellier, puis les voyages en Italie, en attendant la retraite définitive dans la petite cure de Meudon...

Le plus inconstant des hommes, Rabelais est le plus fantasque des écrivains. Dans ses écrits, comme dans sa vie, ce ne sont que digressions, volte-face soudaines, perpétuelles pirouettes, qui déconcertent et amusent le lecteur. Mais, par un contraste singulier, quand il lui arrive de parler d'éducation, il devient subitement grave : trêve aux gamineries, aux farces, aux grossièretés. Il a conscience de la grandeur du rôle d'éducateur : sa langue s'ennoblit ; le ton s'élève ; le satirique se transforme en prophète. Et ce qui n'est pas moins notable, c'est que le

(1) Voyez une intéressante brochure de M. Alexis Bertrand, *Le séjour de Rabelais à Lyon*, 1893.

fantaisiste s'astreint presque à une méthode : il épuise son sujet, comme on s'en convaincra en lisant l'excellent résumé qu'en donne M. Coutaud. Des trois parties de l'éducation, physique, intellectuelle, morale, Rabelais, semble-t-il, n'a rien négligé.

Il y a pourtant une lacune, et capitale, c'est qu'il n'est point question du rôle de la femme dans l'éducation. M. Coutaud, qui a pénétré Rabelais jusqu'à la moëlle, à force d'étudier son œuvre « diverse et touffue », en est venu à le chérir tellement, qu'il souffre, on le sent, d'avoir à constater une omission aussi fâcheuse. Que Rabelais ait méprisé la femme, qu'il l'ait tout au moins dédaignée, oubliée, exclue de l'éducation, cela rend notre auteur particulièrement malheureux. S'il n'est que trop vrai, en effet, que Rabelais, comme Montaigne, comme Rousseau, n'a point compris que la mère est la première et la meilleure éducatrice de ses enfants, il n'a pas eu non plus le moindre soupçon des droits de la femme à l'instruction, à l'émancipation intellectuelle. Il a conçu un haut idéal pour l'humanité, mais il a laissé la femme presque en dehors de l'humanité. Et cependant, en son siècle même, il était entouré de femmes savantes et lettrées : Anne de Bretagne, la princesse Marguerite, d'autres encore, dont M. Coutaud nous retrace les aimables figures, et qui pouvaient lui apprendre que l'intelligence de la femme est égale à celle de l'homme. Il demande, il est vrai, qu'elles soient doctes, mais doctes de la main, à l'aiguille. M. Coutaud le fait remarquer : après avoir dit que « les palfreniers, les brigands de maintenant » sont aussi savants que les docteurs d'autrefois, Rabelais ajoute : « Que diray-je ? Les femmes et les filles ont aspiré à ceste louange et manne celeste de bonne doctrine... » Je ne sais s'il faut voir une intention, une intention malicieuse, dans l'ordre de cette énumération où les femmes sont rangées après les palefreniers et les brigands ; mais ce qui est certain, c'est que Rabelais ne s'est pas dégagé des vieux préjugés monastiques à l'égard des femmes, considérées comme des créatures inférieures. Quoique son humeur indépendante ait secoué le joug pour tout le reste, il a subi, sur un point, l'influence de la tradition cléricale, qui, depuis des siècles, s'en remettant à des religieux, à des hommes sans famille, du soin d'élever les enfants, avait rigoureusement écarté de l'éducation toute action féminine.

Mais, cette réserve faite, on ne voit pas à quoi Rabelais n'a pas touché dans l'éducation, au moins d'un mot bref et suggestif. Son ample et large programme embrasse tout, contient tout. Comme l'a dit Michelet, « il élève l'homme même en toutes ses facultés, et au complet. Il croit que loin de mutiler la nature, il faut la développer tout entière, le cœur, l'esprit, le corps (1). » Même les nouveautés les plus récentes en apparence de notre pédagogie moderne, il les a prévues, entrevues. Je sais bien que M. Anatole France loue M. Stapfer « de n'avoir pas vu que Rabelais ait jamais annoncé la Révolution française ». Et notre brillant ironiste raillerait sans doute M. Coutaud d'avoir laissé entendre que Rabelais a prédit l'invention des ballons!... Mais en matière d'éducation l'ironie n'est plus permise sur les visions révélatrices de Rabelais. Il a prôné avant Rousseau l'apprentissage d'un métier manuel. Les jeux en plein air, que nous remettons à la mode, n'ont pas eu de plus fervent apôtre. Il a eu l'idée d'un enseignement professionnel, industriel, — et peut-être M. Coutaud n'a-t-il pas mis ce point suffisamment en lumière, — lorsqu'il conduit son élève « chez les lapidaires, les orfaivres et tailleurs de pierreries, les monnoyeurs, les tissoutiers, les veloutiers (Rabelais se souvient de Lyon)... et aultres telles sortes d'ouvriers »; lorsqu'il lui apprend, en un mot, à considérer « l'industrie et invention des mestiers ».

Dira-t-on que précisément ce plan d'éducation est trop vaste, excessif, qu'il imposerait un véritable surmenage d'esprit et de corps, le surmenage si redouté de nos contemporains, et bien à tort d'ailleurs. D'abord je reconnaîtrai volontiers qu'il y a une part de fantaisie dans les recommandations de Rabelais. Quand il énumère les

---

(1) Michelet, *Nos Fils*, p. 167.

choses que Gargantua ou Pantagruel doit apprendre et les exercices physiques qui alterneront avec les études, on peut se demander s'il ne cède pas simplement à ce que Nisard appelait « la furie bachique de son style », à une sorte de folie verbale, qui lui fait entasser ici les substantifs comme ailleurs les épithètes. L'exagération est dans le style, dans le vocabulaire surabondant, plutôt que dans la pensée. Cette exagération d'ailleurs s'explique aisément. Comme le fait très justement remarquer M. Coutaud, le programme rabelaisien est avant tout la critique, la satire en action des méthodes jusque là en honneur. Pour mieux faire ressortir les vices de l'éducation du moyen-âge, le réformateur se jette dans l'excès opposé. Voilà pourquoi, en opposition avec la vie cloîtrée du passé, il s'amuse à imaginer une débauche d'exercices physiques, et pour rompre le jeûne prolongé de l'esprit humain, une orgie de science. D'ailleurs, il ne faut pas l'oublier, Rabelais est un montreur de géants : ses tableaux sont des agrandissements. Pour trouver la note exacte de sa pensée, il faut écarter les proportions chimériques de ses héros, le grossissement fictif de ses romans. Pour être appliqués, les préceptes qu'il adresse à des êtres imaginaires, à des hommes énormes, doivent être proportionnés aux conditions de l'humanité réelle, et il ne saurait être question assurément de proposer Gargantua comme modèle à nos écoliers dans ses études encyclopédiques, pas plus que dans ses repas gigantesques.

Mais, mise au point et adaptée à la taille moyenne de la nature humaine, la pédagogie de Rabelais défie toute critique. Il faut savoir gré à M. Coutaud d'avoir ramené l'attention sur cette anticipation hardie, sur cette ébauche heureuse des théories de Coménius, de Rousseau, de Pestalozzi. Comment les éducateurs ne se sentiraient-ils pas encouragés dans leurs efforts, raffermis dans leur foi, en constatant qu'il y a quatre siècles un homme de génie leur indiquait déjà, de son geste puissant, la voie du retour à la nature, où ils sont de plus en plus engagés !

Il est d'ailleurs toujours à propos, toujours bon de par-

.e. de Rabelais. Dans nos temps de scepticisme ennuyé, c't.. e.ic :ristes et sombres, et infiniment compliqués, c'est rendre service à la santé de l'esprit français que de le rappeler aux sources, de réveiller les échos de la belle humeur, de la verve joyeuse, de l'enthousiasme et de la simplicité qui distinguent Rabelais et éclatent dans ses œuvres. Il a eu un grand nombre d'héritiers, heureusement pour notre race : toute une lignée intellectuelle, avec Molière, avec Voltaire, avec Beaumarchais et d'autres encore. M. Coutaud trace à grands traits l'histoire de ces « réincarnations de l'esprit de Rabelais ». Mais ce qu'il nous paraît impossible de lui accorder, c'est que, dans ce beau cortège de successeurs, il faille comprendre Renan, qu'il y ait parenté intellectuelle entre l'auteur de *Gargantua* et celui de *l'Abbesse de Jouarre* ou de *Caliban*. M. Coutaud qui a pourtant si bien défini, dans un chapitre intéressant sur la gaîté rabelaisienne, ce qu'était le rire de Rabelais, « ce bon rire qui ne fait mal à personne », a cédé, semble-t-il, à des analogies trompeuses dans le rapprochement qu'il nous suggère comme conclusion de son livre. Rabelais rit ; Renan sourit. Le premier est gai ; l'autre serait plutôt mélancolique ; celui-ci est délicat et raffiné, celui-là souvent grossier et toujours simple. Et enfin pour ne pas insister, Renan, un peu dédaigneux, est resté aristocratique, tandis qu'un grand souffle démocratique d'humanité, de bienfaisance et de liberté, traverse les écrits de Rabelais. Quand il composait à Lyon ses almanachs populaires, il les dédiait « aux pauvres et souffreteux ». Et à Meudon, dans les derniers jours de sa vie, — M. Coutaud le rappelle, — il ne se désintéressait pas de l'instruction des petits enfants du peuple : il apprenait à lire aux pauvres de tout âge : « Voyez-vous le favori des Guise, l'ami des Estienne, l'auteur recherché, le professeur applaudi, qui finit petit magister de village ?... » Retenons ce dernier trait dans une existence qui a été pleine de contrastes. Il n'est pas invraisemblable que l'écrivain qui, au milieu des gamineries, et, disons le mot, des polissonneries de ses ouvrages, a su glisser des pages de la plus noble inspiration morale, ait pu aussi dans sa vie faire succéder, quelques moments d'occupations sérieuses et d'action utile à trop de journées d'amusement et de désordre. Personne ne s'est plus diverti que Rabelais, personne n'a agité et fait tinter plus lestement les grelots de la folie ; mais personne n'a prononcé avec un accent plus sincère les paroles graves et les leçons de la sagesse : remercions ceux qui nous procurent le plaisir de croire qu'il les a lui-même quelquefois suivies.

Gabriel COMPAYRÉ.

LA PÉDAGOGIE DE RABELAIS

Il est peu de questions, en ces derniers temps, qui aient passionné les esprits soucieux des progrès de l'instruction au même degré que la question dite des programmes. Dans l'université, dans la presse, il s'est créé une littérature spécialement affectée à la discussion des problèmes pédagogiques ; tout le monde a voulu dire son mot, les professeurs, les médecins, les philosophes, les magistrats, les journalistes petits ou grands.

Fallait-il que le désir de relever le niveau des études dégénérât en une véritable « fureur d'amasser » dans le cerveau de nos jeunes générations, une dose exagérée de connaissances? Fallait-il forcer la nature et aller jusqu'au bourrage, comme disent les Anglais (cramming)? En France et à l'étranger, l'agitation s'est faite de telle façon, l'émotion a été si vive, en présence des constatations de la science et du fâcheux pronostic porté par elle sur l'état mental des enfants surmenés, que l'on s'est efforcé d'alléger les programmes trop touffus, de diminuer les heures de travail effectif. En même temps, on a voulu remédier aux conséquences prévues du surmenage, en augmentant les occasions de sortie, d'exercice au grand air, afin de contrebalancer l'intensité de surexcitation cérébrale, qui résulte de l'étude, par le développement des organes et par un méthodique entraînement de l'énergie musculaire.

C'est au cours de lectures sur cette question à l'ordre du jour que j'ai pris des notes au sujet des programmes d'instruction publique que les grands lettrés de la Renaissance avaient proposés à l'attention des pouvoirs publics, des associations enseignantes, des familles. Il y aurait beaucoup à glaner parmi les travaux qui sont le fruit de leurs méditations, mais il faut savoir se borner. D'ailleurs il n'est rien de plus attrayant, de plus court et de plus suggestif que la même étude condensée en quelques chapitres dans l'œuvre de notre grand Rabelais. J'en présente ici l'analyse, à titre de modeste contribution à l'histoire du mouvement intellectuel à l'époque de la Renaissance ; elle m'a servi de prétexte pour vivre, pendant quelques jours, en l'agréable société de celui qui fut à la fois un joyeux compagnon au propos salé, un savant universel, un vrai lettré à l'esprit attique et un profond moraliste.

I.

Les écrivains les plus éminents du xvi° siècle eurent l'ambition d'être des réformateurs. Ils ne se contentaient pas, comme au siècle précédent, de polir des phrases en grec ou en latin et de subtiliser des arguments de rhétorique pour « *faire du bruit dans toutes les disputes »* entre docteurs et *poursuivre un raisonnement jusque dans les derniers recoins de la logique* (1). Ils voulaient remuer des idées, changer le monde moral, émanciper l'humanité et la délivrer des liens dans lesquels elle avait langui au Moyen-Age. Mais il ne s'agissait pas seulement d'attaquer de front des habitudes invétérées de paresse et d'ignorance ; il fallait surtout s'adresser aux jeunes esprits et les préparer, par une solide instruction, à recueillir la moisson des idées nouvelles. De là vient que la plupart des lettrés de la Renaissance ont eu leur système pédagogique, visant, en premier lieu, l'enseignement à donner aux garçons, qui sont destinés, plus que les filles, aux luttes de la vie et dont les travaux contribuent davantage au progrès de l'esprit humain.

Cette ambition de conquérir les hommes, par l'école et dès l'enfance, on la retrouve chez les purs lettrés, chez tous les savants. Qu'ils appartiennent ou non à la société officielle, qu'ils se rattachent à l'Eglise ou qu'ils suivent le mouvement de la Réforme, ils ont tous le désir de se répandre, de faire des prosélytes, d'avoir des élèves ; ils composent des livres pour faciliter la tâche du maître, pour condenser et réduire à une dose facilement assimilable les notions destinées à l'écolier.

Guillaume Budé, Ramus, Erasme, Montaigne, Charron, Vivès, Bodin, pour ne citer que les plus connus en France, sont des réformateurs de l'enseignement : ils tracent des programmes, publient des ouvrages classiques, dogmatisent sur les doctrines pédagogiques.

(1) Molière, *le Malade imaginaire* (acte II, scène VI).

Rabelais n'a pas composé de traité sur *la bonne organisation de l'étude des lettres*, comme Budé, ni de *Gramère française en français* (1562), comme Ramus, ni de « libelle sur la civilité puérile » (1530), comme Erasme. Pour vulgariser ses idées en matière d'enseignement, ainsi qu'il avait procédé pour la morale et la politique, il a conservé cette forme allégorique, qui a, d'âge en âge, contribué au succès de son livre.

Ce n'est pas Rabelais lui-même qui parle. Ce sont les personnages inoubliables Gargantua, Pantagruel ; il met dans leurs discours les principes de morale, il montre dans leurs actions l'application des méthodes d'enseignement qu'il préconise et veut vulgariser. Sous cette forme nullement didactique, il réussit à mieux frapper les esprits.

Erasme, lui aussi, a essayé de rendre familières ses théories d'enseignement ; les « colloques » ne sont pas toujours des modèles de bon goût, et, par exemple, on ne pourrait guère permettre aux enfants de l'un ou l'autre sexe, la lecture du dialogue de « Pamphile et Marie » ou de « l'Adolescent et de la Courtisane », ce dernier surtout, dans lequel les leçons de vertu ne font pas suffisamment maudire le vice. Il a été plus heureux dans son petit Manuel de morale et de tenue à l'usage des enfants des deux sexes *(de civilitate morum puerilium libellus)*. Il a beaucoup de bon sens, un esprit fin ; il s'exprime dans une langue alerte et vive qui, même un peu défigurée par la traduction, rend la pensée d'une manière originale. Mais si français qu'il soit, par moment, grâce au piquant de sa pensée et au tour de son stylé, qu'il est inférieur, malgré tout, à notre Rabelais ! En quelques modestes chapitres, ce dernier renferme toute sa théorie d'éducation et d'instruction, et son exposé, tout sommaire qu'il soit, oppose l'une à l'autre deux époques, l'une procédant de l'autre et en différant complétement, celle-là personnifiée en Gargantua, celle-ci en Pantagruel. Cet exposé paraît bien court : on peut le compléter par la biographie de Rabelais qui en est le commentaire le plus éloquent.

L'aïeul Grandgousier est un féodal, grossier dans ses goûts et dans ses aspirations, dont, pourtant, la rusticité tend à s'amender, car elle est consciente d'elle-même, de son infériorité ; elle fait amende honorable. Grandgousier donne une preuve de modestie en s'efforçant de procurer à son fils des moyens d'instruction que lui-même n'a pas eus. Ce qu'il gagne en bon sens, il le perd en vigueur et en énergie : c'est un féodal décadent. Voyez son attitude à l'égard de son voisin, le tracassier, l'ambitieux Pichrochole. Il ferme en quelque sorte l'ère du pur moyen-âge. Pour les historiens, il rappelle les dernières années du bon roi Louis XII.

Gargantua représente la période de grande érudition : période de curiosité et d'investigation, où les savants sont à l'affût des documents qui favorisent toute ouverture sur le monde antique, où l'on prépare les matériaux sur lesquels s'appuiera, solidement assis, l'esprit du monde moderne. Le xve siècle a été rénovateur à sa manière : il a vu naître la plupart des grands écrivains réformateurs qui ont, de leurs travaux et de leur génie, fait la gloire de la Renaissance.

Pantagruel, enfin, érudit comme les hommes de l'âge précédent, et, comme eux, subtil raisonneur, instruit « en bonne et philosophique discipline », paraît embarrassé de sa science encyclopédique : il n'a pas encore perdu la foi, ainsi il pleure au souvenir de la mort pitoyable du grand Pan, le bon pasteur, « nostre unique servateur. » Et cependant le scepticisme le gagne, il a le langage d'un païen nourri de la lecture des bons auteurs latins ou grecs, il exprime les doutes, il éprouve les hésitations des hommes de sa génération, qui sont d'un âge de transition et qui oscillent entre l'orthodoxie romaine et la révolte de Luther. Il porte en lui l'esprit d'examen, mais il laisse à son entourage la raillerie, la négation, la satire outrée. Les Portugais n'avaient, dit-on, conquis le royaume fantastique de Mélinde qu'en faisant boire aux habitants des liqueurs fortes. De même, ce n'est qu'à force de bouffonneries, de grossièretés voulues, que certaines idées durent passer dans l'œuvre de Rabelais, que la vive satire des hommes et des choses, des institutions religieuses et civiles, put être exposée sans trop de dangers.

En 1533, parut le premier livre de Pantagruel ; le livre de Gargantua, *qui a certainement précédé*, ne nous est cependant parvenu que sous la forme de l'édition de 1535. Les deux premiers livres réunis de Pantagruel sont de 1542 ; le troisième livre, avec approbation et privilège du roi pour six ans, paraît quatre ans après. Le quatrième livre, publié par fragments en 1547, n'a été imprimé en entier, avec privilège du roi, qu'en janvier 1552 ; enfin, *le cinquième et dernier livre des faitz et dictz héroïques du bon Pantagruel*, ouvrage d'une authenticité très contestable pour certaines parties, remanié probablement par quelque discret éditeur tout imprégné de la forme rabelaisienne, est donné au public neuf ans après la mort de Rabelais.

C'est dans le livre de Gargantua (chapitres xiv, xv, xxi, xxii, xxiii, xxiv), et dans le premier livre de Pantagruel (chapitres v, vi, vii), que nous trouvons, résumées, les idées du grand écrivain.

Rabelais nous expose la façon d'instruire les enfants : il s'élève avec force contre les détestables procédés qui sont employés de son temps et qui, suivant lui, suivant Erasme et beaucoup d'autres réformateurs, ne peuvent conduire qu'à l'atrophie de l'intelligence. Comment va-t-il s'y prendre pour assurer l'hygiène de l'esprit et celle du corps (1)?

Gargantua est d'abord confié aux bons soins d'un pédagogue imbécile « grand docteur en théologie, maître Thubal Holoferne », qui le met si bien aux auteurs, qui lui entonne si copieusement les textes, qu'après les lui avoir fait réciter dans leur ordre naturel, il les lui redemande en commençant par la fin. Un beau jour, Grandgousier, père de Gargantua, s'aperçoit avec chagrin que son fils, en définitive, n'a rien appris, qu'il ne sait véritablement rien. En dehors des auteurs dont il a machinalement empilé les vers ou la prose dans sa tête, il n'est tout au plus capable, suivant l'expression de Bacon que « de « peser, de mesurer ou d'orner le vent » (2). Des mots ! Rien que des mots ! Or, Grandgousier est un

(1) Erasme s'est préoccupé, lui aussi, de la question du surmenage intellectuel : il prescrit de ne pas négliger les soins à donner au corps : « Dixerit aliquis, parùm esse christianum, tam anxiò præcipere de curà valetudinis. Anxiam curam non approbo, diligentem exigo, non alio speciens, quam ut corpore benè composito animus sit ad institutionem habilior. » *Colloquia*, I, p. 650 ; *de pueris*, I, p. 422.

(2) De dignitate et augmentis scientiarum, liv. II, præf. § 11.

homme de bon sens, il sait ce que parler veut dire, et, sans avoir lu Erasme ni Bacon, il pense qu'on doit faire passer les choses avant les mots ; « *rerum dignitas verborum cultui præcellit* (1). N'ayant plus d'illusions sur le savoir si péniblement conquis par son fils, il l'envoie à Paris, sous la surveillance d'un guide sûr et déjà éprouvé.

Grandgousier obéissait à l'engouement général ; il avait, d'ailleurs, fait l'expérience des précepteurs de province, expérience défavorable, « car leur savoir « n'estoit que besterie et leur sapience n'estoit que « moufles, abastardissant les bons et nobles esprits et « corrompant toute fleur de jeunesse. » Il voulut savoir « quel estoit l'estude des jouvenceaux de France. »

La méthode d'enseignement de Rabelais ressemble aussi peu à l'enseignement monastique qu'à l'éducation féodale donnée encore dans beaucoup de châteaux. Le maître prescrit de varier les exercices, de sagement répartir les heures de travail, de réagir contre la fatigue cérébrale par des récréations où les forces physiques trouvent leur emploi. Avec lui, pas une heure n'est employée sans profit pour l'esprit et le corps.

Ponocratés, le nouveau précepteur de Gargantua, fait table rase de tout ce que son élève a précédemment appris, avec de si stériles efforts; pour lui donner de l'émulation, il le présente à des savants, afin que

---

(1) Ibid., lib. I, § 31. — Erasme, de ratione studii, I, p. 522, édit. 1703 : « *Principio duplex omnino videtur cognitio, rerum ac verborum ; verborum prior, rerum potior.* »

Extraits du plan d'une Université pour le gouvernement de Russie, par Diderot. *De l'étude des choses* : « En général, dans l'établissement des écoles, on « a donné trop d'importance et d'espace à l'étude des mots, il faut lui substi-« tuer l'étude des choses. »

leur commerce développe ses aptitudes et lui forme le goût : « à l'émulation desquelz luy creust l'esprit et le désir d'estudier aultrement et se faire valoir. »

L'emploi du temps est indiqué : à quatre heures du matin, réveil et lever ; répétition de la leçon de la veille, en insistant sur l'explication des passages les plus difficiles ou les plus dignes d'examen ; observation du temps et des astres ; récitation des leçons du jour, suivie d'une lecture. L'élève entre en récréation : il se livre à un exercice violent (jeu de paume ou autre) continué jusqu'à la fatigue. Le maître revoit alors avec lui les explications qu'a pu suggérer la leçon du jour. Puis, le repas, et, pendant le repas, pour ne pas s'oublier complétement avec des soins matériels, lecture à haute voix (1), conversation générale dont le texte est tiré de la provenance, de la qualité des mets qui ont été servis, pain, vin, fruits, poissons, herbes, racines, ou des auteurs anciens qui ont discuté de leurs propriétés. On a ainsi l'occasion de citer Pline, Galien, Aristote, Elien, Athénée qui ont écrit sur la nature, les vertus, la nocivité de certains objets d'alimentation : s'il est nécessaire, en cas de discussion, on a recours aux textes invoqués et l'on tranche la controverse. « Et si bien et entièrement
« (Gargantua) retint en sa mémoire les choses dictes,
« que, pour lors, n'estoit médecin qui en sceust à
« la moitié tant comme il faisoit. » Après le repas,

---

(1) Il était d'usage à la cour des rois et des riches seigneurs d'avoir, pendant les repas, soit un lecteur ordinaire, soit un poète ou jongleur qui occupait l'attention des convives, entre les divers services (*Le Chevalier à l'épée*). Pareil intermède dans beaucoup de couvents ;

« Quaur en plusieurs mostiers le lisent la gent d'ordre...
« Quaur on lit au mangier, c'est chouse toute certe,
« Ainssin comme do sains les fis Girart et Berte. »

(*Gérard de Roussillon*).

et cet entretien instructif une fois terminé, on joue aux cartes ; on étudie leurs combinaisons, non seulement pour s'amuser, mais pour apprendre quelque chose et occuper l'esprit. En effet, les cartes pouvaient servir à l'application familière de règles d'arithmétique, pour résoudre de petits problèmes intéressants, de plus en plus difficiles. L'étude de l'arithmétique conduisait à l'étude d'autres sciences « mathéma-
« tiques, géométrie, astronomie, musique. » Il reste bien des moments à employer, avant que n'ait sonné l'heure du repas. On pourra deviser d'astronomie, ou chanter, ou jouer du luth, de la viole, etc. Du reste, cette sage récréation ne termine pas encore la journée pourtant déjà si bien remplie. La digestion faite, on répète la leçon du matin ; puis, leçon d'écriture, leçon d'équitation, maniement des armes, chasse, jeu de paume, natation ; il faut apprendre à ramer et gouverner un bateau, monter aux arbres, essayer de tous les exercices gymnastiques utiles pour développer méthodiquement les muscles et fortifier le corps, courir, sauter, faire du trapèze, crier même « pour s'exercer le thorax et pulmon. »

A ces jeux violents succède une causerie sur les arbres, les prés, les champs que l'on a rencontrés, sur ce que les auteurs anciens en ont pu dire, ; ou bien on herborise pour collectionner des plantes et des fleurs.

Le repas de la dixième heure (par abréviation cimer ou dîner) avait été frugal. Il y avait le deuxième dîner ou second décimer ou redécimer (1) ; le sou-

---

(1) Pantagruel, IV, 46 : « Il n'est desjeuner que d'escolier, disner que d'avocats, ressiner que de vignerons, souper que de marchands. »

per (1), qui avait lieu le soir, était copieux, au contraire, et, pendant que l'on se livrait aux plaisirs de la table, le dialogue reprenait sur des objets intéressants. Après le souper, on faisait de la musique ou bien on allait voir des gens instruits, ayant voyagé. Enfin, avant le coucher, nouvelle observation attentive des astres, instruction sur leur figure, leur couleur, leur mouvement.

Quand le temps paraissait mauvais et que l'on ne pouvait chasser ou courir les champs, on étudiait la peinture, la sculpture; on allait chez les gens de métiers pour se tenir au courant des progrès de l'industrie; les leçons de professeurs en renom, les actes publics de candidats à un grade de l'Université, un plaidoyer ou un sermon, constituaient aussi un utile emploi pour le temps non consacré à des études classiques. Chez un apothicaire, on s'instruisait des vertus curatives des simples. Très souvent enfin, les hasards de la promenade permettaient de voir des spectacles en plein air ou des exercices de bateleurs.

Même alors que l'on prenait toute une journée de liberté, le repos intellectuel n'était pas absolu. L'esprit était tenu en éveil par le souvenir de tel ou tel passage d'ancien auteur se rapportant à une chose vue, à un incident quelconque de la promenade.

II

Ainsi, dans ce plan d'éducation tracé sommaire-

(1) *Histoire du Dauphiné et des princes dauphins: ordinatio super numero et ordine mensarum.*

ment ici et que nous étudierons plus tard avec la lettre de Gargantua, pas une heure ne passe sans profit, l'équilibre n'est jamais détruit au profit de telle ou telle faculté ; le corps et l'esprit y trouvent également leur compte, de telle sorte que, pratiquée avec persévérance, la méthode d'entraînement arrive à produire un homme également sain et vigoureux par l'intelligence et par les muscles.

Il y a lieu de remarquer que, dans ce même chapitre où nous voyons « comment Gargantua fut institué par Ponocratès en telle discipline qu'il ne perdoit heure du jour » il est donné autant d'importance à « l'art de chevalerie » qu'aux sciences et aux lettres. Les exercices du corps, les jeux violents, l'éducation physique au grand air prennent de grandes heures dans la journée de travail, comme la flânerie elle-même qui, « passée sans livres ni lecteurs » se donne libre cours pendant toute une journée, chaque mois et permet « la plus grande chère dont on se puisse adviser. »

« La vie du corps n'est pas arrêtée ou contrariée par les devoirs multiples de la vie intellectuelle. Le programme de Rabelais combine si judicieusement les récréations et les classes, l'hygiène du corps et de l'esprit est si bien observée que, « ainsi gouverné,
« ce procès continué de jour en jour », (Gargantua) profite « comme entendez que peut faire un jeune
« homme selon son aage, de bon sens, en tel exer-
« cice ainsi continué. « Lequel, combien que sem-
« blast pour le commencement difficile, en la conti-
« nuation tant doux fut, legier et delectable, que
« mieux ressembloit un passe-temps de roy que
« l'estude d'un escolier. »

Le plaisir honnête, les « joyeulx esbattemements » ont pleinement leur temps. « Ponocratès, pour le
« sejourner de ceste véhémente intention des es-
« prits, advisoit une fois le mois quelque jour bien
« clair et serain ; auquel bougeoient au matin de la
« ville, et alloient ou à Gentilly, ou à Boloigne, ou
« à Montrouge, ou au pont Charanton, ou à Vanves,
« ou à Sainct-Clou. Et là passoient toute la jour-
« née... raillans, gaudissans, beuvans d'autant,
« jouans, chantans, dansans, se voytrans en quelque
« beau pré, dénigeans des passeraux, prenans des
« cailles, peschans aux grenoilles et escrevisses. »

Rabelais a toujours l'esprit hanté d'une préoccupation, celle de maintenir l'équilibre entre les fonctions de l'esprit et celles du corps : c'est pourquoi il indique une sage répartition des heures de travail, de repos, de sommeil, il prescrit la régularité des exercices physiques et intellectuels ; en résumé, il manifeste son intérêt, il marque de l'attention, à propos de tout ce qui touche à l'instruction de la jeunesse, à la culture pédagogique de l'adolescent qui doit être un jour un homme de bien, habile dans le conseil et vigoureux dans l'action, apte à combattre « spiritu et gladio. »

De notre temps, si Rabelais eût été de l'Académie Française avec M. Renan, on l'eût vu présider avec M. Berthelot au travail de propagande de la Ligue nationale de l'éducation physique. Convenons qu'il nous a fallu un peu de temps pour en arriver à bien comprendre que, lorsqu'on veut obtenir des générations fortes et souples, convenablement entraînées en vue de l'accomplissement des grands devoirs qu'impose à un peuple la nécessité de vivre, de se perfectionner, on doit améliorer avec un soin jaloux la condition physique des enfants assujettis à la vie scolaire et menacés du surmenage intellectuel.

Les sages prescriptions de Rabelais avaient peut-être moins leur raison d'être au xvi° siècle que de nos jours. Il était beaucoup moins question qu'aujourd'hui d'éducation nationale, mais les nécessités de la vie courante étaient plus impérieuses ; il fallait être fort et adroit au maniement des armes, en des temps où les gens de guerre molestaient les bons bourgeois, où les pilleries étaient en honneur, où les grandes routes ne paraissaient pas plus sûres que les petites rues, où la force primait ouvertement le droit.

Rabelais entre dans quelques détails au sujet des divers exercices de force ou d'adresse, auxquels se livrait un jeune gentilhomme : l'équitation, avec ou sans armes et cuirasse ; le maniement de la hache, de la pique, de l'épée à deux mains, de la dague, du poignard ; la chasse ; la lutte, la course, le saut, la natation, la gymnastique, l'artillerie ; le jeu des altères, des barres, de paume.

Tous ces genres de sport devenaient familiers à l'élève ; le temps ainsi employé, on le frottait, nettoyait et « refraischissait » d'habillements. Après quoi, il reprenait l'ordre de ses travaux.

Le programme pédagogique de Rabelais est très complet, très touffu, et pourtant, grâce à une méthode parfaite, il ne paraît pas compliqué, parce que chaque exercice arrive à son heure, parce que les études sont judicieusement distribuées, et qu'elles concourent au même but sans jamais se contrarier.

Que l'on remarque d'ailleurs que les jeux, les exercices du corps, les plaisirs, tout ce qui touche à a santé, à la force, à l'adresse, aux joies de la liberté et du plein air, tout cela est étudié, développé avec beaucoup plus de complaisance dans le Gargantua que dans le Pantagruel. Ce n'est pas que Rabelais ait ici craint de se répéter ; c'est parce qu'au temps de Pantagruel, l'esprit tend à conquérir sa suprématie, que la force seule ne gouverne plus le monde et qu'il faut autre chose que de bons bras, solidement armés, contre les Sorbonnicoles et les Chats fourrés.

Il faut bien reconnaître en outre que, si Rabelais accumule ainsi les travaux et les exercices, c'est qu'il a une confiance pleine et entière dans le tact du professeur qui saura les graduer et dans la force de l'élève qui devra les supporter. N'oublions pas qu'il s'agit d'un Gargantua !

Surtout, rappelons-nous que le programme d'études adopté par Ponocratès, son précepteur, nous est présenté comme la critique en action des méthodes jusqu'alors préconisées.

En effet, le régime de l'instruction secondaire était, à cette époque, beaucoup plus simple qu'aujourd'hui, et il ne comportait, du moins en apparence, aucun surmenage. L'usage constant de la langue latine, les rudiments de la langue grecque, à partir de la 3ᵉ classe, quelques théorèmes de la géométrie élémentaire suivant Euclide, c'est à cela que se réduisait l'enseignement officiel des collèges avant le mouvement très vif qui caractérisa les premiers temps de la Renaissance. On n'enseignait pas les sciences. L'histoire et la géographie étaient exclues. La langue française ne comptait pas : bien plus, il était interdit d'une façon absolue aux écoliers de s'exprimer au collège dans leur idiome maternel, et cette prohibition dura de très longues années, car, au XVIIe siècle, un professeur qui avait, à son cours, employé le français, se vit priver de ses fonctions.

« Que nul ne néglige l'habitude de parler latin ni
« ne se permette l'habitude d'une autre langue, sauf
« le grec et l'hébreu aux heures fixées par les pro-
« fesseurs. Mais il ne suffit pas de parler latin, il
« faut le faire correctement. Pour en établir et en
« maintenir l'habitude, on aura recours à des châ-
« timents pécuniaires et physiques ». C'est en ces termes comminatoires que s'exprime le règlement du Gymnase de Nîmes (1548) (1).

Les statuts de la Faculté des Arts (1598), le décret de l'Université de Paris au sujet des collèges (1600) ne sont pas moins formels.

Le programme traditionnel des études, au temps de Rabelais, ne répondait donc nullement au désir exprimé par les réformateurs, et, du reste, il paraît que le talent des professeurs chargés de l'appliquer ne suppléait en rien à ses lacunes.

C'était l'enfance de l'art pédagogique ; enfance qui a duré trop longtemps ! C'était la négation de tout progrès intellectuel, l'écolier restant confiné dans certains exercices de style, de récitation et de lecture à haute voix des bons auteurs : « Scholastici me-
« moriter sœpè recitando memoriam excolant et
« frequentur declamando se exerceant. » (Statuta Facultatis artium, art. 25, 26, 27, 28).

Au moment où Grandgousier voulut faire instruire son fils Gargantua, on sait à quel précepteur il dut

(1) Cité par M. Gréard (Mémoire au Conseil académique sur la question des programmes) d'après M. J. Gaufrès, sur *Claude Baduel et la Réforme des Etudes au XVIe siècle*.

s'adresser et quelle fut la méthode d'enseignement de ce dernier. L'exemple est pris sur le vif et tout à fait concluant. Ce « vieux tousseux » qui le bourre de grec ou de latin, de ridicules systèmes, n'était pas unique dans son genre. Après lui, combien de maîtres firent de leurs élèves ce qu'il avait fait de Gargantua, un « fou, niays, tout resveux et rassoté », à qui « rien ne prouffitte. » ! On peut se rappeler les malédictions de Ramus contre « les grans bestes de régents. »

Plus tard, au contraire, sous l'intelligente direction de Ponocratès, le régime auquel sera soumis le fils de Grandgousier portera les plus heureux fruits.

Et d'abord Gargantua, devenu père à son tour, instruit par l'expérience, épargnera à son fils de passer par cette période d'abrutissement qu'il avait dû subir. En effet, Grandgousier est un bon homme plein de sagessse, mais un routinier : avec les meilleures intentions du monde, il risque de perdre sa couronne, et, malgré tout son amour paternel, il compromet la santé et l'intelligence de son enfant, en le mettant en de mauvaises mains.

Comme Gargantua paraît en progrès sur son père, à tous les points de vue ! Assujetti à une forte discipline, il a appris à gouverner son peuple et il sait commander une armée. Prudent et vaillant homme de guerre, il est aussi bon lettré, capable de parler latin, d'écrire en beaux caractères romains ou gothiques, de lire dans les vieux manuscrits et de reconnaître les constellations.

Il est vrai qu'à ce régime, il est devenu, à l'égard des choses religieuses, quelque peu libre-penseur : il parle avec trop peu de respect des moines ! Mais, depuis longtemps, à cet égard l'irrévérence était de mode. Pendant trois cents ans, les poëtes s'en étaient donné à cœur joie de dauber sur le clergé séculier et régulier; qu'il s'agît de moines blancs ou noirs, leurs fabliaux étaient aussi caustiques que s'il était question des bourgeois, des vilains, des chevaliers et des femmes. Au xvi° siècle, comme au temps de Gui de Cambrai (1), on trouve que les prélats *en leurs évêchés et abbayes* étaient autant débauchés que gens d'armes (Brantôme). Ces cruelles épigrammes ne touchaient pas au principe fondamental de la religion.

Gargantua, fils de prince, destiné à dominer les peuples, à vivre à part des autres hommes, avait d'abord reçu l'instruction privée : il n'avait guère voyagé pour apprendre quels devaient être les devoirs d'un souverain moderne, quelle était la limite de son pouvoir. Certainement, il ne s'était instruit que par les livres « des moyens de bien gouverner et maintenir « une bonne paix un royaume ou une principauté » (2). Rabelais ne devait sans doute pas ignorer qu'il s'était créé, avec le temps, une bibliothèque pédagogique spéciale pour l'éducation des princes. Ægidius Columna, précepteur de Philippe-le-Bel, avait résumé

---

(1) Gui de Cambrai, poëte-trouvère du XIII° siècle, se plaignant de la corruption de son temps, attaquait vivement les gens d'église : « Les prélats de « sainte Eglise sont aujourd'hui prélats de mal ; ils sont devenus simoniaques ; « quiconque a quelque chose en son pouvoir est désormais simon et simonie... « Par les clercs est venu le mal. Même dans l'ordre de Clairvaux on ne trouverait pas un homme qui parlât sans mensonge. Hé! Clergie! combien tu es « basse! » (Barlaam et Josaphat, traduction de Littré, Journal des Savants, juin 1865.)

(2) *Discours... divisé en trois livres : à savoir du Conseil, Religion et Police que doit suivre un prince. Contre Nicolas Machiavel Florentin*, 1576, in-8° par Innocent Gentillet.

ses doctrines dans un traité célèbre (1) resté manuscrit jusqu'en 1482. Erasme ne s'était pas contenté d'écrire des manuels de civilité à l'usage des enfants de condition ordinaire, ainsi que l'avaient fait la plupart des savants du xv° et du xvi° siècle, Æneas Sylvius, Sadolet, Fortius, Alexandre Piccolomini ; il avait aussi publié un livre sur les règles qui doivent être observées dans l'éducation d'un monarque chrétien. Un peu plus tard, Guillaume Budé, apportait une autre contribution sérieuse à la science de l'éducation (2) ; enfin, tout à la fin du siècle, Henri Estienne, pour ne citer que le plus illustre alors de ces pédagogues à l'usage des cours, publiait sa *Muse éducatrice des princes* (3). Mais, à défaut de ces livres dogmatiques (dont quelques-uns, du reste, ne furent publiés que longtemps après le Pantagruel), Rabelais aurait pu proposer à l'élève docile de Ponocratès l'exemple d'un grand roi. On a pu trouver que le programme d'études de Gargantua était bien complexe et bien rigoureux, et, que, pour l'appliquer à la lettre, il fallait un élève particulièrement bien doué, comme Gargantua, d'un cerveau à toute épreuve, de membres solides et d'un bon estomac. N'était-ce pas à peu près, sauf l'article plaisirs et voluptés dont on ne faisait pas mention, l'emploi de la journée de François I" ? Ayant le goût des lettres, fils docile de cette belle Louise de Savoie, qui, vrai bas-bleu, avait des prétentions comme auteur, il s'entoura de savants et de lettrés, non par seule coquetterie de maître de maison,

---

(1) *De regimine principum* (1285).
(2) *Institution christiani principis* (1515).
(3) La Muse éducatrice des princes (*Musa principum monitrix*) ne parut qu'en 1590.

jaloux de recevoir à sa table les favoris des Muses, mais par désir d'apprendre et de tenir toujours son esprit en éveil dans le commerce des gens instruits. Comme Gargantua, à qui Ponocratès prescrivait de ne pas laisser un instant sans profit intellectuel, François I*ᵉʳ*, pendant les heures de repas, « *eut autour de lui quelques savants hommes dont il écoutait attentivement les intéressantes discussions. Il se plaisait surtout à les entendre parler d'histoire naturelle, et il s'instruisit si bien à leur école que, n'ayant fait aucune étude dans sa jeunesse, il apprit d'eux et sut parfaitement tout ce qu'avaient écrit les anciens et les modernes sur les animaux, les plantes, les métaux, les pierres précieuses.* » (1) Le témoignage de Brantôme confirme celui de l'historien de Thou : « La table du roi était une vraie école, car il s'y « traitoit de toutes matières, autant de la guerre « que des sciences hautes et basses. »

N'avait-il pas son lecteur ordinaire, Duchâtel, dont les fonctions ne finissaient qu'avec le sommeil du roi (2) et qui devait, à l'occasion des auteurs grecs ou latins, joindre ses savants commentaires à un texte traduit ? Les visites de François I*ᵉʳ* chez les Estienne et les doctes entretiens qui se tenaient dans l'officine du célèbre imprimeur, rue St-Jean-de-Beauvais, ne rappellent-ils pas que le conseil avait été donné par Ponocratès à son élève de fréquenter les gens de métier, afin de s'instruire des choses de leur spécialité, et de causer toujours avec des personnes instruites dont il y avait quelque enseignement à tirer (3).

(1) Thuani historia, lib. III.
(2) Gallandus, in vitâ Castellani.
(3) Oraison funèbre de François I*ᵉʳ*, par Pierre Galand : « Chez lui, point

Gargantua n'est-il pas le type, démesurément grossi, du roi François 1er ? Tous deux sont d'abord mal élevés ; ils reçoivent une instruction insuffisante, mais, plus tard, assujettis à une meilleure discipline, ils deviennent capables, tous deux, de comprendre et d'aimer les lettres, les sciences, les beaux-arts, la philosophie, tout en restant des hommes d'action, propres aux grands coups d'épée.

En traçant le portrait de Gargantua, Rabelais songeait au modèle de prince que la France charmée et l'Europe jalouse avaient sous les yeux (1): roi-modèle jusqu'à la bataille de Pavie et la captivité de Madrid, d'où il revint diminué, désillusionné, chevalier toujours sans peur mais non plus sans reproche !

III.

Rabelais a sans doute trouvé que, fût-on fils de roi, il faut vivre avec ses semblables et bien connaître ceux avec lesquels on doit, un jour, gouverner un Etat. Il n'y a pas que les princes de branche cadette pour lesquels il soit utile de recevoir l'instruction en dehors de la famille, sous la direc-

« de repos, point de promenades, de haltes dans ses voyages qui ne fussent
« employés à des conversations instructives, à des discussions littéraires ;
« ceux qui étaient admis à sa table se croyaient à une école de philosophie. »

(1) François en guerre est un Mars furieux,
    En paix, Minerve et Diane, à la chasse,
    A bien parler, Mercure copieux,
    A bien aymer, vray amour plein de grâce.
    O France heureuse, honore donc la face
    De ton grand roy qui surpasse nature ;
    Car, l'honorant, tu sers en même temps
    Minerve, Mars, Amour, Mercure.
                            (Attribués à Ronsard).

tion des professeurs de tout le monde. L'isolement ne convient à personne, il a surtout des inconvénients pour celui qui est destiné à commander aux autres.

Aussi Pantagruel est-il envoyé aux écoles publiques, dès qu'il arrive à l'âge d'apprendre. « De « faict vint à Poictiers pour estudier et y profita « beaucoup. » Les écoles de cette ville étaient, depuis le xii° siècle, en possession d'une légitime renommée. Là Pantagruel vécut, travailla, joua avec les autres écoliers, assujetti aux règles communes des exercices intellectuels et des jeux.

Ce n'est pas sans raison qu'au régime d'éducation privée, adopté par Gargantua, Rabelais préfère les avantages de la vie plus libre, plus agitée, plus dangereuse, mais aussi plus suggestive d'idées, plus fertile en enseignements que l'on mène dans les écoles publiques. Ce n'est pas non plus pour le vain plaisir d'écrire trois ou quatre livres de plus sur les voyages de Pantagruel qu'il fait de son élève une sorte « d'escolier ambulant » : c'est qu'il veut le mettre aux prises avec certaines difficultés, éprouver son intelligence et former sa sagesse, en lui laissant la pleine et libre possession de sa volonté. La vie en serre chaude auprès des parents, la vie cloîtrée dans certaines maisons d'éducation, ne conviennent pas à celui qui doit jouer le rôle d'un homme public. « Il n'est pas indifférent, dit Luther (1), que le « prince, le seigneur, le conseiller, le fonctionnaire, « soit un ignorant ou un homme instruit capable « de remplir chrétiennement les devoirs de sa

---

(1) De instituendis pueris libellus ; magistratibus et senatoribus civitatum Germaniæ Martinus Luther, 1524.

« charge ! » Ne faut-il pas que Pantagruel apprenne le monde et reçoive, dans les écoles, le fortifiant viatique des leçons de science et de morale qu'y donnent les bons maîtres ? Ne devait-il pas être préservé de certaines illusions, puisqu'il était destiné à être roi, c'est-à-dire trompé ? Ne devait-il pas être armé contre les flatteries ?

A l'époque où se publiait le premier livre de Rabelais, quel débordement de passion ! Quelle orgie de basse littérature ! Quelle violence entre les polémistes de la chaire et du temple, la lutte pour les croyances religieuses se livrant à coups de pamphlets, comme prélude aux brûlements, aux batailles et aux massacres qui signalèrent le règne de trois de nos rois ! S'il est vrai que les voyages forment la jeunesse, il faut les recommander aux princes qui doivent régner, surtout lorsque la cour royale est, comme sous François Ier et quelques-uns de ses successeurs, une véritable école de corruption, « un sâle bour-
« bier de tous vices, où le déshonneur se met en
« crédit, la prostitution se saisit de la faveur, — où
« les charges et les bienfaits se distribuent à la
« fantaisie des femmes (1). »

Pantagruel voyage, et nous y gagnons de curieux détails sur la vie des contemporains, sur les querelles de politique et de religion, sur les mœurs, généralement très mauvaises, chroniques dont l'histoire officielle nous avait fait le récit, mais que nous retrouvons ici prises sur le vif et dépeintes avec une verve et une gaîté intarissables. Ce sont des pages curieuses des annales de l'humanité. Malgré le rire et les sarcasmes

---

(1) Mézeray. Histoire de France sous Henri III, tome III, p. 446-447.

malgré de grosses bouffonneries et un libertinage excessif, il semble que Rabelais, tout comme un autre, se soit pressé de rire des sottises et des folies humaines de peur d'être obligé d'en pleurer. Comme le dit lui-même, il y a dans son âme de l'Héraclite et du Démocrite : « C'est un Héraclite démocritizant, « c'est un Démocrite héraclitizant. » Il promène de pays en pays son élève devenu homme et roi présomptif et il lui montre les tragi-comédies de la vie.

Ne semble-t-il pas que cette épreuve pèse à Pantagruel, qu'il soit écœuré du spectacle des faiblesses, des turpitudes, des violences et qu'il se retirerait très volontiers loin d'une Ile Sonnante, loin des Papegauts, loin des Sorbonnistes, Sorbonnisants et autres gens de même farine, loin des « Chats Fourrés », loin de tous ces êtres fantastiques créés par l'imagination féconde de Rabelais, qui donnent l'image défigurée mais très reconnaissable d'un autre monde bien vivant ?

Pantagruel, « le bon Pantagruel », abandonnerait son excursion scientifique pour rentrer au royaume d'Utopie, s'il ne voyageait avec des compagnons fort peu « mélancholieux », le joyeux Panurge et le révérend père des Entommeures, qui, tous deux contribuent à ses accès de gaîté, qui lui font prendre son mal en patience et qui aident cet Héraclite à se démocritiser. Aussi finit-on par dire de lui : « c'estoit le meilleur petit et grand bon « hommet que oncques ceignit espée. »

Du reste, au milieu de ses aventures, le petit-fils de Grandgousier philosophe toujours ; il est moins homme d'action que son père et son grand-père, il appartient davantage aux idées modernes par le sentiment, par la controverse avec lui-même, dans son for intérieur ; il finit par trouver que « tous les « biens que le ciel couvre et que la terre contient en « toutes ses dimensions, hauteur, profondité, lon- « gitude et latitude, ne sont dignes d'esmouvoir nos « affections et troubler nos sens et esprits. » (Livre III, ch. II). Gargantua tient encore un peu au xve siècle ; quoique très érudit, il ne ressemble en rien à « *un abstracteur de quintessence ;* » c'est un féodal, à l'esprit posé, au bras fort comme une catapulte, mais l'instruction l'a poli, assoupli, modernisé. Tandis que son fils Pantagruel, avec ses troubles intérieurs, ses doutes et ses ennuis, donnerait presque l'idée d'un Hamlet, si la société de ses joyeux compagnons ne jetait une note gaie à travers certains de ses discours. Cependant Rabelais voudrait surtout qu'il vécût par l'esprit, et que la science positive le dominât ; aussi le fait-il voyager d'Université en Université, pour le mettre plus complètement au courant de l'échange d'idées qui se faisait, en France, d'une région à l'autre et qui se continuait dans toute l'Europe, de nation à nation.

Après avoir vu Poitiers et Bordeaux, Pantagruel étudie à Toulouse ; il y apprend surtout à danser et à manier l'épée à deux mains, « comme est l'usance des escholiers de la dicte université. » Il ne peut assister au « bruslement » d'un hérétique. Sous le règne de François Ier, ce protecteur éclairé des lettres, cet ami tolérant des savants, on pouvait assez souvent se donner ce spectacle, le roi ne supportant guère l'hérésie dans ses Etats et l'extirpant de la façon la plus radicale, en *faisant faire de grands feux d'héré- tiques,* suivant le mot de Brantôme. Ces faciles triomphes de l'orthodoxie n'amusent pas Pantagruel ; il se décide à étudier la médecine et il se rend à Montpellier (Rabelais y avait été reçu docteur), mais la médecine lui déplaît : cette science est « fascheuse et par trop mélancholique. » Il essaie du droit, mais les professeurs ne lui vont pas : « là n'estoient que « trois teigneux et un pelé de légistes. » A Avignon, il devient amoureux ; mais les femmes sont peu chastes en ce pays, « parce que c'est terre papale. » Si sa passion pour le droit eût persisté, peut-être eût-il pu suivre les leçons du célèbre André Alciat qui professa jusqu'en 1529, époque où ce professeur fut appelé par François Ier à enseigner dans une chaire de l'université de Bourges. Il se rend à Valence ; là devait professer, en 1536, un autre professeur renommé, Emilio Feretti, venu d'Italie comme Alciat et qu'avait aussi gagné François Ier ; il ne s'arrête pas à Valence, où « les marouffles de la ville battoient les « escholiers. » A Angers, la peste l'empêche de séjourner. A Bourges, (où Calvin suivit, pendant quelque temps, les leçons d'Alciat et de Melchior Wolmar, l'un pour le droit, l'autre pour la langue grecque,) Pantagruel se remet à étudier les lois, avec quelques succès : mais les subtilités des glossateurs le détournent de la science du droit. A Orléans, il fait séjour, mais il n'y travaille guère, « de paour que la « veue lui diminuât, » et cette crainte légitime de perdre les yeux est, paraît-il, éprouvée par beaucoup d'écoliers de cette université ; en effet, ils se préoccupent plus de savoir danser et jouer à la paume que de bien connaître les textes. Pour faire un « licentié en loix », il faut « une balle à la poche, « à la main une raquette, une loi dans la tête, le « pied leste aux entrechats. » Avec les bagages de connaissances, « vous voylà passé coquillon (1). »

Cependant Pantagruel, ayant visité les écoles renommées de province, se rendit à Paris ; les meilleurs esprits, les élèves les plus distingués y accouraient en foule pour suivre les brillantes leçons des maîtres de « l'alme, inclyte et célèbre « académie. »

Les professeurs de la capitale avaient, depuis longtemps, une grande réputation de savoir. L'Université était une des forces vives de la France : son rayonnement à l'extérieur, dans tous les pays civilisés, était prodigieux (2). Disons aussi que les écoliers étaient attirés par l'indépendance d'allures, qu'autorisait, au moyen-âge comme de nos jours, la vie parisienne ; et qu'ils s'honoraient d'appartenir à une corporation qui jouissait de si nombreux et si enviables privilèges.

Paris « estoit une bonne ville pour vivre ; » on

---

(1) On remarquera que Pantagruel, dont l'esprit est, pourtant, bien discipliné, essaie, par deux fois, d'apprendre le droit.

À l'époque où Rabelais nous donne ses impressions de voyage et d'art, l'école Bartholiste était en pleine décadence. Le discrédit des maîtres avait probablement porté atteinte à la solidité des études. Les représentants de la tradition de Barthole étaient morts ou convertis à de nouvelles doctrines juridiques, encore mal établies et incomplètes ; les grands jurisconsultes allaient débuter, l'école historique, l'école coutumière, l'école rationaliste commençaient à poindre, pour mettre de côté « la glose d'Accurse, la tant salle, tant « infâme et punaise brodure » des Pandectes. Nous verrons dans la lettre de Gargantua qu'il recommande à son fils d'apprendre les *beaux textes et de les conférer avec philosophie*. En deux mots, Rabelais marque la voie ; il se fait le précurseur de Cujas.

(2) Un prêtre du XIII° siècle, Gauthier de Metz, dans son poëme *l'Image du Monde*, célébrait ainsi Paris :

    Clergie regne ore à Paris
    Ensi comme elle fist jadis
    A Athènes qui sied en Grèce
    Une cité de grant noblece.

l'appréciait pour les plaisirs variés qu'elle offrait à la jeunesse dissipée, en même temps que pour les ressources scientifiques de toute espèce offertes à l'écolier studieux.

L'Université de Paris a rang de prince (1). Les écoliers sont nobles ; ils ont le droit de porter l'épée, et leur nom est précédé de l'appellation honorable de « Monsieur, Messire » ; leurs femmes, on les appelle « Mademoiselle », et parfois même « Madame ». Leurs personnes et leurs biens sont placés sous la protection du conservateur des privilèges ecclésiastiques. Leurs créances jouissent d'un droit de préférence et leurs livres sont déclarés insaisissables (2).

Plus raisonnable qu'à Orléans, Pantagruel se livre tout entier à la culture des lettres et des sciences. On le sent guidé dans son travail et détourné des folles résolutions par les sages conseils que lui adresse son père. La lettre de Gargantua me semble, de tout point, un chef-d'œuvre : on est surpris de la trouver un peu avant les farces du gros Panurge. Les bouffonneries, qui constituent la note dominante du Pantagruélisme, pour quiconque ne « sait « rompre l'os et sugcer la substantificque mouelle » font mieux ressortir le sentiment si élevé du devoir paternel, auquel obéit Gargantua. On se demande comment Rabelais, que l'on représente volontiers comme un révolutionnaire en matière de dogme et de morale, un débauché, un impie, a pu se réduire

---

(1) De privilegiis scholasticorum, à Rebuffo, Paris, 1540. — Rebuffo énumère 185 privilèges attribués aux écoliers, à leurs parents, à leurs domestiques. — *Bibliothèque du Droit français*, par Bouchel, V. Escholier.

(2) Devant le Parlement, l'avocat de l'Université se plaçait pour plaider, au barreau des pairs ; l'avocat du Pape prenait la parole, du côté du barreau du greffe.

au point de parler de croyance en Dieu, de morale, de religion, au point de s'exprimer sans une pointe d'ironie, comme un orthodoxe fervent.

« Très cher filz, entre les dons, graces et préro-
« gatives desquelles le souverain plasmateur Dieu
« tout puissant a endouairé et a orné l'humaine nature
« à son commencement, celle me semble singulière
« et excellente par laquelle elle peut, en état mortel,
« acquérir une espèce d'immortalité et, en décours
« de vie transitoire, perpétuer son nom et sa se-
« mence. Ce qu'est faict par lignée issue de nous
« en mariage légitime. Dont nous est aucunement
« instauré ce que nous fut tollu par le péché de nos
« premiers parents, esquelz fut dict que, parcequ'ilz
« n'avoient esté obéissans au commandement de
« Dieu le créateur, ils mourroient, et, par mort se-
« roit reduicte à néant tant magnifique plasmature
« en laquelle avoit esté l'homme créé...

« ..... Je rends grâces à Dieu, mon conservateur,
« de ce qu'il m'a donné pouvoir voir mon antiquité
« chanue refleurir en ta jeunesse. Car, quand, par
« le plaisir de luy, qui tout régit et modère, mon
« âme laissera ceste habitation humaine, je ne me
« réputeray totallement mourir, ains passer d'un
« lieu en aultre ; attendu que en toy et par toy, je
« demeure en mon image, visible en ce monde, vi-
« vant, voyant, et conversant entre gens d'honneur
« et mes amis... »

... Il a pu vivre non sans péché, confesse-t-il, car nous péchons tous ; il a été coupable devant Dieu, mais, devant les hommes, il est resté sans reproche... Il lui recommande de songer à l'honneur du nom, et de veiller soigneusement sur les mœurs de son âme,

« par laquelle demeure notre nom en bénédiction
« parmi les hommes. »

Qui se serait attendu à cette mélancolie, à cette éloquence pénétrante, à ce style simple, tout imprégné de tendresse paternelle ? Ce n'est pas la manière habituelle du maître. Rabelais s'oublie sans doute pour laisser la parole à un prince chrétien qui, roi et père, rappelle au continuateur de sa personne un passé glorieux et le prix de ne pas déchoir.

La paraphrase de l'*omnis non moriar* est toute chrétienne. Gargantua, exhortant son fils à bien faire, place ses conseils sous l'autorité du nom de Dieu, pour inspirer plus de respect et obtenir plus d'obéissance : « Sapience n'entre point en âme malivole,
« et science sans conscience n'est que ruine de
« l'âme ; il te convient servir, aimer et craindre Dieu
« et en luy mettre toutes tes pensées et tout ton es-
« prit... Ne mets ton cœur à vanité : car cette vie
« est transitoire, mais la parole de Dieu demeure
« éternellement. »

Une telle profession de foi, d'une irréprochable orthodoxie, exposée en termes si précis et si nets, semble bien prouver que, suivant Rabelais, l'instruction doit avoir pour base la croyance en Dieu et la connaissance de certains grands principes.

Mais Gargantua ne se contente pas de recommander à son fils d'élever son âme jusqu'à la reconnaissance envers le « souverain plasmateur ». La morale religieuse a pour connexe la morale sociale. « Sois
« serviable, dit-il, à tous tes prochains et les aime
« comme toy-mesmo. Révère tes précepteurs, fuis la
« compagnie des gens auxquelz tu ne veulx point
« ressembler... Aye suspectz les abus du monde. »

Autant de préceptes dont on peut apprendre la lettre et développer le sens aux plus jeunes intelligences! On ne retrouve pas une telle hauteur de pensée, ni cette forme concise, ni cette sensibilité, dans les œuvres de quelques autres éducateurs de cette époque. Chez Erasme, Budé, Vivès, Pierre Hubert, Vérulan, Mathurin Cordier, on rencontre des procédés pratiques d'éducation, des « Commentaires familiers à l'usage de la jeunesse ignorante, » des leçons de choses, des « Sentences extraites de la sainte Ecriture », des Manuels de politesse mondaine ; ils ont composé des « Morale en action » sur les usages de la vie courante, sur les manières d'être et de se tenir à l'école, au collège, à la maison, pendant les repas(1), les jeux, et, pour se rendre plus accessibles, ils ont souvent dissimulé l'austérité de leurs conseils sous la forme avenante de dialogues, de quatrains (2), de même qu'auparavant on avait eu les « Distiques » de Jean Facetus, le « Combat » de Théodolus.

Mais aucun de ces auteurs ne réussit à exposer, dans un aussi beau langage, les devoirs envers Dieu et envers les hommes. C'est qu'ils écrivaient uniquement pour des enfants, tandis que Rabelais attribue à Gargantua des paroles destinées aux écoliers déjà mûrs, trop souvent oublieux de la morale religieuse et sociale. A ceux-ci il faut parler avec une voix plus haute et plus sévère, pour leur rappeler quelles obligations de justice et de charité sont imposées à

---

(1) *Libellus de moribus in mensa servandis*, par Jean-Sulpice Vérulan (1500). *Sentences extraites de la Sainte-Ecriture pour l'instruction des enfants*, par M. Cordier, 1551.

(2) Les quatrains de Pibrac sont de 1574.

l'homme vivant en société et quelles vertus politiques et privées il doit avoir.

On a souvent accusé Rabelais d'un profond scepticisme en matière de dogmes, qu'il s'agisse d'une religion révélée ou de la notion métaphysique d'un être suprême. Il paraît bien certain que, personnellement, il ne se piqua jamais de beaucoup de correction au point de vue des croyances religieuses, et qu'aux yeux des Sorbonnistes, pour un Noël Béda, par exemple, il dut passer pour un mécréant, entiché des « novelletéz » qui pénétraient peu à peu l'esprit de la société française.

En réalité, Rabelais ne doit pas être jugé d'après les frasques irrévérencieuses qu'on lui attribue. Il n'était pas athée ; son esprit indépendant et même frondeur, largement ouvert à toutes les idées de tolérance et de liberté, répudiait l'autorité d'un dogme quelconque, prêché par Luther, Calvin ou par un prélat apostolique et romain. On peut lui supposer les croyances, ou plutôt les doutes, des lettrés de son temps ; au fond il en est resté à son « peut-être » et, pourtant la morale religieuse qu'il exprime dans la lettre de Gargantua est irréprochable.

Est-il vrai qu'en ceci il ait obéi à un sentiment de prudence ? Certes, il craint les théologiens et la Sorbonne, tout en blâmant leurs « capharderies ».

Crainte excusable ! Au XVIe siècle, on ne brûlait pas seulement les écrits des philosophes : on brûlait les philosophes eux-mêmes (1), lorsque leurs prédications

(1) Le mot devait être dit en plein Parlement par le conseiller Denis Pasquier, « qu'on avait assez brûlé les livres et qu'il était temps de brûler les philosophes. » Au XVIIIe siècle, on n'y manquait pas, mais le « brûlement » avait lieu d'une façon moins commode qu'au XVIe siècle : les philosophes, ayant

troublaient le repos de l'Etat et causaient du scandale. Rabelais à coup sûr n'avait pas de vocation pour le martyre ; il n'était nullement un sectaire, et, d'ailleurs, l'exemple de Louis Berquin, jugé pour crime de blasphème, condamné au pilori, à la marque et au bûcher, pouvait décourager les entraînements des libres-penseurs.

Il est cependant vraisemblable que Rabelais, dans la lettre de Gargantua, exposait sa véritable théodicée, à l'époque où il écrivait son Pantagruel, et que ce fut vers la fin de sa vie seulement, après avoir fait en quelque sorte le tour de ses idées, qu'il modifia sa manière de penser sur les dogmes philosophiques de l'existence de Dieu, de l'immortalité de l'âme.

Vers 1530, il estime probablement, comme le père du sceptique Diderot, que « c'est un bon oreiller que « celui de la raison » mais il semble trouver que la tête repose « plus doucement encore sur celui de la « religion et des lois » (1), ou, du moins, il veut épargner à son élève la douleur poignante du doute, à laquelle n'ont pu échapper de si grands esprits, toujours préoccupés du principe de causalité et soucieux de résoudre les troublants problèmes de l'au-delà.

---

pour eux l'opinion, ne se laissaient pas faire aussi facilement que les courageux lettrés de la Renaissance.

(1) Diderot, *Entretien d'un Père avec ses Enfants*. — Diderot lui-même, qui ne se défend pas trop de son incrédulité systématique et qui est moins prudent que Rabelais, n'a-t-il pas, dans son Plan général de l'Enseignement d'une Université, proposé aux élèves du second cours d'études, après les premiers principes de la métaphysique, la question de l'existence de Dieu ? Et les *Corollaires de cette vérité, la morale, la religion* figurent dans son programme d'études. « L'existence de Dieu » était-elle, pour lui comme pour Rabelais, absolument démontrée et passée à l'état de vérité axiomatique ? Certes non.

IV

Cette base primordiale d'enseignement une fois donnée et dans une forme absolument orthodoxe, Rabelais entre dans tous les détails de l'éducation de Pantagruel.

Ce que nous savons de la jeunesse studieuse de Gargantua fait bien voir et la différence d'époque et le progrès accompli. On ne peut reprocher à celui-ci d'être un *laudator temporis acti :* « Le temps (où il « étudiait) n'était tant idoine ni commode aux lettres « comme est de présent, et n'avoit copie de tels « précepteurs comme tu as eu. Le temps estoit en- « core ténébreux... »

Nouveau rapprochement avec François I" dont l'instruction première avait été incomplète, et que l'on avait d'abord, au témoignage de Budé, fort négligé au point de vue de la culture des lettres grecques ou latines (1). ... « De présent, à difficulté, « serois-je reçu en la première classe des petits « grimaulx, qui, en mon aage viril, estois (non à « tort) réputé le plus sçavant dudict siècle. » Gargantua, on l'a vu, touche de plus près au xv° siècle qu'à la Renaissance, et son temps, si favorable qu'il fût à l'érudition, n'avait fait que préparer les esprits par le culte enthousiaste de l'antiquité ; la diffusion des connaissances, dans toutes les branches de la science humaine, ne devait se faire qu'un peu plus tard (2).

(1) Budœi epistolarum lib. V, ad Erasmum.

(2) « Sous le rapport de la culture des lettres, dit Michelet, le xv° siècle ap-

Avec une activité prodigieuse, on mit en œuvre les matériaux amassés par l'âge précédent. Non-seulement les savants, les philosophes, les poëtes rajeuniront l'antiquité, mais encore ils créèrent des œuvres, ils portèrent leur examen ou ils exercèrent leur imagination sur des objets nouveaux. Les femmes participèrent elles-mêmes à ce mouvement des esprits. A la Cour et à la ville, beaucoup ambitionnèrent la gloire de parler et d'écrire en latin ou en grec, de telle sorte que, dans le monde, il y eut tant de gens instruits que, pour s'y risquer, les courtisans s'efforcèrent « d'être bien *expolys en l'officine* « *de Minerve.* »

Aussi, dans les conseils que Gargantua donne à son fils, trouve-t-on tout un programme d'instruction. Ce plan d'études, vraiment encyclopédique, répond bien à l'idée que les anciens se faisaient déjà d'un philosophe : un savant universel. Pendant la Renaissance, il ne manque pas d'hommes en France ayant bien catalogué dans leur cerveau toutes les richesses de la science contemporaine : Erasme, Guillaume Budé, Pierre Duchâtel, Guillaume Bigot, Rabelais lui-même et tant d'autres qui mettaient un travail forcené au service d'une intelligence d'élite.

Gargantua écrit donc à son fils pour lui tracer sa méthode de travail : « Je t'admoneste qu'employe ta « jeunesse à bien profiter en estudes et en vertus. « J'entends et veulx que tu apprennes les langues

---

partient tout entier au moyen-âge. » *Précis de l'Histoire moderne*, 1832, p. 214. — Brantôme, faisant l'éloge de François Iᵉʳ, écrivait : « Avant lui, l'ignorance « tenait bien quelque peu en France, encore qu'il y eût certes auparavant « quelques gens savants ; mais ils étaient clair-semés et ne produisaient de si « belles moissons de savoir, comme l'on vit après qu'il eut érigé ces doctes « professeurs royaux,... »

« parfaictement. Premièrement, la grecque, comme
« le veut Quintilian ; secondement, la latine ; et
« puis l'hébraicque pour les sainctes lettres, et la
« chaldaicque et arabicque pareillement ; et que tu
« formes ton stille, quant à la grecque, à l'imitation
« de Platon, quant à la latine, de Cicéron. »

Il adopte ainsi « un ordre d'enseignement consacré par l'usage de tous les siècles et de toutes les nations » ; c'est cette discipline intellectuelle, cette pédagogie traditionnelle, contre lesquelles Diderot devait s'élever avec tant de force (1) et qu'essaya de proscrire le grand Richelieu. En effet, Diderot prétendait que le grec et le latin ne devaient être cultivés que par les littérateurs de profession, « l'état de la société le moins nécessaire. » Au xvii° siècle, sous Louis XIII, il fut question de créer un établissement d'instruction où l'on enseignerait uniquement les sciences mathématiques, physiques et naturelles, l'histoire et la géographie, les langues vivantes.

Ce n'est pas sans raison que Gargantua prescrit à son fils d'abord l'étude de la langue grecque. Il semble cependant qu'il faille « procéder de la chose « facile à la chose difficile », aller depuis le premier pas jusqu'au dernier de ce qui est le plus utile à ce « qui l'est moins, de ce qui est nécessaire à tous à ce « qui ne l'est qu'à quelques-uns (2). »

Or, du temps de Rabelais, le grec était moins connu, moins travaillé que le latin. On l'employait beaucoup moins aussi, la langue latine étant devenue dans les relations internationales, entre gouverne-

---

(1) De l'éducation.

(2) Diderot, de l'Education.

ments, entre lettrés et associations savantes, l'idiome usuel, l'instrument indispensable pour la correspondance et la conversation. Aussi l'étude en avait-elle été facilitée depuis longtemps, d'abord par des glossaires bi-lingues (1), très en usage pendant le moyen-âge, plus tard par de véritables dictionnaires qui, dès la fin du xv° siècle, obtinrent un véritable succès (2). Les travaux lexicographiques des Estienne rendirent les plus signalés services à l'étude comparée des langues : ils favorisèrent singulièrement l'œuvre des traducteurs qui firent passer dans leur langue maternelle les œuvres de l'antiquité les plus remarquables et les plus dignes d'être connues. Des grammaires, dont quelques-unes étaient dues à la plume de grands philosophes ou lettrés (Ramus, Dolet, Pelletier, Maigret) vulgarisèrent aussi l'enseignement de la langue latine.

Malgré les avantages qu'offrait l'étude du latin, Rabelais donne la préférence, pour commencer l'étude des langues, à l'enseignement du grec. A aucune époque, l'Université n'a partagé cette manière de voir. Dans les collèges, au xvi° siècle comme au temps du bon Rollin, on se perfectionnait dans le latin et on apprenait assez négligemment le grec. Il n'en était pas ainsi dans les collèges de Jésuites : les deux langues étaient également cultivées (3).

(1) Quelques-uns sont parvenus jusqu'à nous : Glossaire d'Evreux (publié en 1840), Glossaire de Lille (1861), Glossaire de Paris, etc.

(2) Le premier dictionnaire latin-français fut publié à Genève, par Garbin, en 1487. Le plus en faveur pendant le xvi° siècle fut composé par Robert Estienne (1539).

(3) « Ea Græcæ linguæ dignitas est, ut illam qui non calleat eruditus plane dici nemo possit. » (Magistris scholarum inferiorum Societatis Jesu de ra-

Rabelais, en faisant conseiller par Gargantua à son fils d'apprendre d'abord la langue grecque, est donc en avance sur les idées de son temps en matière d'enseignement secondaire : aussi, pour présenter cette opinion exceptionnelle, l'esprit des lettrés de la Renaissance étant surtout imprégné de latinité, il se place sous l'autorité du nom de Quintilien. En effet, les Latins eux-mêmes acceptaient la supériorité de la langue grecque. Mais la véritable justification se trouve ailleurs. La langue latine doit être surtout étudiée dans ses plus beaux modèles, ceux qui ont illustré le siècle d'Auguste. Or, de bons esprits ont pensé que cette littérature « est plus propre à amol-
« lir les cœurs qu'à façonner des âmes bien trem-
« pées : ce n'est pas là qu'on puisera cette trempe
« énergique, cette vigueur morale qu'il faut s'efforcer
« de donner à la jeunesse de tous les temps, surtout
« aux époques où l'état politique de la société énerve
« naturellement les âmes, les dégoûte des affaires
« publiques et leur fait dédaigner les devoirs tout
« aussi bien que les droits de citoyen. (1) »

C'était encore une nouveauté de proposer à Pantagruel, comme modèle de style dans la littérature grecque, le philosophe Platon, alors que le maître reconnu avait été si longtemps Aristote, à l'exclusion de tout autre.

tione discendi et docendi ex decreto Congregationis generali XIV, auctori Josepho Juvencio societatis Jesu, 1711, prima pars, cap. I). — Cité par M. Gréard, dans son *Mémoire sur la question des Programmes.*

(1) *Auguste, sa famille et ses amis*, par Beulé. — Le savant auteur pensait même que ces considérations étaient toujours vraies et que, de nos jours encore, il fallait donner la préférence au grec sur le latin, le grec étant une langue parlée, plus vivante et plus belle, d'une utilité plus pratique que le latin; d'après lui, il valait mieux étudier le grec dix ans et le latin cinq, que le latin dix ans et le grec cinq.

A l'époque où Rabelais écrivait son livre, il n'existait que deux éditions complètes des œuvres du grand penseur d'Athènes : l'une publiée à Venise par Musuro de Crète (1513), l'autre publiée à Bâle en 1534. Des commentaires avaient été composés, d'après les manuscrits, dès la fin du xv° siècle par le cardinal Bessarion (1469) et par Marsile Ficin (1482), et, un peu plus tard (1523), par Georges de Trébizonde. Le crédit du platonisme et la réputation de Platon bénéficiaient de la défaveur qui commençait à peser sur la philosophie péripatéticienne, dont on avait tant abusé qu'elle s'effondrait avec la scolastique.

Ramus reconnaît qu'au sortir de l'étude « des arts « libéraux par questions et disputes, ce fut dans « Platon qu'il trouva le port tant désiré » ; ce fut avec l'aide du « divin » Platon qu'il combattit énergiquement l'odieuse scolastique et les écrivains modernes, disciples indignes du philosophe de Stagire. Il partagea donc les préférences littéraires de Rabelais et il dut s'exprimer avec autant d'énergie que lui contre « les vieux resveurs qui jamais ne virent « bon livre de langue latine, comme manifestement « appert à leur stile qui est stile de ramonneur de « cheminée, ou de cuysinier et marmiteux. » Il faut même convenir qu'il montra, dans ses entretiens avec la jeunesse des écoles et dans ses polémiques avec les savants, une ardeur, une passion qui contrastent avec la prudence relative, dont, longtemps, Rabelais ne se départit pas (1). N'est-ce pas de cette

---

(1) Dans son *Pantagruel* (nouveau prologue du livre IV), Rabelais a qualifié Ramus de « mesdisant, mésescrivant et aboyant contre les anticques « philosophes et orateurs comme ung chien. » Les polémistes de cette époque n'y allaient pas de main-morte ! Tout en préférant au point de vue littéraire

différence de tempérament et de manière d'être, plus que des différences d'idées sur le fonds, que naquit l'animosité des deux auteurs ?

V

Il y avait déjà quelque hardiesse à recommander l'étude attentive de la langue grecque et à lui donner le pas sur l'étude du latin, alors que, dans l'Université, il était simplement exigé que l'on fût instruit de ce qu'avaient écrit Homère, Hésiode, Théocrite : « *Aliquid de Homeri... Heriodi... Théocriti... operibus ediscant.* »

Conseiller, en troisième lieu, l'étude des langues « hébraïcque, chaldaïcque et arabicque » était une innovation autrement grave, autrement en désaccord avec les préjugés qui dominaient le monde officiel, dans les premières années de la Renaissance. Il faut, pour s'en rendre compte, savoir combien il y avait d'antipathie à l'égard d'un enseignement nouveau qui, puisant à d'autres sources que la littérature sacrée, à laquelle avait suffi le latin, faisait passer dans le domaine du vulgaire les écrits originaux sur lesquels les dogmes étaient fondés. Les orthodoxes éprouvaient, à cet égard, des craintes ou des scrupules, à coup sûr exagérés, puisque la société de Jésus, créée cependant pour la défense de l'Eglise, ne devait pas les partager. La langue latine était vraiment pour ceux-là l'idiome international, le seul traditionnel, le seul conforme au régime catholique.

Platon, qui sait si Rabelais ne voulait pas se ménager les puissances, les savants officiels? Il ne dénigrait pas Aristote, le maître reconnu des Sorbonnistes.

Il n'est pas absolument exact de dire que l'Eglise, au moyen-âge, a été, toujours et par esprit de système, hostile à l'enseignement des langues orientales. De louables essais furent tentés, en vue de faciliter les relations de nos missionnaires de lettres avec l'Orient. (Un) « concile ordonna qu'à Rome
« et dans les universités de Paris, d'Oxford, de Bo-
« logne et de Salamanque on établirait des chaires
« pour enseigner les trois langues, l'hébreu, l'arabe
« et le chaldéen (c'est-à-dire le syriaque). Pour cha-
« cune de ces langues, il devait y avoir deux maî-
« tres qui seraient stipendiés en cour de Rome par
« le Pape, à Paris par le roi de France, et dans les
« trois autres villes par les prélats, les monastères
« et les chapitres du pays. Malheureusement, si
« l'on excepte les faibles essais de Jean XXII pour
« réaliser ce projet à Bologne, il ne semble pas que
« le sage décret du Concile ait reçu un commence-
« ment d'exécution. » (E. Renan, *la Papauté hors de l'Italie (Revue des Deux-Mondes,* 1er mars 1880).

Quant à la langue grecque, elle avait été long-temps considérée comme langue d'hérésie par les Sorbonnistes ; ceux-ci, d'une façon générale, condamnaient les traductions d'auteurs grecs, mais ils se montraient surtout sévères à l'égard des travaux touchant à la littérature religieuse. En 1242, on interdit aux confesseurs, aux aumôniers des couvents de religieuses, de traduire en langue vulgaire les livres sacrés ou leurs commentaires. Dans son Histoire ecclésiastique (L. XXIX, n° 57), Fleury rapporte qu'une traduction du Cantique des cantiques ayant été faite, la destruction en fut ordonnée ; l'original et toutes les copies que l'on en put trouver duront être brûlées. Un cardinal, archevêque de Reims, avait décidé que les traductions de la Bible lui seraient remises, et que la lecture n'en serait permise qu'à ceux dont il aurait éprouvé la prudence. En principe, l'Eglise tolérait difficilement la vulgarisation des livres saints : elle entendait monopoliser le plus possible tous les droits sur le texte sacré et sur l'esprit des travaux qui s'y référaient, et elle exerça toujours son contrôle avec un soin jaloux. Les Sorbonnistes le firent bien voir à Etienne Dolet, à Robert Estienne, à Pierre Duchâtel, et à beaucoup d'autres. Au XVIe siècle, il semble que l'intolérance ait été exaspérée par la Réforme : elle s'attaqua avec violence jusqu'aux plus proches amis du roi, jusqu'à la Marguerite des Marguerites, pour son *Miroir de l'âme pécheresse*, qui sentait, disait-on, l'hérésie. Rabelais n'échappa pas à ces persécutions : un moine de Fontevrault, Gabriel de Puits-Herbaux, publia contre lui, en 1549, un lourd et violent pamphlet, *Theotimus sivè de tollendis et expurgandis malis libris*. Mais il fut mis « hors de toute intimidation » ; ses protecteurs étaient plus puissants que les Sorbonnistes (1).

Les langues, que nous appelons aujourd'hui sémitiques ou syro-arabes, l'hébreu, le chaldéen et le sy-

---

(1) Les injures de ce moine fanatique n'eurent pas plus d'effet que n'en avaient eu, au temps de la prime jeunesse de Rabelais, les persécutions des frères mineurs de Fontenay-le-Comte. L'auteur du Pantagruel, entré, vers l'âge de 19 ans, au couvent de la Baumette, avait acquis, un peu plus tard, dans l'abbaye de Fontenay, une certaine autorité ; mais il donna aux moines de l'ombrage par suite de sa passion déclarée pour les travaux d'érudition et pour l'étude de la langue grecque. On découvrit chez lui des ouvrages que l'on jugea trop hétérodoxes. Il dut prendre la fuite. Heureusement que Guillaume Budée intervint, et, avec lui, peut-être même avant lui, d'autres amis influents, qui assurèrent la sécurité à Rabelais en même temps qu'ils lui faisaient rendre les livres indûment confisqués sous prétexte d'hérésie.

riaque, l'arabe, — celles-là même dont Rabelais, dans la lettre de Gargantua à Pantagruel, conseille la culture, — avaient été étudiées par d'excellents esprits, pendant le Moyen-Age ; leur influence devenait plus considérable, au fur et à mesure que la sphère d'action des populations de race sémitique s'étendait davantage. On sait les rapides progrès de la conquête sarrazine : le mouvement intellectuel, d'abord comprimé par l'autoritarisme religieux des premiers sectateurs de Mahomet, prit, au bout d'un certain temps, un grand développement, dont profita singulièrement la culture des lettres et des sciences.

En géographie, en histoire, en philosophie, comme en mathématiques et en médecine, les savants de l'Europe latine, au xve et au xvie siècle, eurent à puiser dans les écrits des érudits de race juive ou arabe. Ils avaient déjà reçu beaucoup de l'Orient, après la chute de Constantinople et après le douloureux exode des plus dignes représentants de la science gréco-byzantine ; il leur fut ouvert, par leurs incursions dans une littérature polyglotte, de nouvelles et très précieuses sources d'information concernant l'antiquité classique, non seulement pour les admirables génies qui ont immortalisé la Grèce, mais encore pour les écrivains de second ordre, collaborateurs plus modestes dans l'œuvre de rénovation et de progrès. Le Moyen-Age n'avait d'abord connu certains ouvrages, et non des moins remarquables, de la littérature grecque, que par les traductions qui en avaient été faites successivement en syriaque, en hébreu ou en arabe, qui avaient été répandues dans les grandes écoles d'Egypte, de Mauritanie, d'Espagne, et qui, de là, étaient passées en France par les académies juives de Narbonne, Lunel, Montpellier, Beaucaire, Arles, Marseille, Troyes (1). Les trois idiomes sémitiques avaient, en quelque sorte, servi de véhicule pour apporter à la science du Moyen-Age ses instruments de travail, et, le plus remarquable de tous, le péripatétisme, d'abord en grand honneur chez les Arabes (2), considéré par les Juifs, plus tard, comme une sorte de philosophie nationale, enfin respecté en France comme le maître infaillible, non seulement par les laïques, mais par des orthodoxes tels qu'Albert-le-Grand et saint Thomas d'Aquin (3).

Rabelais donne les raisons pour lesquelles il faut étudier « pareillement » les langues hébraïcque, chaldaïcque et arabicque : « pour les sainctes lettres »; pour le « vieux testament », pour « revisiter les « livres des médecins grecs, arabes et latins, sans « contemner les thalmudistes et cabalistes. »

C'était le programme des savants de ce temps : Guillaume Budé, Pierre Duchatel, François Vatable, Agathias Guidacerius, Calvin, connaissaient l'hé-

---

(1). Renan, Histoire générale des langues sémitiques, liv. III, chap. III, § 2.

(2) E. Renan, Averroës et l'Averroïsme. — Pour l'Espagne, les premiers commentaires complets d'Aristote remontent au milieu du XI° siècle, l'un de l'Arabe Ibn-Bâdja, l'autre du célèbre Juif Avicebron, souvent cité par Albert-le-Grand et saint Thomas.

(3) De Gérando, Histoire comparée des systèmes de philosophie; Brucker, Historia critica philosophiæ. Il faut, en ce qui concerne l'Eglise et la faveur dont jouit Aristote, distinguer les époques : en 1209, un concile excommunia ceux qui lisaient les œuvres du Stagirite; en 1215, l'interdiction ne visa que la physique et la métaphysique ; au XIV° siècle, aucun candidat n'obtenait son diplôme de maître ès arts sans avoir répondu convenablement sur ces deux traités et sur le traité de logique. Du reste, on n'eût longtemps qu'un Aristote défiguré par des traductions successives et par les polémistes arabes, juifs ou chrétiens qui, sciemment ou de bonne foi, faussaient les textes et travestissaient les systèmes, dans l'intérêt de ce qu'ils croyaient être la vérité.

breu et lisaient la Bible dans l'original. Rabelais lui-
même était polyglotte : le chapitre IX, *Comment
Pantagruel trouva Panurge* en fait foi. A Rome, il
avait appris l'arabe avec l'évêque de Caramith. Il
connaissait fort bien la langue grecque, puisque,
dans l'année qui suivit ses épreuves du doctorat en
médecine, il fit à Montpellier un cours public devant
un nombreux auditoire et il commenta en grec le
traité d'Hippocrate sur les *Pronostics* : « D. Francis-
« cus Rabelæsus, pro suo ordinario, elegit librum
« Prognosticorum Hippocratis quem Græcè inter-
« pretatus est (1). » Le héros de son livre parlant
de la langue grecque, « sans laquelle c'est honte
« qu'une personne se die sçavant », ne fait que traduire l'enthousiasme de Rabelais pour les plus belles
productions du génie grec : « Et voluntiers me dé-
« lecte à lire les Moraulx de Plutarche, les beaux
« dialogues de Platon, les Monumens de Pausanias,
« et Antiquités des Athéniens. » Il est à présumer
que, sans lui être aussi familière que le grec ou le
latin, dont Rabelais se servait couramment comme
de sa langue maternelle, la langue hébraïque avait
été cultivée par lui d'une manière attentive. Incidemment, il a signalé une particularité curieuse
de la grammaire sémitique. Panurge, expliquant
« comment il gaignoit les pardons » (2), se montre

---

(1) Astruc, *Mémoires pour servir à l'histoire de la Faculté de médecine de
Montpellier.*

(2) « Car les pardonnaires me le donnent, quand ilz me disent, en présen-
« tant les reliques à baiser : *centuplum accipies*, que pour un denier j'en
« preigne cent; car *accipies* est dict selon la manière des Hébreux qui usent du
« futur au lieu de l'impératif, comme vous avez en la Loy : *Dominum deum
« tuum adorabis, et illi soli servies ; diliges proximum tuum, et sic de aliis.* »
Pantagruel, livre II, chap. XVII.

exact linguiste. En effet, tout le groupe des langues syro-arabes n'employait que deux temps du verbe : le temps parfait, pour marquer un état passé, une action qui s'est accomplie ; le temps imparfait, pour indiquer un état futur, une action qui s'accomplira. « Et ainsi l'expose raby Kimy et raby « Aben Ezra, et tous les massoretz. » Panurge fait preuve d'érudition : les massorètes étaient ces docteurs juifs qui, dans leurs travaux critiques (massore ou massorah) sur l'ancien Testament, s'efforçaient de conserver les textes sacrés et notaient, avec un soin pieux, toutes les variantes de lecture, d'orthographe, de prononciation, afin de garder inaltérable la tradition biblique. Abraham Ben-Ezra fut, au XIIe siècle, un des plus célèbres commentateurs des livres saints, un peu indécis et flottant, paraît-il, dans ses conclusions, parce qu'il voulait, à la fois, suivre le progrès philosophique et rester orthodoxe, ne pas rompre avec les données traditionnelles du judaïsme et essayer des folies de l'astrologie. En s'autorisant du « raby Kimy », Panurge a certainement voulu faire allusion au plus célèbre des trois savants juifs appelés Kimchi qui contribuèrent au bon renom de l'académie de Narbonne : Kimchi (David), fils de Kimchi (Joseph) et frère de Kimchi (Moïse), s'était fait une véritable réputation comme exégète biblique, et ses nombreux ouvrages, connus en original ou par des traductions, restèrent longtemps en faveur (1).

On a vu que Gargantua recommande à Pantagruel de ne pas « contemner les thalmudistes et cabalistes. » Il est facile de reconnaître, dans ce conseil

(1) Notamment son commentaire sur les psaumes, traduit par Dom Janvier. (Paris, 1669, in-4°).

discrètement donné, la trace des préoccupations que donnait au monde savant le judaïsme, en tant que philosophie tout au moins.

Les Juifs, au Moyen-Age, eurent, pendant un certain temps, des idées de progrès et de civilisation. Chassés d'Espagne au nombre de 800,000, dispersés en pays chrétiens, accablés sous le poids de la réprobation séculaire qui pesait sur eux, ils surent pourtant trouver de sûrs asiles dans le Midi de la France, où leurs rabbins jouèrent un rôle d'autant plus important, qu'ils tenaient des Arabes et rapportaient fidèlement des traditions du monde antique, profane ou religieux. L'enseignement, dans les académies juives, n'avait pas seulement pour objet l'exposé des dogmes, la critique des textes ; il laissait entrevoir qu'en dehors des systèmes de morale ou de philosophie, au-dessus des données de la science positive, il existait une doctrine plus élevée, dont les profanes n'avaient point à connaître et qui était réservée aux plus sages, aux plus purs. Cet enseignement ésotérique, que le Talmud représentait comme d'un accès impossible ou très périlleux, avait par son côté mystérieux, par son caractère de mysticisme, frappé l'esprit des philosophes, exalté l'imagination du vulgaire.

La Kabbale (1) était l'explication des symboles de l'ancien Testament, en même temps qu'un exposé méthodique, raisonné, de la théologie et de la métaphysique, telles qu'elles résultaient, pour les initiés, de livres sacrés, que Dieu lui-même aurait, suivant les uns, donnés à Adam après son expulsion du Pa-

---

(1) Ad. Franck, *la Kabbale ou la Philosophie religieuse des Hébreux.*

radis terrestre, et, suivant d'autres, dictés, sur le mont Sinaï, à Moïse, avec le Décalogue.

Ces livres, dont l'origine était divine, qui représentaient la quintessence de la doctrine du peuple juif, exercèrent une grande influence, non par ce que l'on en savait, mais par ce que l'on y soupçonnait, touchant le mystère des origines du Créateur, de l'homme et de l'univers, de l'âme, des causes finales, de la liberté du bien et du mal.

Au xvi⁰ siècle, la Kabbale, par son côté scientifique aussi bien que par le côté purement théologique ou philosophique, excita l'enthousiasme de beaucoup de savants. Rabelais ne pouvait la passer sous silence dans son programme encyclopédique, d'autant que l'étude discrète de cette science révélée complétait l'enseignement « pour les sainctes lettres », le livre du *Zohar* se rattachant à la théologie judaïque, à la tradition chrétienne (la Sainte-Trinité, les anges et les démons), à la philosophie néo-platonicienne par certains articles de psychologie.

La sobriété même et la réserve dont l'auteur du Gargantua fait preuve en ce qui concerne les thalmudistes et les Kabbalistes, semblent prouver qu'il n'a qu'à moitié partagé l'engouement de la plupart des penseurs de son temps. Il avait, en effet, l'esprit trop positif pour se payer de mots et pour être satisfait des prétendues découvertes du *Zohar*. Fut-il toujours aussi prudent en ce qui concerne « l'astrologie divinatrice » dont il déconseille avec énergie l'étude, dans la lettre à Pantagruel ? Ne s'était-il pas lui-même laissé prendre à cette science décevante ? Ce qu'il y a de certain, c'est qu'en 1549, assez longtemps après la publication du premier livre de son épopée gargantuine, il ne dédaigna pas de témoigner que l'astrologie lui était familière. Il se trouvait à Rome lors de la naissance du deuxième fils de Henri II et de Catherine de Médicis. Suivant l'usage, il tira l'horoscope du nouveau fils de France. La prédiction fut très favorable, à la condition que l'enfant « eschappe quelque triste aspect en l'angle « occidental de la septiesme maison. » Certes Rabelais était, par avance, un désabusé, un ironique, mais l'événement prouva la vanité de sa science, puisque le fils de Henri II, dont il avait dressé la nativité, mourut en bas âge.

Du moins fut-il heureux de ne point souffrir de ses erreurs de calcul. Les astrologues, chiromanciens, nécromanciens, magiciens, avaient la faveur de la cour de François Iᵉʳ ; ils y jouaient un rôle important, favoris des princes et des grandes dames, présidant, avec le sérieux imperturbable des anciens augures, à certaines affaires d'amour et de politique. De temps en temps, on en châtiait quelques-uns, à titre d'exemple, lorsque la supercherie paraissait trop forte et que l'escroquerie (car les horoscopes coûtaient cher) dépassait la mesure. Corneille Agrippa, astrologue ordinaire de la reine Louise de Savoie, ne définissait-il pas l'astrologie « l'art de moucher les écus ? » Il paya, de la perte de sa très lucrative fonction, l'erreur commise par lui au sujet du sort réservé à l'entreprise criminelle du connétable de Bourbon.

Rabelais a le bon sens de ne pas mentionner dans son programme d'instruction l'étude inutile de l'astrologie, il l'en a proscrite, il la condamne formellement. Pantagruel aurait pu lui répondre de façon à l'embarrasser, en citant l'exemple de Pierre Duchâtel (1), lecteur ordinaire du roi François Iᵉʳ, qui, loin de dédaigner la science divinatoire, la cultiva longtemps avec conviction et se révéla l'un des plus remarquables élèves d'un docteur de Dijon, nommé Turelle. Celui-ci avait publiquement ouvert une école de sciences occultes, et, de ce chef, il fut poursuivi, accusé d'impiété, d'athéisme, d'hérésie, toutes accusations qui auraient dû le conduire tout droit au bûcher, sans le talent de son élève, devenu son avocat, le savant Duchâtel. Pour ce dernier, du reste, à la suite de mécomptes personnels ou de relations avec des charlatans effrontés, la conviction dut faire place à un honnête scepticisme à l'endroit des opérations magiques, des talismans, s'il est vrai, pour l'horoscope du dauphin Henri, qu'il ait dit qu'il ne suffisait pas de consulter les astres, mais encore le caractère, les habitudes, les manières d'être, l'extérieur de la personne : « ce n'était pas la plus mauvaise manière d'annoncer l'avenir. » En effet, Duchâtel, dans ces quelques mots, posait le principe d'une science augurale relativement très récente, dont Lavater, Gall et Spurzheim ont fait la fortune (2).

---

(1) Galland, *in vitâ Castellani* : « quo prædicendi modo non etiam repugnare menti divinæ et sacris litteris, observato diligenter nativitatis cujusque horoscopo... etc. »

(2) De tout temps, l'esprit humain a eu le goût de l'occulte, du mystérieux : ce qui montre en quel sens il faut prendre l'axiome « *Ignoti nulla cupido.* » Les modernes ne se laissent plus prendre aux billevesées de l'astrologie judiciaire. Nous approuvons donc fort Rabelais de dédaigner les nécromants, les magiciens et autres industriels battant monnaie avec leurs relations dans le monde des trépassés ; nous en croyons sur ce point les aveux du célèbre Henri-Corneille Agrippa, qui, avec les connaissances encyclopédiques d'un savant de premier ordre, fut un remarquable charlatan, plein d'une cynique désinvolture à l'égard de l'astrologie dont il tirait ses rentes. Nous avons surtout peine à comprendre que cet art mensonger eût, à une certaine époque,

VI

Les professeurs d'astrologie étaient en même temps des praticiens sans diplôme régulier, exerçant clandestinement une médecine spéciale et vendant des remèdes secrets. A ce titre, Rabelais devait les prendre pour des charlatans et tenir leur science en fort petite estime, « comme abus et vanités ; » il est pour la science positive, pour l'observation, pour

l'estime des savants, la confiance des princes, la considération des gens les plus sensés, à tel point que l'Eglise dut en condamner l'exercice, que le bras séculier s'arma contre les suppôts de l'enfer, auxquels on découvrait l'odeur de roussi et que l'on renvoyait au bûcher. Mais ne peut-on imaginer ce qu'aurait dit Rabelais si on lui avait parlé de tables tournantes, de spiritisme, de médication à distance, des faits les plus singuliers d'hypnotisme, de l'autosuggestion, d'apparitions, de relations intimes entre les morts et les vivants, entre la terre et les astres ? Toutes connaissances que les savants officiels considéraient il n'y a pas très longtemps « comme abus et vanités », suivant le mot de Gargantua, et pour lesquelles beaucoup se contentent aujourd'hui de poser un prudent point d'interrogation ! La médecine fin de siècle n'explique-t-elle pas les cures dites « miraculeuses » ? Les hommes n'ont guère changé depuis que Rabelais écrivait sa chronique Pantagruéline. Ainsi qu'au Moyen-Age, combien auront foi encore dans les somnambules extra-lucides, dans les magiciens, dans le diagnostic mystérieux d'après le marc de café ? La puissance de crédulité de l'esprit humain est toujours la même, ou, plutôt, on peut dire que s'est atténuée la faculté de négation à l'encontre des phénomènes les plus contre-nature, les plus invraisemblables. Il est à croire que le docte Agrippa, astrologue ordinaire de la reine Louise de Savoie, n'écrirait plus son traité *de Vanitate scientiarum*. Et pour cause : — « ... après tout, qu'est-ce
« que nous appelons « science » ? Qu'est-ce qui n'est pas *scientifique* dans la
« nature ? Où sont les limites de l'étude positive ?... L'analyse des émotions
« de l'âme n'est-elle pas *scientifique* ? N'est-il pas *scientifique* de chercher si
« vraiment l'âme peut voir de loin et comment ? Et puis, quelle est cette
« étrange vanité, cette naïve présomption de nous imaginer que la science ait
« dit son dernier mot, que nous connaissions tout ce qu'il y a à connaître, que
« nos cinq sens soient suffisants pour apprécier la nature de l'univers... Nous
« sourions des idées des astronomes, des physiciens, des médecins, des théo-
« logiens d'il y a trois siècles ; dans trois siècles, nos successeurs dans les
« sciences ne souriront-ils pas à leur tour des affirmations de ceux qui pré-
« tendent aujourd'hui tout connaître ? » *(Camille Flammarion).* — Montaigne eût dit : « qui sait ? », et Rabelais : « peut-être ! »

l'expérience, et c'est pourquoi Gargantua exprime à son fils le désir de le voir « s'*adonner* curieusement à la cognoissance des faicts de nature. » Je veulx q... qu'il n'y ait mer, rivière, ny fontaine, « dont tu « ne cognoisse les poissons ; tous les oiseaux de l'air, « tous les arbres, arbustes, et fructices des forestz, « toutes les herbes de la terre, tous les métaulx ca- « chés au ventre des abysmes, les pierreries de tout « orient et midy, rien ne te soit inconnu. Puis soi- « gneusement revisite les livres des médecins grecs, « arabes et latins... et, par fréquentes anatomies, « acquiers toy parfaicte cognoissance de l'aultre « monde, qui est l'homme. »

Cette phrase incidente finale est amenée logiquement par le souvenir qu'il vient d'évoquer, « sans contemner les Kabbalistes » : c'est une allusion assez directe au système du *Zohar*, d'après lequel l'homme terrestre représente en petit l'univers tout entier, à la fois diminutif de la divinité, participant à quelques-uns de ses attributs psychiques, et diminutif du monde animé, à la vie duquel il se mêle par ses attributs physiques, étant ainsi l'image réduite de cette collectivité d'êtres se mouvant en nombre infini dans l'univers infini dont l'organisation compliquée est similaire du microcosme que décrit l'anatomie.

Ce n'est pas en une seule phrase que Gargantua, porte-parole de Rabelais, conseille à son fils l'étude de l'histoire naturelle et de la médecine ; il entre dans une énumération assez développée pour embrasser l'universalité des choses créées, êtres animés, choses utiles à l'homme ou seulement dignes de sa curiosité. Rabelais, « homme de grans lettres grec-

ques ou latines », après avoir eu sa période de vif
engouement pour la philosophie, avait cultivé avec
passion la botanique, la physique, l'astronomie, la
médecine. Avec sa connaissance approfondie des auteurs anciens ayant traité de la matière médicale, il
était mieux armé que beaucoup d'autres pour profiter
de leurs découvertes et vulgariser la connaissance de
leurs travaux. En septembre 1530, il suivait les cours
de l'Université de Montpellier, sous la direction spéciale du savant professeur Jean Schyron ; deux mois
après, il obtenait le grade de bachelier. Jusqu'en 1537,
époque à laquelle il fut reçu docteur en médecine, il
mena de front ses études et les épreuves successives
sous forme d'actes publics qu'elles nécessitaient,
et les ouvrages d'érudition entrepris pour le compte
de certains éditeurs. C'est ainsi qu'il publia les
Aphorismes d'Hippocrate, l'*Ars Parva* de Galien, les
Lettres médicales de Giovanni Manardi de Ferrare. Au
cours de ses voyages, il fit des cours publics sur des
sujets déterminés, justifiant l'épithète flatteuse de
doctissimus qui lui avait été décernée par des savants
du plus haut mérite (1), et s'affirmant comme un
philologue éminent, comme un homme d'une compétence exceptionnelle dans toutes les sciences.

On peut se demander pourquoi Rabelais, pouvant
choisir la Faculté de Médecine pour la collation des
grades qu'il ambitionnait, ne préféra pas l'Ecole de
Paris. La plupart de ses amis et protecteurs résidaient à la cour ou, tout au moins, à Paris : il aurait
pu, avec plus de facilités qu'à Montpellier, avec autant

---

(1) Tiraqueau portait de lui ce témoignage flatteur : « *Vir suprà ætatem præterque ejus sodalicii morem... utriusque linguæ omnifaciæque doctrinæ peritissimus.* »

d'avantages qu'à Lyon, trouver des éditeurs pour ses travaux critiques sur l'histoire de la science médicale ; il y aurait certainement trouvé un auditoire aussi digne de lui pour ses conférences de médecine comparée.

On peut s'expliquer cette préférence. Rabelais commença ses études de médecine à quarante ans : il était riche de science plus que d'argent, il espérait tirer quelque profit de l'exercice de sa profession ; il lui fallait donc obtenir rapidement ses grades.

Or, à Montpellier, les études duraient trois ans seulement et ne coûtaient guère que 400 livres, tandis qu'à Paris, elles ne finissaient qu'après six ans, avec une dépense approximative de 600 écus, soit près de 2000 livres. L'école de Montpellier jouissait d'ailleurs d'une très grande réputation, ainsi que l'atteste un Arrêté du 6 août 1506, et les docteurs de l'école de Paris en souffraient assez cruellement pour recourir à des actes que l'on trouvera un peu excessifs. Ils avaient obtenu que défense fût faite, par le Parlement, à leurs confrères et rivaux de Montpellier, d'exercer leur profession dans la capitale, à moins d'une autorisation expresse et spéciale et sauf un examen préalable (1). La grande école du Midi compta, au

---

(1) Il paraît que les docteurs de la Faculté de médecine de Paris avaient la réputation bien établie d'être peu endurants, soit à l'égard des autres écoles, soit à l'égard de leurs confrères du ressort. Depuis 1574, il était d'usage, à la Saint-Luc, de faire lire par le grand bedeau la nomenclature des peines portées contre les médecins qui dépassaient la mesure permise en matière de critique professionnelle (*Decreta Facultatis medicinæ cotannis à majore bidello recitanda, die 31 augusti 1574*). — « Ce jour suivant la remontrance... li-
« sait-on aux registres du Parlement (octobre 1558)... « que les médecins de
« cette ville par envie et mauvais vouloir des uns contre les autres trouvaient
« mauvais ce que chacun de leurs compagnons ordonnoit aux malades, leur
« baillant souvent des receptes et médecines de tout contraires à la qualité de

xvi° siècle, de brillants représentants, soit en médecine, soit en chirurgie : François Ranchin, qui écrivit un traité de thérapeutique ; Eusèbe, auquel on dut un ouvrage célèbre « *la Science du Pouls* » ; Carvin, de Montauban, auteur des *Dialogues sur le sang et de sa distribution dans le corps humain*, et beaucoup d'autres savants, parmi lesquels Rabelais figura dignement comme praticien expérimenté, comme professeur disert et auteur en renom... Nous avons vu qu'il édita des ouvrages qui enrichirent la bibliothèque déjà considérable, mise à la disposition des maîtres et des élèves, dans laquelle on compta les traités d'Hippocrate, de Galien, le *Traité des Antidotes*, de Sérapion, l'*Antidotaire*, de Mesvée, le *Livre des Préceptes* de l'école de Salerne, l'*Antidotaire*, d'Arnaud de Villeneuve.

Suivant la recommandation de Gargantua, on « *revisitoit* les livres des médecins grecs, arabes ou latins ». Cependant, depuis les Arabes, grâce à la pratique de la dissection, l'art chirurgical avait fait de grands progrès, tandis que la médecine, moins hardie, suivait aveuglément les anciens. La plupart des ouvrages de pure doctrine ou de controverse étaient écrits en latin, le *Compendiolum curatricis scientiæ* par Montuo de Lyon, le *De morbis cutaneis ex ore Hieronymi Mercurialis*. Les savants se passionnaient pour ou contre Paracelse, l'adversaire de la médecine galénico-arabe, qui n'était pas seulement médecin mais théologien, dont l'originalité fut d'enseigner son art

« leur maladie, et se trouvoient ordinairement contraires en opinion les uns
« des autres, non pas à autre fin sinon *animo contradicendi et per invidiam*...
« est venu le doyen de la dicte faculté auquel a été remonstré... qu'il ait à
« assembler la faculté et adviser ensemble de se conduire de sorte que Dieu
« et la république n'y soient plus offensés,... ce qu'il a promis de faire. »

en langue vulgaire et d'en rapporter à Dieu les principes et les résultats. « La vraie philosophie vient de « Dieu, comme la médecine ; il est seul auteur des « arcanes... Le médecin naît par les lumières de la « nature et de la grâce, de l'homme interne et invi- « sible, de l'ange qui est en nous... Le monde exté- « rieur est la figure de l'homme. L'homme est le « monde occulte... La puissance de la foi produit le « bien dans les hommes justes, et le mal dans les « méchants. » Si l'on se rappelle ce que nous avons dit plus haut de la *Kabbale* et du *Zohar*, on verra à quelle école se rattachait le savant Paracelse, alchimiste, passionné pour l'astrologie judiciaire et pour les rêveries symboliques de la philosophie hermétique.

Rabelais fut préservé de ces controverses : il semble n'y avoir pris qu'une part minime, préoccupé de l'exercice, assez lucratif par moment, de sa profession (1), à Lyon et ailleurs, et de la critique des textes de médecine, d'archéologie, de droit, de mathématiques, dont la révision lui était commandée par d'importants éditeurs comme Sébastien Gryphe (2) : ce fut chez ce dernier qu'il fit paraître la *Description de Rome antique* par Marliani.

On a vu qu'il conquit ses divers grades, bachelier, licencié, docteur en médecine, à l'école de Mont-

---

(1) Maistre François Rabbelays, médecin à Lyon, attaché au grand hôpital du Pont-du-Rhône, gagnait 40 livres tournois par an. En 1536, il fut autorisé, par le pape Paul III, à pratiquer la médecine, mais gratuitement et sans pouvoir saigner ni cautériser.

(2) *Epistola nuncupatoria Aphorismorum Hippocratis*, 1553, in-18, Lyon, Sébast. Gryph. — L'Epître dédicatoire adressée par François Rabelais, médecin, à Geoffroy d'Estissac, évêque de Maillezais (clarissimo doctissimo que viro) est de juillet 1532.

pellier, après y avoir satisfait à divers examens et avoir fourni la preuve d'une sorte de stage dans le service d'hôpital ou de ville d'un professeur-médecin. Il ne prit pas ses grades en chirurgie, moins considérés peut-être, quoique conférant les mêmes privilèges que ceux de médecine. Les maîtres - chirurgiens avaient trop pour concurrents sérieux les maîtres barbiers, placés sous la surveillance du maître barbier du roi, lequel était le chef de toute la « barberie » du royaume (1).

Il ne suffisait pas, pour être habile praticien, pour avoir le droit de porter une haute mitre et une robe rouge, d'avoir satisfait aux épreuves, il fallait encore être fort latiniste. Pas d'ordonnances rédigées en français : les livres de pathologie et de thérapeutique, comme les formules pharmaceutiques, s'écrivaient en latin. A cet égard, Rabelais était armé, mais il n'usa de sa science qu'avec discrétion, n'étant médecin qu'à ses heures, ménageant sa réputation qui était très grande, puisqu'on lui attribuait le pouvoir de rappeler les morts du tombeau et de les rendre à la lumière (2). Au temps de Molière, les médecins produisaient un effet contraire. Il avait l'humeur nomade, il allait, de ville en ville, donnant des consultations et faisant des conférences, comme Pantagruel voyageait à la recherche de la vérité. On ne le voit d'une façon continue occupé de la pratique de l'art médical qu'en 1536, comme médecin de l'hôpital de Lyon, et en 1547, attaché en la même qua-

(1) Ordonn. de mai 1575 ; — Pasquier, *Recherches*, liv. IX, chap. xxxii.

(2) ... Qui vel de limine Ditis, — extinctos revocare potest et reddere luci. (Poëme de Dolet).

lité, aux gages de 120 livres par an, à l'hôpital de Metz.

Il dut y faire de belles cures, mais, d'après les doléances qu'il adresse à ses puissants protecteurs, on se rend compte que, malgré toute sa science, il n'ait jamais pu guérir de cette maladie dont il parle dans sa Pantagruéline Prognostication : « maladie « bien horrible et redoutable, maligne, perverse, es- « poventable et mal-plaisante, laquelle rendra le « monde bien estonné,... je vous diz qu'elle sera « épidémiale et l'appelle Averroëz VII colliget : faulte « d'argent. »

Rabelais mourut, n'ayant rien vaillant et devant beaucoup : il donna le reste aux pauvres. L'histoire qui lui attribue ce testament burlesque, n'ajoute pas si les pauvres acceptèrent le bénéfice du legs : elle a pu dire que Rabelais léguait à la postérité son œuvre immortelle, elle ajoutera que la postérité, reconnaissante, a compté l'auteur de la chronique de Gargantua et Pantagruel parmi les cinq ou six grands hommes de lettres qui ont le plus laissé d'eux-mêmes à l'humanité.

Ce jugement favorable, désormais sans recours, avait été préparé par le témoignage des contemporains, qui ne tarissaient pas d'éloges sur le compte du maître, « expert en toute clergie » d'après Jean Boucher, « le profond abîme de toute l'encyclopédie » suivant un autre de ses panégyristes.

En tant que médecin, et nous insistons sur ce point, Rabelais ne fut pas seulement un habile dans l'art de combattre les maladies ; il dut faire la preuve d'un tact consommé pour rester l'ami de ces malades, gens du grand monde, auxquels il donnait des remèdes, qu'il ne guérissait pas et qui ne lui en voulaient pas. Soigner les pauvres gens, les guérir ou les tuer par raison démonstrative, à grand renfort de latin, c'était une bagatelle : en cas d'accident, les gens du commun ne devaient protester que faiblement. Mais la situation de Rabelais auprès de Geoffroy d'Estissac, de Guillaume du Bellay « et des autres puissants » pouvait être rendue singulièrement difficile par une faute contre la science ou par un manque de tact. Que de fois ne dût-il pas remplacer une ordonnance par un bon mot, administrer une irrésistible saillie au lieu d'un amer remède ! Cette verve intarissable, cette abondance, cet humour, cet art du rire dont ses œuvres portent la marque, il dut les consacrer à ses grands malades, traitant le corps par l'âme, ragaillardissant celle-ci pour distraire de la douleur, faisant, de la plus joyeuse façon, de l'hygiène morale.

Rabelais, anatomiste comme André Vésale, « médecin très habile », célébré comme tel en vers et en prose, mettait ainsi au service de l'art de guérir tout ce qu'il avait d'esprit, « *sales acutos et lepores atticos* (1). » Il méritait doublement de figurer sur le registre des procureurs des écoliers, à la Faculté de médecine de Montpellier.

VII

Dans la lettre de Gargantua, il est question de « librairies très amples », dont les richesses présentent aux studieux toute « commodité » de travail.

(1) Salmon Macrin, poëte, latiniste, attaché à la maison du cardinal du Bellay. Cité par M. Louis Moland, dans sa *Vie de Rabelais*.

Il existait, en effet, au temps de Rabelais, un grand nombre de librairies ; plusieurs étaient parfaitement achalandées et, parmi celles-ci, au premier rang, la librairie de Saint-Victor, dont il est question en un chapitre de l'épopée gargantuine. On y trouvait, à cette époque : comme *sermonnaires*, les œuvres de Menot, de Maillard, de Guillaume Pépin, ou encore les *Sermones dominicales* (à quodam patre Hunguro, Biga salutis intitulati), les œuvres de Pierre Régis de Montpellier ; comme *dogmatiques*, la *Pomme de Grenade des Vices*, par Jean Gayler (1510), les œuvres de Nicolas de Orbellis, commentateur de Pierre Lombard, celles de Sylvestre de Prierio, auteur d'une Somme où il est traité du jeûne, et adversaire décidé de Luther, celles de Pierre Tartaret, sorbonniste, de Guillaume Bricot, de Jean Major, professeur au collège de Montaigu (collège renommé pour la rigueur de sa discipline monastique et pour sa saleté), de Noël Béda, fanatique, principal de ce même collège, l'ennemi personnel de tous les grands esprits de la Renaissance, le dénonciateur de Marguerite de Valois ; les œuvres de Guillaume du Chesne qui se faisait appeler *de Quercu*.

Les écoliers et les maîtres trouvaient dans ces bibliothèques tout ce qui constituait les « aliments primordiaux » de l'esprit d'alors, selon l'idéal universitaire. La nomenclature fantaisiste que nous en présente Rabelais donne l'idée, amplifiée, mais, somme toute, assez exacte, du nombre et de la qualité de certains livres en pleine possession de la faveur des érudits sorbonnisants. Il n'avait pas besoin d'inventer des titres drôlatiques pour les ouvrages dus à la plume facile d'un certain André Govea, portugais d'ori-

gine, sorbonniste, surnommé *Sinaperorus* ou Engoule-
Moutarde, ou d'un autre appelé Etienne Brûlefer, ou
d'un Gambedellionibus. Son imagination pouvait se
donner libre carrière avec des théologiens comme
Eccius, ou comme Jean Major, ou Ignace de Loyola.

C'est dans de telles officines que Janotus de Bragmardo allait s'inspirer pour *tousser* de belles haran-
gues et disputer sophistiquement au nom de l'Université, lui qui en était « le plus suffisant » orateur.

Au fur et à mesure que les sciences et les lettres
progressaient et que leur vulgarisation s'imposait,
l'utilité du commerce de librairie était appréciée ; on
reconnaissait peu à peu qu'il répondait à une nécessité sociale ; on l'encouragea en conférant aux imprimeurs et libraires de nombreux privilèges, fréquemment rappelés, expressément confirmés par des ordonnances royales ou des arrêts du Parlement. On
les assimila à des clercs et on leur reconnut toutes
les immunités de la cléricature. Les imprimeurs et
libraires du Roi avaient des privilèges spéciaux.
Mais, dépendant de l'Université, ils ne pouvaient
vivre que sur son domaine, c'est-à-dire sur la rive
gauche. Il existait cependant des libraires ambulants
qui, installés en plein vent, sur la voie publique, à
l'abri d'un auvent ou contre le portail d'un grand
hôtel, criaient le titre et le prix de leurs livres. C'é-
taient de pauvres diables qui, suivant le caprice des
gens de police ou des propriétaires, ou poussés par
les nécessités de la vente, déménageaient souvent et
exploitaient différents quartiers de la ville. Ils n'a-
vaient pas la vogue de ces « porteurs de rogatons »,
« basteleurs », « vielleux » dont la présence au milieu d'un carrefour « assemble plus de gens que ne

feroit un bon prescheur évangélique » (*Gargantua*, I, 17), tant le peuple de Paris est « sot, badault, inepte de nature » ; mais leur clientèle ne se recrutait pas seulement parmi la gent écolière, et, grâce à leur déambulation constante, ils avaient la possibilité de dérober à la surveillance des sorbonnisants de toute robe des ouvrages dont le lecteur était d'autant plus friand qu'il les savait défendus. C'était aussi pour eux un avantage de pouvoir vendre en cachette des livres qui n'étaient pas encore tombés dans le domaine public.

Les libraires ou imprimeurs n'étaient que pendant trois ans propriétaires exclusifs des œuvres qu'ils éditaient. Plus tard, ce délai trop court fut, par étapes successives, porté jusqu'à douze ans. Cette propriété temporaire était protégée par le Roi, qui, au pied de la requête présentée par l'éditeur intéressé, mettait le « soit fait comme il est requis. »

Aux premiers jours de la Renaissance, le nombre des imprimeurs avait été limité à douze, dont la nomination appartenait au Roi, d'après une liste de propositions présentée par le Parlement et comprenant vingt-quatre noms (Arrêt du Parlement, 26 février 1534). Vers la fin du xviᵉ siècle, on comptait huit cents imprimeurs, libraires ou relieurs.

Tous ces ouvriers de l'industrie du livre s'étaient groupés en corporations, pour mieux défendre leurs privilèges et atténuer les effets d'un régime de bon plaisir. L'ennemi avec lequel ils devaient le plus compter, c'était la censure, dont l'ingéniosité de persécution était prodigieuse et l'intolérance excessive, et qui rendait des sentences avec lesquelles il n'y avait pas à discuter, si l'on n'était pas bien en cour. Rabelais n'hésita pas à retrancher les plaisanteries les plus osées, et, partant, les plus dangereuses : son indépendance et sa gaîté, son scepticisme, n'allèrent pas jusqu'à braver le bûcher.

Les imprimeurs, fort instruits pour la plupart et en relation de correspondance avec des lettrés de toute catégorie, en France et à l'étranger, par cela même qu'ils étaient de puissants instruments de divulgation et de dissémination des idées de progrès, de réforme, passaient pour suspects. On les croyait peu orthodoxes et fort capables de partager les sentiments, les aspirations de tous ces amateurs de « novelletez » qui, sous couleur d'art ou de philosophie, s'occupaient d'extirper « des cœurs humains la vraye « et vive foy catholique. »

D'abord, on décida que les ouvrages touchant à la religion seraient soumis à la Faculté de théologie (Ordonnance du 15 décembre 1547) ; plus tard, — mais Rabelais ne put le voir, il était mort à temps, ayant accompli sa tâche, — il fut défendu d'imprimer sans permission (Ordonnances du 10 septembre 1563 et 16 avril 1571), « à peine de confiscation de « corps et de biens. »

On était allé jusqu'à pendre les imprimeurs : ils n'encoururent que la prison, ce qui, à coup sûr, était un adoucissement très appréciable. Si l'on avait écouté les sorbonnistes, on aurait interdit, d'une façon absolue, l'usage de l'imprimerie, ou le monopole en aurait été conféré aux seuls représentants de la science orthodoxe, aux vieux amoureux de la scolastique.

Le clergé s'inquiétait fort des idées nouvelles ; il cherchait à brider les imprimeurs et libraires, après avoir profité lui-même de la découverte de l'imprimerie. De même il avait vu de mauvais œil et proscrit le théâtre des *Enfants sans souci*, des *Clercs de la Basoche*, qui jouaient la comédie politique ou religieuse, après avoir cependant accueilli favorablement les *Confrères de la Passion*, qui représentaient les mystères.

Gargantua est d'avis que, » ny au temps de Pla-
« ton, ny de Cicéron, ny de Papinian, n'estoyt telle
« commodité d'estude qu'on y veoit maintenant », à cause du grand nombre des gens instruits, de la possibilité de frayer avec eux, de la facilité d'avoir de beaux et bons livres, dans les « librairies très amples. » Il ne fait pas seulement allusion à ces magasins bien achalandés, à ces boutiques en plein vent dont il a été question tout à l'heure. Il songe à cette grand'salle du Palais de Justice, où s'étaient installés des libraires ayant ailleurs leur magasin de livres, manuscrits ou objets de papeterie, absolument, comme aujourd'hui, les libraires des galeries de l'Odéon ; ils y étalaient les nouveautés littéraires, allant ainsi au-devant du lecteur désœuvré et provoquant sa curiosité, le poussant à acheter. On se rappelle les vers de Boileau, dans le *Lutrin*, à propos de Barbin, le célèbre éditeur du xvii° siècle.

Gargantua n'a-t-il jamais visité quelqu'une des bibliothèques publiques de son temps? Elles offraient pourtant toute « commodité d'estude », et Rabelais n'a pas manqué d'en noter l'existence dans son idéale abbaye des Thélémites : « De la tour Artice jusques
« à Cryere estoyent les belles grandes librairies en
« Grec, Latin, Hébrieu, François, Tuscan et Hes-
« paignol, départies par les divers estaiges selon

« icculx languaiges (I, 53). » Que ne nous a-t-il aussi donné le nombre et le titre des principaux ouvrages dont il eût voulu grossir le catalogue de ces bibliothèques réservées à l'esbattement des « nobles chevaliers », des « gentilz compaignons », des « dames de hault paraige ! » Peut-être nous aurait-il autrement intéressés qu'avec la nomenclature fantaisiste et gaudrioleuse des « beaux livres de la li-« brairie de Sainct-Victor (1). »

Ces bibliothèques publiques n'avaient pas existé de tout temps.

Au Moyen-Age, la culture des lettres avait été l'apanage d'un nombre relativement restreint de curieux : les instruments de travail intellectuel n'existaient pas en abondance, ils n'étaient pas tombés dans le domaine du vulgaire. Les ouvrages étaient rares, par suite, fort chers. Les belles collections qui avaient été rassemblées à l'époque gallo-romaine avaient été dispersées ou anéanties. Pour les studieux de cette époque, un manuscrit valait plus que son pesant d'or. On était tout heureux de pouvoir en prendre une copie, même à gros deniers comptants.

Les couvents essayèrent, de bonne heure, de reconstituer le trésor dilapidé des richesses intellectuelles dont avait disposé, à un moment donné, le genre humain ou, pour mieux dire, le monde civilisé,

---

(1) Il est une branche des connaissances humaines qui n'aurait probablement pas été encore représentée : l'économie politique et sociale. Sous le règne de Charles IX, furent publiés deux ouvrages curieux à divers titres : *Discours sur les causes de l'extrême cherté qui est en France* (1568), par Malestroit ; *Discours œconomique, montrant comme par le ménagement de poulles, de cinq cents livres pour une fois employées, l'on peut tirer par an quatre mille cinq cents livres par an de proffit honneste* (1572), par Prudent Choyselat. Ceci n'annonce-t-il pas l'art moderne d'élever des lapins et de s'en faire trois mille francs de rente ?

la « romanité » ; ils songeaient, il est vrai, beaucoup plus à la littérature sacrée qu'à la profane, ils furent souvent utiles sans le vouloir. Ce n'est pas dans les châteaux que l'on peut avoir un tel souci ! Le seigneur était tout à ses guerres pour ou contre son suzerain, ses vassaux, ses voisins. Ce n'est pas dans les villes : elles luttaient pour leur indépendance. Le calme nécessaire à l'étude ne se retrouvait qu'au fond des cloîtres, où les travailleurs de l'esprit, les découragés de la vie trouvaient un sûr asile. Au sortir de cet enfer de la société turbulente, guerroyante, affamée, on allait se réfugier là, à l'ombre des églises, dans la solitude, le recueillement : on avait tout loisir et toute liberté pour travailler, le cœur désormais pacifié et l'esprit libéré des soucis terrestres. Au dire de Michelet, le cloître fut un immense lieu d'asile ; ce fut aussi un centre d'instruction, d'autant plus précieux et utile que, surtout pour l'enseignement à donner aux filles d'une certaine condition, il n'existait pas d'école.

Le Moyen-Age des poètes et du petit peuple n'a pas été tendre pour les moines. On sait ce qu'en dit Rabelais qui avait vécu au milieu d'eux. C'est que des abus monstrueux avaient forcé la porte des couvents. Les monastères les plus riches n'étaient pas les plus avides de science. Dans les abbayes où régnait une discipline sévère, on se piquait de s'instruire et de travailler, de se composer une belle collection de volumes rares. Quelle reconnaissance n'avait-on pas pour les généreux donataires qui faisaient abandon de tout ou partie de leur bibliothèque ! D'une telle gratitude nous avons les nombreuses preuves, à travers les siècles. L'abbaye du Bec reçut en don de l'évêque de

Bayeux, Philippe de Harcourt, 140 volumes ; elle le constata solennellement dans ses archives, comme aussi le cadeau de sa bibliothèque fait par un certain Thomas Clerc, en l'honneur duquel on célébrait tous les ans un service funèbre. Le nécrologe de l'abbaye de Sainte-Froys de Longueville mentionne qu'il a été laissé par testament les *Chroniques* d'Hégésippe et un *Commentaire* de saint Augustin sur les psaumes ; même il ajoute que, faute d'argent, il a fallu, dure nécessité ! emprunter en mettant en gage le premier de ces ouvrages. Encore des hommes de lettres dans le besoin, pour continuer la tradition ! Pareil accident arriva, au xv° siècle, à l'Université de Caen, qui, envoyant un délégué à Rome, ne put faire les frais du voyage et pria son député d'en faire l'avance, promettant de le payer à son retour, lui donnant en gage sept volumes de droit.

Les bibliothèques universitaires se grossissaient de dons pareils. Ainsi, en 1306, Pierre de Limoges donna plus de 120 volumes à la Sorbonne où il était longtemps resté comme professeur. En 1286, Guillaume de Moussi fit à la Sorbonne plusieurs legs importants de manuscrits.

Au xv° siècle, les Jacobins de Poitiers, en souvenir du don d'un ouvrage que leur avait fait leur évêque, Simon de Gramaud décidèrent que, tous les ans, à perpétuité, il serait célébré, en l'honneur du généreux donateur, un service funèbre. Une charte de 1426 constate que son nom fut inscrit au martyrologe du couvent, qu'il fut rappelé dans toutes les prières, associé à toutes les bonnes œuvres, en reconnaissance « du don « d'un livre du plus grand prix en deux volumes, ap- « pelé dictionnaire et enchaîné dans la bibliothèque. »

Malheureusement, les généreux donateurs étaient plus clairsemés encore que les manuscrits n'étaient rares, et alors il fallait payer à beaux deniers comptants. Quelles précautions ne s'imposait-on pas pour les conserver ! Au xiii° siècle, Odon Rigault, archevêque de Rouen, ayant trouvé dans l'abbaye de Cherbourg de précieux manuscrits, indiqua aux moines quels soins minutieux il fallait prendre pour conserver leur trésor. C'est que, manuscrits en originaux, ou copies, ou même copies de copies, tout cela représentait souvent une grande valeur, soit par la rareté du texte, soit par la richesse de l'ornementation. En 1412, Charles VI fit don à la duchesse de Bourgogne d'un livre d'heures qui avait coûté six cents écus. Ce n'étaient plus des livres, c'étaient de véritables œuvres d'art, sur beau parchemin ou vélin, à l'écriture délicatement compliquée, tracée avec de l'encre d'or ou d'argent, aux lettres initiales ornées, aux marges richement enluminées, aux reliures splendides, où le goût, la science, la fantaisie de l'artiste s'étaient donné libre carrière, pour la plus complète satisfaction des amateurs, clercs ou laïques, qui payaient, soit en belles espèces trébuchantes, soit en nature, prières, messes, lorsque la communauté était pauvre. C'est ainsi qu'au xv° siècle, on ne sait lequel de ces copistes, ayant, pour le compte d'une paroisse, exécuté une très belle reproduction manuscrite, enluminée et ornée, d'un antiphonaire, le curé et ses paroissiens, enthousiasmés de l'œuvre, comblèrent l'artiste de présents de toute sorte. On organisa une souscription, et les noms des donateurs furent inscrits en tête de l'ouvrage. En outre, on voulut témoigner, dans la langue des dieux, quelles étaient l'admiration et la reconnaissance du curé et de ses ouailles ; un poète du crû, plein de bonnes intentions, composa un poème dans lequel il énumérait le nombre et la qualité des présents, et qui contenait entre autres choses ce quatrain :

> Messire Jehan Richard
> Fist du bien à l'écrivain
> Et lui donna, matin et tard,
> De son bon cidre et de son pain.

Mais ces beaux ouvrages, dont la destination était spéciale, n'étaient pas à la disposition des lettrés ; on ne les voyait que peu ou point dans les bibliothèques publiques ; composés par des moines, la plupart du temps, pour être offerts à de hauts seigneurs, ces psautiers, ces bibles, ces évangéliaires, ces épîtres, « que, suivant saint Boniface, on ne saurait trop orner, un tel luxe ne déplaisant pas à Dieu », ne présentaient aucun intérêt à tous ceux qui, en cela fidèles à la tradition des premiers pères de l'Eglise, notamment de saint Jérôme, recherchaient dans les livres plutôt la correction du texte que la magnificence de la reliure et l'ingéniosité des encadrements, des vignettes, des lettres.

Les bibliothèques publiques offraient surtout des livres de littérature courante : pour elles comme pour les grandes librairies situées en territoire universitaire, travaillaient une foule de copistes de l'un ou l'autre sexe (1), dont le nombre, pour le XIII° siècle, est porté à plus de quatre mille. Elles constituaient de véritables arsenaux pour

---

(1) C'est une femme qui est chargée, en titre, de relier les ouvrages de la bibliothèque du roi Jean-le-Bon ; elle se nommait Marguerite (*Hist. Littér.*, XXIV, p. 730).

les érudits, les discoureurs, les sophistes, surtout depuis l'invention de l'imprimerie, « cet art inventé par inspiration divine, comme, à contrefil, l'artillerie par inspiration diabolique. » Les ouvrages imprimés étaient autrement faciles à consulter, à la portée de tous les vrais travailleurs qui n'appréciaient plus dans un manuscrit que la valeur d'inédit et la possibilité de conférer les textes, d'établir les variantes, pour l'intelligence plus complète d'un auteur. On ne voyait plus que rarement des écoliers riches ou pauvres réduits à se faire d'humbles copistes pour leur compte ou pour le compte des autres. L'art typographique répandit, vulgarisa les ouvrages classiques de grande érudition comme ces *summulœ*, ces grammaires de Donat (œlins) ou Despautère, ces *Liber facetus*, ces rudiments de Pierre Godefroy ou de Linacre à l'usage des commençants, que, d'abord, on les obligeait à copier et apprendre par cœur. On se rappelle que Gargantua (I, XIV), après avoir si bien appris sa *charte* (l'A, B, C), « qu'il la disoit par « cueur au rebours », avait été, faute de livres imprimés, instruit « a escripre gothicquement » et qu'il « escripuoit tous ses livres », « car l'art d'im-« pression n'estoit encores en usaige (1). »

---

(1) Le premier professeur de Guillaume Budé, pour la langue grecque, un certain Georges Hermonyme, originaire de Sparte, fut surtout renommé pour son talent de calligraphe, beaucoup plus que pour son érudition. Du moins était-il capable de transcrire avec infiniment de correction et d'habileté les œuvres d'Homère, de Platon, d'Aristote. Quant à les commenter, c'était autre chose. Budé dut s'adresser à un autre maître ; Jean Lascaris, livre vivant, d'une science inépuisable et d'une obligeance infinie, lui donna ses précieux conseils. Un autre calligraphe, renommé pour la transcription des livres écrits en langue grecque, fut cet Ange Vergeri, originaire de l'île de Candie, qui fut, en 1541, attaché à l'imprimerie royale et qui avait le titre « d'escrivain du Roy pour les lettres grecques. » On a dit « écrire comme un ange. »

C'était un détestable procédé pédagogique, que l'usage avait depuis longtemps consacré, mais contre lequel avaient protesté de bons esprits. Au xive siècle, Pierre de Limoges, dans un de ses discours, engageait ses élèves à apprendre plutôt qu'à copier, afin d'enrichir leur mémoire plutôt que leur bibliothèque. D'où ce distique :

> Cordi non chartæ tradas quæ noveris arte,
> Ut si charta cadat, tecum sapientia vadat.

Plus tard, lorsque Pantagruel eut à soutenir l'épreuve redoutable d'une argumentation contre Thaumaste, il put commodément consulter, sans pour ainsi dire sortir de l'hôtel Saint-Denis, tous les ouvrages dont il eut besoin, même les plus exotiques. Son logis était proche soit de la bibliothèque de la Sorbonne, qui, sans être aussi riche que la bibliothèque de Tripoli, « dont le nombre des volumes atteignait, disait-on, trois millions », offrait beaucoup de ressources aux savants, soit des librairies de la Grand'salle, au Palais, où l'on trouvait surtout les nouveautés littéraires et scientifiques, soit des petites librairies ambulantes, qui faisaient, clandestinement, le commerce des ouvrages étrangers, entrés en fraude et non revêtus de l'estampille de la censure, c'est-à-dire non examinés par la Sorbonne. Pantagruel aurait pu, à défaut de ces « impressions tant élégantes et correctes en usance », dont lui avait parlé son père, consulter sur ses doutes les savants auteurs eux-mêmes de livres nouveaux ou de commentaires sur des livres anciens, ces « précepteurs très doctes », qui, attirés à Paris par la réputation de notre Université, gagnés par les bienfaits du Roi, groupés autour de ce collège trilingue, connu de bonne heure comme une académie de beaux esprits, faisaient de la capitale de la France la vraie capitale du royaume des lettres, d'où rayonnait sur le monde civilisé la gloire du nom français, avec les Budé, les Duchâtel, les Lascaris, les Berquin, les Bigot. C'étaient ceux-là, ces studieux, « venus de toutes les parties du monde…, « pour édifier la jeunesse en bonnes mœurs et « sciences », suivant le témoignage de Martin Du Belloy, ces « professeurs royaux » que l'on avait recherchés par toute l'Europe, suivant celui de Brantôme, dont Gargantua recommandait à son fils de rechercher la société, comme lui-même l'avait fait autrefois, dans sa jeunesse. « Quelquefois alloyent « visiter les compaignies des gens lettrez ou de « gens qui eussent veu pays estranger. » Mais, du temps de Gargantua, on l'a vu plus haut, « le temps « estoyt encore ténébreux, et sentant l'infélicité et « calamité des Goths », c'est-à-dire la barbarie du Moyen-Age, pendant laquelle les savants étaient « clair-semés », réduits à une condition de vie fort humble, parfois, et presque toujours besogneuse, comme Rabelais lui-même l'avait connue dans les premiers temps. On sait que François I⁰ˢ fut des premiers parmi ceux qui encouragèrent la reprise des bonnes études. Il lui sera beaucoup pardonné parce qu'il aima les lettres, les sciences et les arts libéraux. Lui aussi, avait sa « librairie », dont l'administrateur général, le directeur et conservateur, fut Guillaume Budé, ancien secrétaire de Louis XII. On ne pouvait mieux choisir, après Jean Raulin. D'autres grands princes avaient eu leur librairie : Charlemagne, saint Louis, Charles V, qui avaient aimé les beaux et bons livres et qui s'étaient vu imiter par leur entourage de seigneurs et de grandes dames, voire même par de riches bourgeois ou bourgeoises.

Malgré ses pérégrinations constantes, Rabelais s'était, lui aussi, composé une bibliothèque choisie, dans laquelle se trouvaient, épaves peut-être de librairies ambulantes, quelques-uns de ces vieux livres que le dédain du public laisse perdre et qui s'anéantissent on ne sait comment (*habent sua fata libelli*), de ces précieux manuscrits dont il sut faire, lui, un si judicieux usage, lorsqu'il travaillait pour les grands éditeurs de Montpellier et Lyon et qu'il préparait, avec un soin jaloux, avec un sens critique très éclairé, des errata aux éditions existantes. On sait que, dans ses cours publics à l'Ecole de médecine de Montpellier, il avait expliqué les *Aphorismes* et les *Pronostics* d'Hippocrate et l'*Ars parva* de Galien. Il lui fut donné de rectifier plusieurs erreurs commises par les traducteurs latins, grâce aux manuscrits qu'il eut en sa possession. En 1550, du reste, il obtint un privilège du roi Henri II pour un certain nombre de livres qu'il avait fait imprimer en grec, latin, « thuscan. »

Plus que personne, il était à même d'apprécier les « librairies très amples. » Il avait pu explorer les plus importantes collections publiques ou privées, de France et d'Italie, et, dans sa passion pour les manuscrits et les livres, il avait dû faire de jolies découvertes dans les armoires des demeures seigneuriales où il était reçu, tantôt comme « domestique », c'est-à-dire familier, tantôt comme ami chez les d'Estissac, les Du Belloy, les de Guise et, à Rome, chez la plupart des membres du Sacré Collège.

VIII

Dans un programme aussi étendu, aussi varié que celui de Rabelais, l'étude de l'histoire et de la géographie ne pouvait être oubliée, mais il semble qu'elle ait été un peu sacrifiée ; cette partie n'a pas, dans la lettre de Gargantua à Pantagruel, toute l'importance qui est si libéralement accordée à l'enseignement des langues anciennes, à la lecture approfondie des auteurs sacrés ou profanes, à la pure érudition, à la médecine. On lui fait cependant une place fort honorable, et c'était là encore une nouveauté, à une époque où, dans l'enseignement public, tout était sacrifié à l'étude du latin, même l'étude de la langue française, *vernacula lingua*, ainsi que nous l'avons vu plus haut. L'histoire devenait l'accessoire des exercices de lecture en latin ou en grec. On lisait Tite-Live, à cause de la forme dans laquelle il écrivait, pour y puiser des exemples de pure latinité, à titre d'application des règles de la syntaxe, et bien plutôt dans le désir de se familiariser complètement avec la grammaire que par curiosité pour les annales du peuple romain. Certains professeurs donnaient à traduire une page d'auteur, et, à titre de contre-épreuve, obligeaient leurs élèves à faire passer cette traduction dans la langue originale. C'était un excédent procédé pour comparer les deux langues et en pénétrer le génie, mais il y aurait eu beaucoup à travailler, s'il avait fallu pousser à fond l'histoire, dans des textes, originaux ou remaniés, d'après Thucydide, Polybe, Hérodote, Tite-Live et les autres grands chroniqueurs d'Athènes ou de Rome.

« Qu'il n'y ait hystoire, écrit Gargantua, que tu
« ne tiennes en mémoire présente, à quoy t'aydera
« la cosmographie de ceulx qui en ont escript... »
« Et quant à la congnoissance des faitz de nature,
« je veulx que tu t'y adonnes curieusement, qu'il n'y
« ait mer, rivière, ny fontaine dont tu ne congnoisses
« les poissons ; tous les oyseaulx de l'air, tous les
« arbres, arbustes et fructices des forestz, toutes les
« herbes de la terre, tous les métaulx cachez au
« ventre des abysmes, les pierreries de tout Orient
« et Midy, rien ne te soit incongneu. »

C'est en des termes, on le voit, fort pressants, que Pantagruel était encouragé à ne pas négliger l'étude de l'histoire et de la géographie, — de la géographie physique, industrielle, commerciale, celle qui donne la description de la terre, mers, fleuves, rivières, lacs et qui y ajoute, avec la botanique et la zoologie, la nomenclature des ressources du pays. Gargantua, selon Rabelais, n'a pas jugé que le temps dérobé à la culture des lettres fût perdu même pour elles, car l'étude de l'histoire et de la géographie était un complément nécessaire à la discussion et à la pleine intelligence des textes anciens, pour apprécier les divers milieux dans lesquels avaient vécu, pensé, travaillé les auteurs que l'on analysait, qu'ils eussent, d'ailleurs, écrit sur le droit, la médecine, la philosophie ou la religion.

Pantagruel, faute des connaissances nécessaires en histoire, se fût-il volontiers bien intéressé même à la chronique du bonhomme Grandgousier, à l'horrifique récit des faits et gestes de Gargantua, s'il les eût connus par l'ouvrage de Rabelais, où l'on trouve si souvent des digressions sans motif, des souvenirs d'histoire ancienne, des traits curieux de mœurs ? Avec une abondance hors de propos, avec une mémoire imperturbable, notre grand auteur les évoque sans se soucier du lecteur, sans prendre garde au défaut de méthode de son livre, qui avance comme il peut, au gré de la fantaisie du moment.

« Lisez les histoyres anticques, tant grecques que romaines, vous trouverez que... » Telle est la formule sans prétention pour placer une narration d'après un auteur quelconque, que vient corroborer une copieuse citation de dix autres auteurs ayant écrit sur le même sujet. Tous les familiers de Rabelais sont ainsi mis à contribution, pour la complète satisfaction du lecteur studieux et érudit, mais pour la plus grande fatigue de celui qui s'attache au but du récit.

Longtemps, on avait montré un dédain profond pour l'histoire. Les glossateurs sont restés célèbres par leurs explications fantaisistes de certains textes de droit romain ; ainsi ils croyaient que Justinien avait vécu au premier siècle de l'ère chrétienne. L'école de Cujas avait modifié cette manière de voir. Les poètes, au Moyen-Age, ne se piquaient pas d'obéir à la loi du temps : la chronologie leur était étrangère, au moins pour tout ce qui ne se rattachait pas à des traditions purement nationales. On sait ce qu'étaient devenues entre leurs mains les œuvres des poètes romains et comment ils avaient arrangé à leur usage les récits d'Homère, de Virgile, Stace, Lucain ; ils composaient des récits fabuleux, invraisemblables, dont le fond était grec ou latin, dont le détail et la broderie leur appartenaient en propre, le tout convenablement imaginé, développé à la mode du jour qui acceptait les plus extraordinaires invraisemblances. Les anciennes chansons de geste, les romans de Rome, comme la geste d'Alexandre, donnent une haute idée de la fantaisie des historiens-poètes du Moyen-Age. Dans telle de ces œuvres, on raconte que les Sarrazins sont en guerre avec Judas Macchabée, que, vaincus par lui, ils lui offrent la main de la fille de leur roi, et que de ce mariage naît Brunehaut, laquelle devait être la mère de Jules César. Ce conquérant se marie lui-même avec la sœur du roi Artus, la princesse Morgue, et il devient le père de deux fils, également voués à de hautes destinées, mais à des degrés différents, l'un devant être, un jour, glorieux dans le ciel sous le nom de saint Georges, l'autre, dans le microcosme des gnomes, lutins, devant jouer son rôle comme un des principaux acteurs de la tragi-comédie que ces demi-dieux du paganisme moyen-âge jouent à côté de la vie humaine, le nain Oberon, célèbre à divers titres. D'après tel autre conteur, Alexandre, devenu roi de Macédoine du vivant de son père Philippe, fait la guerre au roi Nicolas, assemble ses vassaux, confisque les biens des usuriers et les distribue à ses officiers, choisit douze pairs, fait le siège de la ville de Carthage, la prend, s'empare de Tyr, de Gadres où il a beaucoup à souffrir du feu grégeois, puis de Jérusalem, défait le roi Darius et fait pendre ses barons, triomphe de Porus et de ses cent mille chevaliers, lutte contre des bêtes féroces, contre des légions de chats-huants, contre des animaux qui peuvent vivre dans le feu comme les salamandres ; enfin, après avoir été éprouvé dans cent aventures toutes plus extraordinaires les unes que les autres, notamment après s'être élevé dans le ciel grâce à des griffons, il mourt empoisonné par deux serfs, après avoir appris la trahison de ses pairs qui ont comploté de partager ses états, ayant la vision de ce partage et pleurant sur les malheurs qui devaient assaillir son royaume.

Telle était la façon de comprendre l'histoire. Quinte-Curce, déjà bien inexact, bien romanesque, était dépassé en invention, en fantaisie. C'était pourtant ainsi que, dans les châteaux, à la cour, dans les abbayes, sous la forme d'histoires rimées, pénétraient ces légendes, ces fables dont l'origine remontait, soit à un grand auteur de l'époque classique, soit à un de ces écrivains de décadence qui translataient bien infidèlement du grec en latin ou du latin en langue vulgaire, confondant les noms d'hommes et de lieux, entremêlant les aventures, les descriptions, s'en rapportant à leur imagination quand ils ne comprenaient pas un texte difficile ou incomplet. Ces histoires paraissaient pourtant si intéressantes, malgré leur invraisemblance, que de la forme rimée on les fit passer en prose ; mais, au xvie siècle, on n'avait déjà plus que du mépris pour des compositions pareilles. On les méprisa trop au point de vue du fond, sans valeur réelle, il est vrai, pour les érudits, comme au point de vue de la forme, qui, misérable et plate vers la fin, leur avait mérité, un moment, la vogue dont elles avaient joui dans le monde. On ne sut pas assez voir ce qu'il y avait d'original, dans ce travestissement de la vérité historique. Il fallut, pour que nous les comprissions, que ces romans qui avaient fait les délices des grands et du peuple, nous revinssent de l'étranger sous un costume exotique, allemand ou scandinave. L'enseignement de l'histoire nationale avait progressé, mais, dans un certain milieu, ce que l'on savait le mieux de Charlemagne, de l'histoire romaine ou grecque, on l'avait appris dans les chansons de geste.

Quant à l'histoire contemporaine, on l'apprenait en une certaine manière dans nos épopées héroï-comiques et dans nos fabliaux. On a pu remonter jusqu'à l'origine de ces narrations, empruntées, les unes à l'Ancien-Testament, d'autres au Nouveau, d'autres à la mythologie païenne, venues par les poètes, apprises dans les voyages, les guerres, les pèlerinages, sous des formes différentes, passées de l'hébreu et de l'arabe en grec, en latin, en espagnol. Beaucoup de ces histoires, qui sont la satire du temps présent sous la fiction du temps passé, présentent bien de l'intérêt pour nous aujourd'hui. Il est tel de ces récits du XIII° ou du XIV° siècle qui nous en apprend plus sur l'époque où il a été écrit que sur l'époque dont il a la prétention de raconter les annales ou sur le pays dont il veut faire la description. J'ajoute que, bien souvent aussi, la prose ou les vers sont d'un tour heureux. Il est curieux de voir accommodée dans le français naïf, pittoresque, imagé, de cette époque, la forte prose d'Aristote ou de Pline, d'ailleurs, pour le fond, mal traduite et mal comprise.

Ce temps « estoyt encores ténébreux », comme dit si bien Gargantua, mais déjà s'opérait la diffusion des connaissances, déjà on remarquait le développement de l'instruction publique. Les poètes furent en tout, même en histoire, même en géographie, même en sciences, les premiers initiateurs et vulgarisateurs. L'art de trouver, « trobar », ne fut

pas seulement cultivé par les oisifs, par les grands, mais aussi par les pauvres, les plus humbles. On voit des bourgeois, des fils de marchands, d'ouvriers, qui se disputent la palme des vers et qui la disputent aux seigneurs, qui riment et chantent, pour rivaliser avec eux de verve, d'esprit et de fécondité ; ils servirent étonnamment à l'éducation intellectuelle du menu peuple. Les poètes furent des instituteurs non patentés et souvent mal payés ; ils méritent d'autant plus ce nom que, pour se dire troubadour ou trouvère, il fallait non seulement savoir accoupler des consonnances plus ou moins harmonieuses, mais encore avoir fait en quelque sorte ses humanités et avoir cultivé les sciences. D'après Pierre de Corbiac, on exigeait du poète « les sept arts, le latin avec ses dé-
« clinaisons et ses conjugaisons, sans barbarismes
« ni solécismes, la dialectique, la rhétorique, l'ari-
« thmétique, la musique, divers instruments, l'his-
« toire, la mythologie, les romans. » C'était demander au parfait troubadour des connaissances encyclopédiques. Leurs poèmes portaient toujours la trace de leurs études, et le peuple, qui les écoutait avec intérêt dans leurs récits chantés ou déclamés, s'instruisait. La poésie lyrique, didactique, dramatique, était le véhicule des idées contemporaines, l'écho du passé, comme le disait Horace, *per carmina vitæ monstrata via est.*

Mais il y avait plus que ces poëmes de longue haleine pour faire connaître l'histoire. Il se répandait des ouvrages en prose sous des titres assez bizarres : « Oceanus historialis », « Mare historiarum. » Le savant Jean Columna, de l'ordre des frères prêcheurs, écrivit notamment un gros ouvrage en deux volumes in-folio, une sorte d'histoire universelle, qui existe manuscrite à la Bibliothèque Nationale.

De telles productions, indigestes, d'une lecture rebutante, ne tardèrent pas à être remplacées avec avantage par des compilations plus accessibles au grand public. L'emploi de l'idiome vulgaire, sans le secours de la poésie, rendit plus accessible l'étude de nos annales nationales. Les temps modernes commencent. Notre école historique se fonde et les travaux se suivent, les uns caractérisés par une abondance intarissable, les autres, par la variété des tons, marquant bien la transition des conteurs du cycle chevaleresque aux annalistes du siècle de Saint-Louis. On trouve alors : l'œuvre de Baudoin Butors, qui « desrima aucuns contes des aventures de Bre-« taigne », le roman de Rou (1159), le récit de la conquête d'Irlande (1172), la Chronique de Rains (1180-1260), d'un style si original et d'une verve si française, une Chronique générale mise « *de latin en* « *romanz, senz rima por mieux entendra, quar ceo* « *puet maint sen aprendra* », vers 1210 ; la Chronique du moine Primat (1274), qui analysait successivement les *Gesta Dagoberti,* les *Gesta regum,* les annales de Saint-Bertin, les ouvrages de Suger, les fragments de Guillaume de Tyr, la vie de Philippe-Auguste, et beaucoup d'autres documents « où les « histoires et les fais de nos roys sont escripts, car là « doit-on puiser l'original de l'histoire », selon l'ordonnance des Chroniques de Saint-Denis). Il ne faut pas oublier que l'histoire générale avait inspiré un savant étranger, particulièrement ami de la France, dont il possédait la langue à fond : je veux parler de l'italien Brunetto Latini qui, dans son *Trésor,* a raconté, en

roman du Nord, l'histoire du monde d'après l'Ancien et le Nouveau-Testament, l'histoire de Charlemagne et de ses successeurs jusqu'à la fin du xiii° siècle (1200). Plus tard, on n'a vu que nos grands chroniqueurs Villehardouin et Joinville, parce que leur art de composer et d'écrire les a placés au-dessus de tous ; les chefs-d'œuvre de ces deux Champenois de génie ne doivent pas faire oublier les honorables rapsodies qui les ont précédés et, parfois, inspirés, au moins pour le fond, car Joinville, par exemple, s'est beaucoup servi des grandes Chroniques de France par Guillaume de Nangis et de l'histoire de Saint-Louis par le chapelain Geoffroy de Beaulieu. On peut dire à peu près de tous (sauf peut-être de Villehardouin qui, en sa qualité de diplomate, ne disait que ce qu'il voulait), qu'ils eurent le désir d'être sincères. Chaque auteur pourrait écrire en guise de préface cette adjuration du moine de Saint-Denis :
« Pour ce que on ne la tiegne a mençongier, il prie
« a tous céans qui ceste histoire liront que ils re-
« gardent aux croniques de saint-denis ; là porra
« on esprover par la lettre s'il dict voir ou men-
« conge... il n'i a riens du sien adjousté, ains est
« tout des anciens aucteurs... sa vois est leur meisme
« langue... »

A l'imitation de nos chroniques purement françaises, on composait les *Chroniques d'outre-mer*, les *Lignages d'outre-mer* et cette *Histoire du Grand-Khan* ou de *Gengis-Khan* qui nous dépeignent sous des couleurs assez fidèles l'état de la Palestine après la conquête par les croisés et de l'Extrême-Orient après l'invasion des Tartares.

La série de nos historiens nationaux se continue

avec Froissart, Christine de Pisan, Commines, pour ne citer que les plus célèbres, mais ce n'est pas à ceux-là que songeait Rabelais, dans son érudition plutôt portée vers « les anticques histoyres tant « grecques que romaines » que vers les productions anciennes ou récentes, inspirées par un sentiment de patriotisme. Cependant, ne peut-on pas dire que Gargantua, pour ne rien laisser en dehors du programme d'études indiqué par lui à Pantagruel, n'oubliait, lui, aucun de ces auteurs ? « Qu'il n'y ait his-
« toyre que tu ne tiennes en mémoire présente, a
« quoy t'aydera la cosmographie de ceulx qui en ont
« escript ? » Cette « cosmographie », que j'aurais pu rendre plus exacte et plus abondante, on vient de la lire : elle contient les matériaux dont disposait, au XVI⁰ siècle, quiconque voulait s'occuper de l'histoire de son pays. Mais Rabelais, personnellement, paraît se désintéresser de ces choses. « Je vous raconteray,
« dit-il, ce qu'est escript parmy les apologues du
« saige Esope le *françoys*. J'entendz Phrygien et
« Troian, comme afferme Maxime Planudes ; du-
« quel peuple, selon les plus véridiques chroniqueurs,
« sont les nobles Françoys descenduz. Elian escript
« qu'il feut Thracian ; Agathias, après Hérodote,
« qu'il estoyt Samien : *ce m'est tout ung.* » Il nous raconte des histoires, pour nous amuser et pour s'esbaudir lui-même, par passe-temps ; il ne lui plaît pas de discuter sur le plus ou moins d'authenticité des récits qu'il enfile, souvent sans raison, uniquement, ce semble, pour « revisiter » ses chers auteurs anciens. Au prologue du livre III, il a eu un souvenir moderne, à l'adresse de Renaud de Montauban.

Dans quelques-uns de ses prologues, dans un

grand nombre de ses chapitres, Rabelais a aussi l'occasion d'étaler avec une certaine complaisance les connaissances qu'il pouvait avoir en géographie physique et politique ; il suivait avec intérêt les révolutions dont dépendent le sort des peuples et la configuration des États. Dans le conseil des dieux de l'Olympe, Jupiter (nouveau prologue du livre IV) rend compte de la situation politique qui est soumise à la décision souveraine de l'assemblée céleste : « Nous avons vuidé le debat de Presthau, roy des Perses, et du sultan Soliman, empereur de Constantinople. Nous avons clous le passaige entre les Tartres et les Moscovites. Nous avons respondu à la requête du cheriph. Aussi avons-nous à la dévotion de Guolgotz Rays. L'estat de Parme est expédié, aussi est celluy de Maydembourg, de la Mirandole et de Africque. Ainsi nomment les mortels ce que sus la mer Méditerranée nous appellons *Aphrodisium*. Tripoly ha changé de maistre par maleguarde. Son periode estoyt venu. Icy sont les Guascons renians, et demandans restablissement de leurs cloches. En ce coing sont les Saxons, Estrelings, Ostrogotz et Alemans, peuples jadis invincibles, maintenant aben keist et subjuguez par ung pectit homme estropié. » Si l'on veut suivre dans leurs excursions Pantagruel et ses bons compagnons, et savoir « comment Pantagruel partit de Paris... et la cause « pourquoy les lieues sont tant petites en France », il faut se munir d'une carte spéciale où les étapes du voyage du bon géant et de ses apostoles seront marquées, avec de courtes notices sur chacune des villes, ou ports, ou sur un détail de construction, de topographie, de mœurs, que Rabelais, lorsqu'il le veut bien, sait fort bien peindre d'un simple trait en passant.

Mais lorsqu'il n'est pas en train d'être exact, ou pour ôter toute vraisemblance, il ne se gêne nullement pour nous parler de pays ou de personnages absolument fantaisistes. C'est ainsi que Pantagruel passe successivement par Porto-Sancto, Madère, les îles Canaries, le cap Blanc, le Sénégal, le cap Vert, la Gambie, le cap de Bonne-Espérance, le royaume de Mélinde, puis par Meden (*nul* en grec), par Uti (*pas quelque chose*, en grec), par Uden (*rien*, en grec), par Gelasin (*pour rire*, en grec), par les îles des Fées, et « jouxte le royaulme de Achorie » (*imaginaire*, en grec) peut-être les îles Açores ; finalement, on arrive à Utopie, distant de la ville des Amaurotes par trois lieues, *et quelque peu davantage.*

C'est ainsi que, nous racontant les nombreux cas de mort subite, survenus dans l'antiquité et cités par des auteurs tels que Pline, Valère-Maxime, Verrius-Flaccus, Lucien, il met ensemble sans cérémonie le poète Eschyle, le préteur Fabius, Philémon, Zeuxis le peintre, et le noble géant Bringuenarilles « avalleur de moulins à vent », qui mourut « estranglé, mangeant un coing de beurre frays à la gueulle d'unz four chauld, par l'ordonnance des médicins. »

Ne vous fiez donc pas trop à notre auteur, car, au moment où vous le serrez de trop près, où vous croyez le tenir, le garder et prolonger un de ses intervalles de lucidité et de sérieux, il vous échappe brusquement par une vive pointe dans le domaine de la fantaisie, qui est le sien propre, dit-il, car il prétend rire et faire rire, il n'écrit que pour cela, « en guayeté de cœur. « Il vous a pourtant bien averti « que les matières icy traitées ne sont tant folastres comme le titre pretendoyt », mais il s'est réservé pleinement le droit de se contredire où et quand il lui plairait. Instruisez-vous, lorsqu'il veut vous faire profiter du fruit de son immense lecture; ennuyez-vous même, lorsqu'il pousse l'érudition à ses dernières limites et qu'il est fastidieux par l'abus des inutiles énumérations, et jouissez de son « gentil » esprit, lorsqu'il veut rire ; ne lui demandez pas plus.

IX

La géographie de la chronique pantagruéline se rattache à une triple origine : ou la pure fantaisie, ou les auteurs classiques, ou les voyages de Rabelais. On passe rapidement sur « les balivernes et plaisantes mocquettes » et l'on revient à ce qu'il a conseillé, dans la lettre de Gargantua, à ce qu'il a si bien recommandé par l'exemple de toute sa vie. Car si quelqu'un, parmi les gens de lettres de la Renaissance, a vécu ses livres, a complété ses connaissances livresques par les voyages dans l'intérêt de la littérature et de la science, c'est Rabelais, voyageur éternel, dont on retrouve la trace un peu partout et qui, ayant beaucoup vu, avait beaucoup retenu. De là ses remarques sur les hommes et les choses, les villes, les campagnes, les rivières, qu'il connaît ou par ceux qui en ont écrit ou par ce qu'il en a entendu dire dans ses déplacements.

« Quant à la congnoissance des faictz de nature, je veulx que tu t'y adonnes curieusement, qu'il n'y ait mer, rivière, ny fontaine dont tu ne congnoisses les poissons. » Rabelais donne des conseils, comme il profère des paroles sérieuses ou même un peu tristes parfois, par petits paquets. Goûtons celles-ci au passage et voyons comment de son temps on les comprenait, spécialement au point de vue de la méthode pédagogique en fait de géographie.

Ce fut au Moyen-Age une des sciences les plus incomplètes. Les voyageurs, les négociants, les pèlerins rapportaient des notions plus ou moins précises, des traditions sur la situation physique des pays parcourus ou entrevus, mais aucun ne put s'élever à des vues d'ensemble et concevoir, formuler, décrire le monde et ses diverses parties. On peut se faire une idée des travaux de cartographie de l'époque par ce qui nous en est parvenu.

Un manuscrit de la bibliothèque de Turin a fourni une mappemonde circulaire du viiie siècle. On connaît une mappemonde rectangulaire du xie siècle, et, de la même époque, une mappemonde circulaire. Il est resté des cartes de Marino Sanuto, au xive siècle. Les cartes originales arabes, italiennes, allemandes, étaient reproduites tant bien que mal à l'usage des gens studieux qui complétaient leur instruction et, au besoin, rectifiaient leurs cartes, leurs livres, à l'aide des renseignements que rapportaient les soldats, de leurs expéditions, les marchands, de leur négoce, les moines, de leur croisade pacifique en terre chrétienne ou païenne. Les pèlerinages aidèrent beaucoup à la diffusion des connaissances géographiques, en établissant, sous couleur de religion, un commerce intellectuel entre les habitants de divers pays. On allait surtout à Rome, à Jérusalem, à Saint-Jacques-de-Compostelle. Il s'agissait d'obtenir rémission d'un péché mortel, d'accomplir un vœu, de solliciter une grâce ; ni les difficultés matérielles du voyage, les chemins étant mauvais ou peu sûrs, ni les dangers, ni les dépenses, n'arrêtaient les dévots pèlerins qui voyageaient par groupes nombreux pour mieux se protéger contre les détrousseurs de haute ou basse volée. Les récits qu'ils faisaient au retour n'auraient pas eu, de nos jours, le mérite de l'actualité. Au Moyen-Age, c'était beaucoup d'être informé d'événements qui s'étaient passés six mois auparavant. « Les pèlerins, dit saint Jérôme, ont porté en été à la Bretagne les nouvelles qu'avaient apprises, au printemps, les Parthes et les Egyptiens. » Ils rapportaient des pays lumineux, de cet Orient mystérieux, attirant, doublement sacré comme le berceau du genre humain et le lieu d'origine de la religion chrétienne, l'impression forte, l'idée enthousiaste d'une civilisation bien en progrès sur celle de l'Occident. Leurs préjugés en étaient diminués, et leur exemple faisait réfléchir les auditeurs, les amenait à se modifier, à progresser. Ces auditeurs répandaient les nouvelles qui, tombées dans l'oreille de quelque poète errant, faisaient l'objet d'un chant belliqueux, ou galant, ou religieux, ou descriptif, que l'on redisait dans les assemblées populaires, qui allait à l'étranger, montait des villages aux châteaux et des châteaux à la cour de ces princes de Toscane, de Lombardie, d'Aragon, de Castille, qui raffolaient de notre langue et de notre poésie. Il s'opérait ainsi une sorte d'enseignement mutuel de nation à nation, dont le fond commun était formé de ces traditions orales et dont l'objet était successivement la Babylonie, l'Egypte, les pays barbaresques, l'Asie-Mineure, tout l'Orient. On peut dire que, chez nous, tout se ressentit de ce commerce d'intelligences, de cet échange d'idées, car les lettres, les beaux-arts, la médecine, le costume, l'architecture, la musique, la poésie s'imprégnaient des formes observées chez les peuples de civilisation arabe ou gréco-byzantine. Les croisades furent des pèlerinages armés ; elles ne furent pas inspirées par le seul sentiment religieux : le goût des aventures lointaines, la nostalgie de l'inconnu, comptent pour une large part.

La science géographique gagna beaucoup à cet énorme déplacement de l'Occident en armes allant vers les régions du soleil, et, avec elle, l'astronomie, encore dans l'enfance chez nous. On put en apprendre « tous les canons », suivant le mot de Gargantua à Pantagruel, chez des peuples qui l'avaient toujours tenue en honneur et avaient accompli de grands progrès dans les recherches scientifiques, ayant eu en dépôt le trésor des connaissances de l'antiquité par les Grecs d'Europe et les Grecs d'Alexandrie.

Ce que l'on avait appris dans les livres ou par la tradition orale, on essaya de le faire connaître dans des poèmes où l'on entassait, sans trop de méthode, les connaissances réputées utiles et les découvertes en fait de géographie ou d'histoire naturelle. La poésie didactique se montra aussi fantaisiste dans ses descriptions que la poésie épique dans ses narrations. Sous le nom de *Bestiaires, Lapidaires, Volucraires,* on composait de longs ouvrages qui traitaient de la configuration des terres, des mœurs des nations, de la nature des animaux, des oiseaux, des pierres précieuses « de tout orient et midi », « de tous les métaulx cachez au ventre des abysmes ». La géographie, l'astronomie, l'histoire naturelle et la morale y trouvaient également leur place, sous l'autorité d'Aristote, de Pline le naturaliste, d'Elien, de Virgile et de saint Paul. La première condition remplie par les premiers ouvrages était la correction du sentiment religieux et la conformité des théories avec les saintes Ecritures; la physique était critiquable, l'astronomie fantaisiste, la géographie imaginaire, l'orthodoxie semblait parfaite. C'est l'exemple qu'avait donné saint Epiphane, évêque de Chypre au v° siècle, dans son *Traité moral sur la nature des animaux*. Ainsi écrivait à la cour de Henri I ᵉʳ, roi d'Angleterre, Philippe de Than qui, dans son *Liber de creaturis*, a étudié les divers calendriers en usage chez les Grecs, les Juifs, les Romains, et qui résume vraisemblablement, non seulement des auteurs latins dont il évoque fréquemment les opinions, mais des poètes contemporains ayant traité, eux aussi, de géographie et d'astronomie, telles qu'on les comprenait au xɪɪᵉ siècle.

On publia le *Comput* ou la *Science du calendrier*, le *Miroir du monde*, le *Lucidaire*, la *Nature des choses*, le *Trésor*, l'*Image du monde*, tous ouvrages didactiques traitant de géographie, d'histoire naturelle, d'astronomie. L'un des plus célèbres au xɪɪɪᵉ siècle fut le poème écrit en roman par Gautier de Metz (1245). Il analyse l'histoire selon la Bible et se permet, à cette occasion, quelques digressions philosophiques sur la nature de l'homme; après quoi, il entreprend la description du monde connu, l'Asie, où s'est trouvé le paradis terrestre, l'Afrique où doit se trouver l'Enfer; c'est dans la terre de mort que

> Les aulmes (âmes) tot vraiement
> I muerent perpetuelment,
> Toz jors i muerent en vivant
> Et adés vivent en morant

Il continue par un petit traité de cosmographie où il s'occupe des étoiles filantes qui, en réalité, dit-il, ne peuvent « chéoir »,

> Car totes les convient movoir
> En lor cercle adés égaument (également)
> Nuit et jor ordeneement,

des éclipses de lune, de soleil, de la succession des jours et des nuits, de la monnaie si utile pour voyager. Gauthier de Metz est nourri de la lecture des bons auteurs; il se montre particulièrement enthousiaste de Virgile, qu'il place au premier rang des astronomes!

Dans le *Roman de la Rose*, le continuateur de Guillaume de Lorris fait étalage de ses connaissances encyclopédiques et de sa vaste lecture des Anciens; lui aussi s'occupa d'astronomie, mais encore un peu d'astrologie, des mouvements du ciel et des planètes, de l'influence des astres.

Dans le genre didactique, la forme rimée fut abandonnée dès que la langue nationale fut assez formée pour exprimer avec netteté et précision les notions scientifiques que l'on voulait répandre. Brunetto Latini, quoique Italien d'origine, écrivit son *Trésor* en prose romane, non seulement, dit-il, « ch'est pour chou que nous somes en France, » mais encore « pour chou que la parleure en est plus delitable et plus commune à toutes gens » ; il donnait une histoire générale et des notions de géographie. En définitive, au Moyen-Age, comme théorie cosmogonique, on suivit le système de Ptolémée qui, jusqu'à la découverte de l'Amérique et dans l'oubli où l'on était des grands périples accomplis par les Phéniciens, des excursions nord-américaines dues aux hardis navigateurs de Danemarck ou de Norwège, représentait le *nec plus ultrà* de la géographie. L'*Almageste,* traduction en arabe du traité de mécanique céleste de Ptolémée, ordonnée par Al-Mamoun, calife de Bagdad, donnait l'étiage de la culture intellectuelle en fait de science astronomique. Les savants, pendant une longue période de temps, ne devaient pas le dépasser, au moins dans leur enseignement, par respect des vérités révélées, pour ne pas sortir du domaine de l'orthodoxie religieuse.

L'Eglise, en fait de géographie et d'astronomie, s'en rapportait à la Bible ; elle avait immuablement localisé le Ciel, la Terre et l'Enfer avec les attributions précises que l'on connaît ; elle avait placé la Terre au centre de l'Univers, et l'Homme, sur cette terre, était l'objet le plus important de la création. Il se trouvait que ces idées primitives sur l'origine du monde étaient des idées révélées : par suite, l'illusion géocentrique et anthropocentrique devenait une croyance religieuse, un article de foi.

Le Coran n'avait pas mieux fait. Mahomet ne pouvait se tromper, puisqu'il était investi d'une mission divine. Ses plus fidèles sectateurs, les Docteurs, interprètes de son livre, mainteneurs du dogme, se montrèrent aussi intolérants que des Sorbonnistes, à l'égard des « novelletez » ; ils dénoncèrent les savants qui avaient affirmé et voulu démontrer que la Terre était sphérique ; ils conseillèrent la destruction des livres où l'on pouvait rencontrer des théories cosmogoniques aussi scélérates.

Bien avant Galilée, des astronomes avaient souffert pour la science : c'est que l'ignorance et le fanatisme figurent à l'origine de toutes les religions. Saint Augustin, parlant de l'invraisemblance de la sphéricité de la terre, invoquait l'autorité de l'Ecriture qui n'en avait pas fait mention, et le bon sens qui répugnait à concevoir des hommes qui seraient d'un côté de la terre et d'autres à l'opposé, les uns ou les autres devant être privés de la vue de Dieu descendant des Cieux. Lactance, Bède le Vénérable, n'avaient pas d'autres théories plus absurdes que le Coran lui-même, d'après lequel la terre serait une surface plane, de forme quadrangulaire, entourée de hautes montagnes sur lesquelles reposerait le ciel.

L'orthodoxie musulmane et l'orthodoxie chrétienne n'ont rien à se reprocher au point de vue de la proscription des livres et de leurs auteurs. Le langage est presque le même. C'est toujours à peu près le mot attribué au Kalife, à propos des nombreux ouvrages trouvés dans la bibliothèque d'Alexandrie : « S'ils sont conformes au Koran, ils sont inutiles ; s'ils sont contraires, ils sont dangereux. » Et, d'après un récit apocryphe, il les fit brûler ! Pendant six mois, on chauffa les 4,000 bains d'Alexandrie avec les quatre cent mille volumes qui formaient, dit-on, cette riche collection! Le fait n'est pas plus répréhensible que celui, imputé à des chrétiens, d'avoir détruit le Muséum. Le cardinal Ximénès n'ordonna-t-il pas la destruction de huit mille manuscrits arabes, comme les Croisés avaient détruit la bibliothèque de Tripoli ? Toutes les religions se ressemblent, lorsqu'elles sont animées du même esprit de combativité : elles peuvent se tromper sur les moyens à employer dans leur lutte pour l'existence, mais toutes ont le même but, qu'elles poursuivent, chacune pour son compte, avec ténacité, et ce but est la domination exclusive sur les consciences, le gouvernement des peuples, au temporel et au spirituel. Toutes ont essayé de se dérober à la loi du devenir ; elles n'ont pas voulu, par respect de leur origine, laisser croire qu'elles pouvaient évoluer et se modifier comme toutes les institutions humaines ; elles se sont figées dans une sorte d'immobilité, elles ont dit anathème à tout ce qui représentait le mouvement et le progrès.

La géographie et l'astronomie, on peut dire aussi la géologie, souffrirent, en Europe plus qu'ailleurs, de la nécessité dans laquelle s'était placée l'Église d'accepter certaines erreurs traditionnelles, de se solidariser avec un passé religieux tout plein de contradictions, de fautes ou de crimes, et d'enrayer un mouvement irrésistible d'activité scientifique dont le résultat le plus clair, le plus immédiat, était de porter une grave atteinte à son infaillibilité, de faire douter de ses origines divines. La fin du xv⁰ siècle fut marquée par la persécution contre le judaïsme et l'arabisme, contre les hérétiques d'Espagne et d'Italie ; mais il y eut des compensations avec la découverte de l'Amérique, avec les voyages de circumnavigation. Christophe Colomb, Vasco de Gama, Magellan, se mirent en dehors de l'orthodoxie ; ils n'avaient été prévus ni par l'Ancien-Testament, ni par les pères de l'Eglise! Ils ne démontrèrent pas seulement certaines vérités entrevues par les Anciens ; ils agrandirent le domaine de l'humanité, ils contribuèrent à détruire l'autorité de la tradition, ils reculèrent les limites de la civilisation. Ainsi ils préparèrent l'évolution d'où devait sortir un monde nouveau.

Le goût des voyages se développa. Pour les pays nouvellement découverts, on se servit de la carte dressée par Juan de la Cosa, pilote de Colomb. La carte célèbre de Fra Mauro fut reproduite sur une muraille du palais des doges, à Venise. On fit de nombreuses cartes murales. Les cartes allemandes étaient très renommées au xvie siècle : le nom de Sébastien Münster a survécu (1544). En Espagne, on dressa la carte des régions conquises par Colomb et ses successeurs, Pizarre, Almagro, Fernand Cortez, et concédées par la bulle de mai 1493, qui partageait le monde nouveau entre les Portugais et les Espagnols. En Portugal, les cartes les plus promptement dressées et les plus souvent consultées furent aussi celles des diverses possessions de l'Afrique et de l'Inde, vers lesquelles se portait avec ardeur le commerce des nations rivales et que défendait mal la ligne de démarcation établie par Alexandre VI. En France, il y eut quelques bonnes cartes; de même en Hollande.

On avait encore comme instruments de travail des globes célestes, très répandus, parce qu'on les trouvait chez les astrologues comme chez les astronomes. Les cartes, anciennes ou nouvelles, les globes ou les mappemondes étaient étudiés, contrôlés, au moyen d'extraits d'ouvrages grecs, latins ou arabes. On les complétait avec la Cosmographie de Belleforest, traduite de la Cosmographie de Münster, avec celle de Thevet, qui parut la même année que celle de Belleforest et qui était plutôt un récit de voyages faits par l'auteur qu'une description méthodique des contrées vues par d'autres, enfin avec celle de La Popelinière, intitulée orgueilleusement les *Trois-Mondes*.

Les cartes de tout un pays, d'un royaume, d'une province, comprenaient souvent aussi la nomenclature, avec figures à l'appui, des productions de ce pays. On en composait des atlas dont la lecture accompagnait avec fruit l'étude des cosmographies.

On connaît les cartes de Mercator, d'Ortelius, de Hondius, géographes hollandais très en faveur chez nous, les cartes de Floriano, de Castaldi. Le fonds commun de cette cartographie assez abondante était pris dans les cartes de Ptolémée et de Pomponius Méla, revues et corrigées au fur et à mesure que l'on découvrait de nouveaux pays. Enfin, il existait des cartes marines, spéciales pour l'indication du dessin et du relief des côtes, la détermination des récifs, bancs de sable, etc.; celles de Gérard Mercator étaient estimées.

On comprend dès lors que, « quant à la congnoissance des faictz de nature », à laquelle il était utile de s'adonner curieusement, suivant l'opinion de Gargantua, les gens studieux étaient armés; ils disposaient de ressources précieuses, ils pouvaient s'instruire.

Dans le programme de l'enseignement secondaire, au xvi⁰ siècle, la géographie figurait au même rang que l'histoire, l'arithmétique et la langue française, c'est-à-dire au rang des agréables inutilités, des hors-d'œuvre que l'on pouvait, très exceptionnellement, faire marcher avec l'étude de la grammaire, de la rhétorique, de la philosophie. Un pédagogue de la Société de Jésus, le père Jouvency, disant ce qui existait de son temps dans les collèges, constatait que l'érudition, — tout ce qui n'était pas la grammaire proprement dite, et le commentaire des textes, — excitait et récréait l'esprit, mais qu'il ne fallait pas en abuser pour ne pas faire obstacle à l'étude de la langue. Chez les Jésuites, on accordait une demi-heure par jour au français et aux études accessoires ; or, par ces « études accessoires », on comprenait l'histoire, la géographie, les mathématiques élémentaires et autres matières étrangères, « si qua alia in his scolis tradi solent. »

X

Rabelais croit utile de posséder de l'astronomie « tous les canons. » Selon lui, il faudrait savoir ce que nous appellerions aujourd'hui le dernier état de la science. Ici encore, ainsi que pour l'étude de la géographie, de l'histoire, de la médecine, il aurait pu conseiller à son élève de revisiter les ouvrages des savants grecs, arabes, latins, « sans contemner les Thalmudistes et Kabbalistes. » En remontant au plus haut, il aurait retrouvé dans ces écrits, pour ainsi dire préhistoriques, certaines hypothèses que le temps et l'expérience ont depuis transformées en vérités mathématiques. Au xvie siècle et de nos jours, les savants n'avaient qu'à reprendre l'œuvre antique et à la compléter.

N'y a-t-il pas, chez les Pythagoriciens, l'idée embryonnaire d'un mouvement de la Terre autour d'un feu central ? La théorie héliocentrique n'est pas nouvelle ; il était réservé à des savants du xvi° siècle d'en démontrer la vérité, mais déjà les Arabes avaient mesuré le diamètre de la Terre, établi la durée de l'année, catalogué les principales étoiles, compris le phénomène de la réfraction et celui de l'isochronisme des mouvements du pendule, observé la révolution de certains astres, et leurs travaux aidaient singulièrement les observations des futurs astronomes, comme eux-mêmes avaient su profiter des découvertes d'Hipparque, d'Aristarque, d'Aristote, de Pythagore, de Ptolémée. Jusqu'au xvi° siècle, on n'avait guère fait qu'observer d'une façon judicieuse, avec un remarquable esprit d'investigation, et qu'émettre des idées, former des hypothèses. Copernic, Tycho-Brahé, Galilée, Képler formulèrent les lois de la révolution des planètes. Dans la plaine de Shinar et à Cufa, sur l'ordre d'Al-Mamoun, on détermina la hauteur du pôle au-dessus de l'horizon, la longueur d'un degré qui se trouva être de deux cent mille coudées hashémites. En 1526, Fernel recommença ces derniers calculs ; plus tard, ces résultats furent contrôlés par Picard, en France ; en 1718, nouveaux travaux ; enfin, expéditions scientifiques de Delambre et Méchain, Biot et Arago. On eut la preuve que les Arabes s'étaient peu éloignés de la vérité en ce qui concerne la mensuration du méridien. Albategnius et Ibn-Junis étaient les dignes prédécesseurs des Laplace et Leverrier. Ptolémée, avec sa Syntaxe, *Traité de la mathématique céleste*, vécut en pleine autorité scientifique pendant plus de quinze cents ans, jusqu'à Newton. Le principe de la gravitation universelle avait été tout au moins posé, celui de la chute des corps également, par Pythagore, et, plus tard, compris par Plutarque, Pline, Macrobe.

Depuis Héraclite et Démocrite, Aristote, Anaximène, Alcinoüs le Platonicien, on avait cru à la pluralité des mondes.

Les mages de la Chaldée et les prêtres d'Egypte avaient découvert la cause des marées, la périodicité des éclipses ; Hipparque, la précession des équinoxes ; le télescope, le microscope se retrouvent indiqués par Strabon, Plutarque, Aulu-Gelle, Sénèque. Pour la détermination des orbites planétaires, il ne faut pas remonter seulement jusqu'à Ptolémée, mais jusqu'à Timocharis, qui étudia la planète Vénus.

La première machine à vapeur est de Ctésibius ; elle fut perfectionnée par son élève Héron.

La poudre à canon, ses effets, sa composition, son emploi, étaient connus, depuis la découverte d'un manuscrit de Marius Græcus. On l'employait, comme de nos jours, en fusées, au moyen de tubes de bronze, à la mine, d'après le témoignage de Porphyre, Valerianus, Justin, Hérodote, Pausanias. Les anciens avaient même le feu grégeois, dont le secret s'est depuis perdu ; ils avaient, en fait de sciences psychiques, des idées qui ont été préconisées dans les temps modernes, qui, tombées en défaveur, puis, redevenues l'objet de l'engouement public, ont été étudiées avec une véritable passion. De temps immémorial, la télépathie, par exemple, n'était-elle pas pratiquée dans l'Inde ?

Et la Kabbale, avec sa théorie des ternaires, n'a-t-elle pas été rajeunie de nos jours ? Pas plus que du temps de Rabelais et conformément au sage avis de Gargantua à Pantagruel, on ne « contemne les Thalmudistes et Kabbalistes. » La nature de l'Univers peut être analysée avec les mêmes procédés d'investigation que l'homme : « Tout est dans un », comme disaient les anciens alchimistes. Le microcosme donne l'idée du monde entier ; le fini, celle de l'infini. L'homme, composé de cellules, n'est lui-même qu'une humble cellule par rapport à cet énorme agrégat, corps vivant, roulant dans l'espace dans un voyage éternel autour du Soleil. Cette donnée qu'accepte l'occultisme moderne, remonte à Pythagore, à l'école de Platon, au néo-platonisme.

La théorie des nombres, base de la philosophie pythagoricienne, on la trouve dans Moïse comme chez les hermétistes, alchimistes, illuminés, gnostiques, comme elle était dans la Kabbale hébraïque. La Triade divine était reconnue chez les Juifs, les Hindous, les Egyptiens, les Grecs, comme elle a été mise à la base des croyances chrétiennes ; elle constitue le plus important, le premier des mystères de la religion de Jésus-Christ. Appliquée à l'Univers comme à l'homme, la loi des ternaires, avec sa série indéfinie, avec sa progression qui marque les progrès mêmes de la création, conduit à la théorie de l'évolution, au transformisme moderne. On voit par là par quels intermédiaires on peut rattacher Darwin aux adeptes égyptiens, disciples d'Hermès Trismégiste.

« Quand le peuple ignorant, écrivait Al-Khazini, « entend dire aux savants que l'or est un corps qui « s'est formé par voie de perfectionnement, il com-

« prend qu'il a passé par la forme des autres corps
« métalliques, c'est-à-dire qu'il était d'abord plomb,
« puis étain, puis bronze, puis argent, puis qu'il est
« devenu finalement or. Il ne sait pas que les philo-
« sophes veulent dire ce qu'ils veulent dire aussi de
« l'homme quand ils avancent qu'il est arrivé à l'état
« où il se trouve aujourd'hui progressivement et non
« point par des transformations totales, comme s'il
« avait passé par la figure du bœuf, puis par celle
« de l'âne, puis du cheval, puis du singe et, finale-
« ment, était devenu homme. » (J. W. Draper, *Les
Conflits de la science et de la religion*, p. 84).

La Kabbale, *Gabalah*, « ce qui se passe de main
en main ! » C'est dans ce livre que tous ont puisé :
les savants se sont, en effet, passé « de main en main »
des théories sur la nature du monde, sur la nature de
l'homme, sur les causes premières, et leurs idées,
« sicut vitaï lampada », dans une synthèse précise ou
symbolique, ont suivi le cours des âges, malgré les
tourmentes, les cataclysmes, les guerres, formant une
chaîne sans fin depuis Moïse, Orphée, Zoroastre,
les Esséniens de Palestine, Simon le Magicien,
Pline, Aristote, Platon, Plotin, Porphyre jusqu'à nos
jours, la culture scientifique suivant elle-même la
loi de l'évolution, du progrès, de la vie.

Notre grand Rabelais, qui avait pratiqué Raymond
Lulle comme Pline et Tite-Live, et Paracelse comme
Aristote, joignait à son savoir livresque les ressources de l'expérience. On sait qu'il s'occupa avec
ardeur d'observations astronomiques et qu'il vulgarisa ses travaux sous la forme de ces almanachs an-
nuels, qui lui rapportaient moins de deniers que
d'honneur, car il ne paraît pas s'être enrichi au ser-

vice de ses imprimeurs et éditeurs. Ses « pantagruélines pronostications », calculées sur le méridional de la noble cité de Lyon, à l'élévation du pôle par 45 degrés 15 minutes en latitude et 26 en longitude, publiées de 1535 à 1550, ne ressemblaient pas toutes à cette facétie qu'il publia en 1532 pour se moquer des astrologues et qui était imitée d'une satire, traduite de l'allemand en latin par Henrichman, insérée dans le *Recueil des Facéties* d'Henri Bebelius, vers les premières années du xvi° siècle. Il y mettait de ses remarques personnelles, faites du haut de son observatoire : il poussa même l'inconséquence jusqu'à sacrifier au goût dominant de l'époque ; il mérita de prendre place parmi ceux qu'il a appelés dédaigneusement « les ramoneurs d'astrologie », il ne sut pas renoncer à « l'art de Lullius », à l'astrologie divinatrice. L'almanach de 1533 est de François Rabelais, docteur en médecine et « professeur en astrologie », titres donnés pour la réclame, et qu'il n'avait pas le droit de prendre, car il ne fut reçu docteur que le 22 mai 1536, et, quant à l'astrologie, il n'y avait guère confiance, il faisait même parade de n'y pas croire : « Les « mutations des royaumes et des religions ne sont « pas, dit-il, écrites dans les astres ; ce sont secrets « du conseil étroit du Roy éternel, qui tout ce qui « est et qui se fait modère à son franc arbitre et bon « plaisir. » L'almanach de 1536 a remplacé le titre de professeur d'astrologie, qui devait en imposer au public vulgaire, par celui de « médecin du grand hôpital dudit Lyon », qualification beaucoup plus légitime et plus flatteuse. L'almanach de l'an 1546 porte « la déclaration que signifie le soleil parmi les « signes de la nativité des enfans », et dans les

Ephémérides de 1550, « se trouvent à la fin de cha-
« cun des mois les planètes des enfans, tant fils que
« filles, et auxquelles ils sont subjects. » On a vu
plus haut quel horoscope il tira, lors de la naissance
de Louis, duc d'Orléans, fils de Henri II. Il a pourtant écrit : « [La plus grande folie du monde est de
« penser qu'il y ait des astres pour les Roys, Papes
« et grands seigneurs plutôt que pour les pauvres et
« souffreteux, comme si nouvelles étoiles avaient
« été créées depuis le temps du déluge et de Romu-
« lus et de Pharamond, à la nouvelle création des
« Roys... Tenant donc pour certain que les astres
« se soucient aussi peu des Roys comme des gueux
« et des riches comme des maraux, je laisserai les
« autres fols pronosticqueurs à parler des Roys et
« riches et parlerai des gens de bas état. » C'était
en effet pour ceux-ci qu'il composait ses petits almanachs, sachant bien qu'ils ne pouvaient ni acheter
ni lire ses gros livres.

Malgré son goût pour l'observation, pour la rigueur
du raisonnement scientifique, Rabelais s'est permis,
ailleurs que dans ses almanachs, des échappées, sinon vers l'astrologie, du moins vers l'hypothèse, la
rêverie ; il a eu la vision d'un progrès lointain, à peine
entrevu chez les arrière-neveux. N'a-t-il pas annoncé
en quelque sorte l'invention des ballons ? Dans son
accès d'enthousiasme, presque lyrique, lorsqu'il célèbre les vertus du pantagruélion, n'a-t-il pas, après
avoir parlé des moulins à vent, tournés agilement,
« a insigne proufflct de la vie humaine », de navires
à voiles marchant « par la retention des flotz aerez »,
prédit qu'un jour on tirerait un usage encore plus
merveilleux de la toile gonflée d'air pour s'élever et

voyager, aller partout avec facilité, chez les « nations que la nature sembloyt tenir absconses, imperméables et incongneues », de telle sorte qu'elles soient « a nous venues, nous a elles. Choses que ne feroyent les oyseaulx, quelque legiereté de pennaige qu'ils ayent et quelque liberté de nager en l'aër que leur soit baillée par nature (1). Taprobana ha veu
« Lappia ; Java ha veu les monts Riphées ; Phebol
« voyra Theleme ; les Islandoys et Engroenelands
« voyront Euphrates. Par elle Boreas ha veu le ma-
« noir de Auster ; Eurus ha visité Zephyre. De mode
« que les intelligences célestes, voyant par l'usaige
« de cestuy benedict pantagruelion les peuples Arc-
« tiques, en plein aspect des Antarctiques, franchir
« la mer Atlanticque, passer les deux tropicques,
« volter soubz la zone torride, mesurer tout le zo-
« diacque, s'esbattre sous l'equinoctial, avoir l'ung
« et l'aultre pole en veue a fleur de leur horizon. »

Rabelais n'est-il pas un peu le précurseur de Jules Verne, et son voyage rêvé de circumnavigation aérienne n'a-t-il pas été partiellement accompli dans le livre du charmant et ingénieux romancier : *Cinq semaines en ballon ?* Il a précédé le « Constitutionnel », journal jadis fameux par le serpent de mer, et parlé avant lui du scolopendre de cent pieds, auquel il paraît croire, sur la foi de Jovien Nicander, grammairien et poëte d'avant Jésus-Christ.

« Peult être sera inventée herbe de semblable
« énergie, moyennant laquelle pourront les humains

---

(1) Paul Stapfer, (*Rabelais, sa personne, son génie, son œuvre*, page 232), a parlé, lui aussi, de « cette audacieuse et charmante fantaisie, où l'auteur semble pressentir l'invention des aérostats et en deviner peut-être d'autres encore plus merveilleuses. »

« visiter les sources de grêles, les bondes de pluyes
« et l'officine des fouldres. Pourront envahir les
« régions de la lune, entrer le territoire des signes
« célestes et là prendre logis... » N'est-ce pas le
thème de ce même Jules Verne : *De la Terre à la
Lune,* sauf qu'il ne va pas jusqu'à imaginer que ses
voyageurs, arrivés au terme de leur excursion, s'installeront dans les hôtelleries lunaires ? Mais Cyrano
de Bergerac était allé jusqu'au bout de la fantaisie,
pour le plus grand amusement de ses lecteurs.

Il n'y a pas que les poètes qui soient devins. Rabelais a eu la prescience, la notion confuse, de certaines choses absconces que l'avenir devait mettre
au jour; il devine presque la circulation du sang,
comme Aristote a pressenti l'embryologie moderne (1),
comme les Arabes ont accepté l'hypothèse du transformisme (2), comme, au xvi° siècle, Antoine Mizaud (3) a indiqué la thérapeutique réparatrice qui
s'appelle aujourd'hui le brown-séquardisme ; Rabelais n'est pas seulement un théoricien à idées judicieuses et parfois géniales ; il a disséqué avant André
Vesale (4), il a inventé des instruments de chirurgie,

---

(1) Aristote, *Traité de la Génération,* par Barthélemy-St-Hilaire. — Le philosophe grec, comme MM. Milne-Edwards, Ernest de Baër, Coste, Pouchet, paraît bien croire que, dans la génération, le mâle apporte uniquement la vie caractérisée par la sensibilité ; la femelle apporte la matière qui, sans l'acte fécondant, resterait inerte.

(2) V. plus haut, page 102.

(3) *Nouvelle Revue,* 1er sept. 1892 : *un précurseur de M. Brown-Séquard,* par M. Georges de Dubor.

(4) V. page 61 : — C'est à tort que l'on a attribué à Vesale l'honneur d'avoir, le premier, porté le couteau sur un cadavre humain pour étudier l'anatomie et établir, sur des bases positives, le manuel opératoire de ses opérations chirurgicales. Le plus ancien des anatomistes fut un médecin grec. Voir aux *notes* placées à la fin de cet ouvrage.

notamment, un appareil pour réduire les fractures du fémur, un autre destiné à débrider les plaies pénétrantes de l'abdomen.

En fait de géographie, Rabelais n'a rien laissé de plus intéressant que les impressions de voyage, d'ailleurs si variées de ton, qu'il sème au cours du récit des aventures de Pantagruel : un ouvrage, que l'on dit apocryphe, et dont on ne peut, avec certitude, lui attribuer la paternité, *les Navigations de Panurge*, ne donne pas de renseignements plus positifs sur des pays que Rabelais devait connaître admirablement et qu'il avait certainement étudiés au point de vue des « faitz de nature », car il ne savait pas lire seulement dans les livres, et ses yeux, en voyage, étaient tout grands ouverts, son esprit restait en éveil pour bien observer hommes et choses. Ses lettres au cardinal de Guise et, en particulier, sa relation de la *Sciomachie*, description d'une bataille « tant par eau que par terre », prouvent qu'il aurait pu être non seulement un exact historiographe des « triomphes » célébrés pour la « grande jubilation » des prélats de la cour de Rome, mais encore un fort intéressant et aimable chroniqueur, n'ayant rien d'officiel et décrivant bride abattue, au courant de la plume, tout ce qui l'avait frappé pendant ses voyages en France et en Italie. Il avait bien composé, en 1550, divers ouvrages en grec, latin, français et toscan, mais rien ne nous en est parvenu, et l'on se perd en conjectures sur ce qu'ils avaient pu contenir. On peut juger de ce qu'il aurait su faire, au point de vue épistolaire, tout en restant didactique, pour raconter ses voyages et décrire amplement les pays qu'il visitait, s'il s'était laissé aller à toute la verve, à l'abondance excessive de détails sur les mœurs, les coutumes, l'aspect extérieur, les productions, tout ce qu'il avait observé, s'il n'avait pas craint, dans ses descriptions, de rester l'homme aimable, cordial, gai, souvent facétieux, qu'il a montré dans ses livres pantagruéliques et qu'il était dans la conversation, avec ses inférieurs, comme avec les grands seigneurs.

En fait d'astronomie, il n'a rien écrit non plus, en dehors de sa Pantagruéline pronostication, dont on connaît le ton peu sérieux et qui mérite bien d'être dédiée aux « gens estourdiz et musars de nature », en dehors de ses almanachs, autres productions fantaisistes, qui, pour la plupart, n'existent plus. Il a évidemment beaucoup observé, beaucoup réfléchi ; mais, dès qu'il le peut, il en revient à ses auteurs, surtout à Ptolémée, le grand maître, et il expose ce qu'il a pu extraire de ses auteurs familiers, grecs, arabes et latins. Il est exact qu'il « a revolvé toutes les pantarches des cieux, » calculé lui-même tous les quartiers de la lune ; mais, ce qu'il y a de plus vrai, c'est qu'il connaît bien ce que jamais pensèrent tous les « astrophiles », tous les « uranopètes », il aurait pu ajouter les faiseurs d'almanachs et les astrologues, car il avait pratiqué les uns et les autres, pour s'être jovialement moqué des uns et des autres et pour s'être essayé, par pure plaisanterie, à faire comme eux. Ce n'étaient pas, du reste, des gens médiocres que quelques-uns de ces prédiseurs de beau temps, pluie ou vent. Le fameux almanach de Mathieu Lœnsberg, le triple Liégeois a eu des ancêtres avec les opuscules de savants attitrés tels que ceux de l'Université de Louvain. Rabelais avait de dignes rivaux dans Olivier le Gras, astrologue à ses heures, mais aussi, en temps ordinaire, professeur de l'Université de Louvain, dans Odoart Thibault, mathématicien de mérite, dans Guy Vidame, médecin en renom, qui, tous, en dehors de la science officielle, se mêlaient de pronostiquer sur les suites de la conjonction des astres. C'est à eux, comme à lui-même, que pense Rabelais, lorsqu'il écrit : « Quelque chose que vous « disent ces folz astrologues de Louvain, de Nurn- « berg, de Tubinge et de Lyon, ne croyez que ceste « année y ait aultre gouverneur de l'universel monde « que Dieu le créateur. »

Ces « folz », parmi lesquels il se classait implicitement, considéraient « les fréquentes conjonctions de la Lune avec Mars et Saturne », les notables « mutations qui sont machinées par convenance de Mercure avec Saturne »; leur tort était de croire à l'astrologie judiciaire, avec laquelle, pourtant, quelques-uns, abusant de la simplicité du public, avaient la coupable adresse de battre monnaie, mais leurs recherches avaient un côté utile, puisqu'elles encourageaient la culture des mathématiques et développaient le goût des connaissances astronomiques. Rabelais dit bien, lui aussi, que l'avenir n'est à personne, que l'avenir appartient à Dieu, « qui tout ce qui est « et qui se fait modère à son franc arbitre et bon « plaisir », mais c'est pour donner une preuve de sa parfaite orthodoxie autant que pour affirmer l'inanité des prétentions de l'homme en ce qui concerne le lendemain, l'au-delà : « autrement en prédire seroit « legiereté à moy, comme à vous simplesse d'y ad- « jouster foy. »

Il se défend, dans son almanach de 1535, d'avoir jamais pronostiqué sur l'avenir; il assure qu'il est simplement l'interprète des bons auteurs, le vulgarisateur des quelques observations qu'ils ont prises de main en main et des écrits dans lesquels ils ont « en art rédigé les longues expériences des astres. »

Ces auteurs n'étaient pas très nombreux. Dès le commencement du xv° siècle, George Purbach, astronome, mathématicien, physicien, avait été fortement encouragé par l'empereur Frédéric III à s'occuper de sciences exactes, et, tout spécialement, de l'étude du ciel. Il s'était préparé à ce travail par la traduction des ouvrages de Ptolémée et par une longue méditation sur les anciennes théories des savants grecs, chaldéens, arabes ; il avait contrôlé minutieusement les données que lui fournissait la science contemporaine, comme celles qui lui venaient du passé, il s'était assimilé tout ce qui avait été publié avant lui, de telle sorte qu'il put dresser une carte céleste, établir une table des différentes espèces d'étoiles ; il augmenta d'une façon sérieuse le bagage scientifique de son époque, non seulement par sa traduction des œuvres de Ptolémée, mais par sa réduction, son abrégé méthodique de l'*Almageste,* dont il facilita ainsi la diffusion.

Son plus remarquable disciple fut Jean Müller, plus connu sous le pseudonyme de Regiomontanus, un des plus grands mathématiciens dans un siècle qui en compta de si remarquables, tels que Jean Angelus, Jean Bianchini, Jean Werner (ce dernier professeur à Vienne), et Nicolas Copernic, pour ne parler que des plus connus. Ce fut Regiomontanus qui fit la première observation vraiment méthodique d'une comète qui parut en 1472.

On savait que Philolaï avait enseigné le mode des

révolutions de certains astres, la Terre, Vénus, Mercure, dont le Soleil aurait été le centre d'orbite. La théorie héliocentrique ainsi entrevue devait être vérifiée par les observations précises de Copernic (né en 1472), le plus brillant élève de l'astronome Dominique Maria. Philolaï fut suivi dans ses déductions, appuyé dans ses observations par Joachim Rhéticus, Erasme Reynold, qui professa à Wittemberg, Christophe Rothman, Juste Byrge, Guillaume II, landgrave de Hesse, qui se piquait d'encourager les savants de toute façon, qui facilitait leurs travaux en les commanditant et les partageant, enfin par le grand Tycho-Brahé qui fut le plus illustre de tous et dont la gloire a survécu, malgré les découvertes de ses heureux successeurs. Après Sénèque et Apollonius, celui-ci avait affirmé que les comètes étaient de véritables planètes, et non de simples météores, et que leur cours était régulier.

Il ne suffisait pas à ces savants d'observer les astres : pour pouvoir contrôler les calculs de Ptolémée, il fallait que certaines règles, certains procédés de hautes mathématiques leur fussent familiers. Ils eurent de sérieux, de fort utiles collaborateurs dans les spécialistes qui s'occupèrent d'arithmétique, de géométrie, d'algèbre : ceux-là « considéroyent l'estat « du ciel, si tel estoyt comme l'avoyent noté au soir « précédent, et quelz signes entroit le soleil, aussi « la lune », ceux-ci aidaient à résoudre les problèmes « obscurs et difficiles » du calcul. Ainsi firent Niccolo Tartaglia, né à Brescia en 1500, algébriste consommé, mathématicien subtil ; Jérôme Cardan (1501-1576), Butéon, Oronce Finé, Peletier, la Ramée.

Au XVe siècle, on se passionna pour les découvertes algébriques, non seulement dans le monde des philosophes et des humanistes, mais encore parmi les médecins et parmi les gens du monde même qui ne faisaient pas profession d'être savants, pourtant qui s'intéressaient vivement aux choses de la science. On se proposait d'un pays à l'autre des problèmes à résoudre. Ces joutes scientifiques donnaient lieu quelquefois à des enjeux acquis au tenant, si la question qu'il avait posée n'était pas exactement résolue par ses contradicteurs dans le nombre de jours ou d'heures qu'il avait accordé pour la réponse. Parfois la solution restait incertaine et fournissait l'occasion de nouveaux débats ; par exemple, lorsque Oronce Finé prétendit avoir trouvé la quadrature du cercle.

J'ai dit que les gens du monde faisaient, à leur manière, de la science. Ainsi Gargantua, lorsqu'il « fut
« institué par Ponocratès en telle discipline qu'il ne
« perdoit heure du jour », jouait aux cartes « pour
« y apprendre mille petites gentillesses et inventions
« nouvelles, lesquelles toutes yssoyent de arithmé-
« ticque. En ce moyen, entra en affection d'icelle
« science numérale, et, tous les jours après disner
« et souper, y passoit temps aussi plaisantement
« qu'il souloit en dez ou es chartes. A tant sceut
« d'icelle et théoricque et praticque, si bien que
« Tunstal, angloys, qui en avoit amplement escript,
« confessa que vrayement, en comparaison de luy,
« il n'y entendoit que le hault alemant. Et non seu-
« lement d'icelle, mais des aultres sciences mathé-
« maticques, comme géométrie, astronomie et mu-
« sicque. Car, attendent la concoction et digestion
« de son past, ilz faisoyent mille joyeulx instrumens

« et figures géométricques, et de même practic-
« quoyent les canons astronomicques. »

Lorsque, plus tard, Gargantua donna à son fils, dans lequel il voulait voir refleurir son antiquité chenue, les sages conseils que lui inspirait son affection et que lui permettait sa longue expérience, il n'insista pas outre mesure sur la partie purement mathématique de son programme d'instruction. Rabelais semble s'en être référé, pour cela comme pour les exercices du corps, la chevalerie et les armes, à ce qu'il a dit dans les chapitres de la chronique gargantuine. Je le fais remarquer, parce qu'il me semble y voir une nouvelle preuve de l'antériorité contestée du livre premier sur le livre deuxième : celui-ci contient des avis sommaires, des indications, comme un rappel d'idées développées, ailleurs, avec tous les détails que comportait le sujet. Donc Gargantua écrit à Pantagruel : « Des artz libéraux, géo-
« métrie, arithméticque et musicque, je t'en donnay
« quelque goust quand tu estoys encores petit en
« l'eage de cinq à six ans ; poursuys le reste, et
« d'astronomie saches en tous les canons. » L'exposé est sobre, et il semble que Gargantua n'a pas conservé, pour les sciences exactes, l'enthousiasme et « l'affection » que lui avait inculqués, dans sa primo jeunesse, le précepteur Ponocratès ; il insiste bien davantage sur l'enseignement de ce que l'on peut appeler les pures lettres, *humaniores litteræ*, celles qui ont trait à la parfaite connaissance de cet autre monde, qui est l'homme. Rabelais n'avait pas, pour cette branche des connaissances humaines, la passion raisonnée, *ardor logicus*, qui animait son ennemi intime, Ramus, dont les travaux personnels,

contribuèrent, dans une large mesure, à l'avancement des sciences en France. On se rappelle que celui-ci créa, au Collège de France, une chaire de mathématiques qui fut occupée par des maîtres fort distingués, au premier rang desquels on distingue Roberval et Gassendi : l'un, Roberval, spécialement géomètre, mathématicien; l'autre, Gassendi, théologien, philosophe, astronome, physicien, historien, adversaire d'Aristote, contradicteur de Descartes, ami de Galilée, patron spirituel de Molière. Par l'étendue et la variété de ses connaissances, par le rôle important qu'il joua, par l'autorité qui lui était reconnue, Gassendi réalisait bien l'idéal du savant tel que les écrivains du xvi° siècle l'avaient conçu, du philosophe tel que les anciens l'avaient défini. Il mérita qu'un historien allemand, Hennemann, professeur à Iéna et à Marbourg, à la fin du xviii° siècle, dit de lui qu'il était, de son temps, le plus savant entre les philosophes et le plus habile philosophe entre les savants.

CHAPITRE XI

On a dit bien souvent, sous forme de plaisanterie, et l'on n'ose presque plus répéter, sous peine d'être taxé de snobisme, que la musique adoucissait les mœurs. Rien n'est plus vrai pourtant, malgré tout ce que l'on a allégué contre cette sorte de truisme, et quoique beaucoup de musiciens aient tenté de prouver le contraire par leur irascibilité, par leur susceptibilité. C'était déjà l'avis de Luther. Il écrivait textuellement, en 1530, dans son *Encomium musices*;

que la musique rend les hommes meilleurs ; « elle
« adoucit les mœurs, console les affligés et rend à
« l'âme la félicité ; on doit l'enseigner à la jeunesse
« et les instituteurs doivent savoir chanter. » On peut
affirmer, en effet, après enquête faite en divers
temps et divers pays, que la musique et le chant,
pratiqués en commun, sont des moyens artificiels de
créer ou entretenir l'esprit de sociabilité, de favoriser les réunions entre gens de condition différente
que groupe l'instinct de l'art musical et que ne suffirait pas à unir la communauté de langue, d'éducation, de patrie. On est ainsi conduit à soutenir que
la musique est une branche de la médecine : elle mérite
d'être rangée parmi les agents les plus puissants et
les plus sûrs de ce qu'il est permis d'appeler la socio-
thérapie ; elle fait partie du régime de calme et d'apai-
sement auquel doit se soumettre un pays qui veut se
recueillir ou se consoler. A une époque où l'Italie,
en proie aux « barbares » du Nord, Français et Allemands, semblait agoniser et ne plus marquer sa vita-
lité que par des convulsions, l'Art, suprême vain-
queur de ces envahisseurs de toutes langues, maintint
glorieux le nom de toutes les villes italiennes, si
humbles qu'elles fussent, dans lesquelles son culte
était honoré et comptait de dignes représentants.

L'art de Gui d'Arezzo, l'inventeur de la notation
musicale, l'art de Marchetto de Padoue, qui enseigna et perfectionna le contrepoint d'abord usité dans
les Flandres, l'art des Francesco Landino, Nicolo del
Proposto, Paolo Tenorista, comme plus tard, celui
des Palestrina, des Orlando de Lassus, Vittoria,
Animuccia, contribua, autant peut-être que l'art des
Giotto, des Masaccio et de leurs illustres succes-

seurs, à relever l'Italie de son abaissement, du mépris où ses vainqueurs la tenaient, pour ses fautes, ses vices et ses crimes. Les musiciens, composant pour les palais ou les églises, égayaient et consolaient les grands et les pauvres : ils disaient le lamento d'un peuple victime de son ambition, de ses illusions, de ses gloires passées ; comme, autrefois, les Hébreux captifs, ils chantaient leur *Super flumina Babylonis*. La musique créait des centres de ralliement pour tous les passionnés de l'art. Ainsi, de nos jours, les Allemands, émigrés en de lointains pays, se retrouvent, s'unissent, causent, grâce à leurs sociétés orphéoniques ou instrumentales, et ce groupement, artificiel, c'est le cas de le dire, devient familial, il crée la solidarité des intérêts, il favorise une action commune, il imprime la direction dans le sens le plus utile aux membres de ces diverses associations.

On a compris de tout temps l'utilité pratique du chant et de la musique, et nos modernes programmes n'ont rien innové, lorsqu'ils ont prescrit d'enseigner l'un et l'autre dans les écoles maternelles publiques, de pratiquer « les exercices d'intonation et de mesure « les plus simples, les chants à l'unisson et à deux « parties qui accompagnent les jeux gymnastiques « et les évolutions. » La pratique du chant est à la fois une gymnastique respiratoire pour les poumons, un puissant dérivatif pour l'esprit des enfants ; elle agit mécaniquement et moralement, elle concourt à maintenir l'équilibre des fonctions, à assurer le *Mens sana in corpore sano*. Ce qui est prescrit pour les tout jeunes enfants retrouve sa raison d'être pour les enfants des écoles primaires : on doit leur enseigner les éléments de la musique. Les élèves des écoles primaires supérieures (cours complémentaires, cours à deux ou trois ans et plus), doivent aussi faire une étude théorique et appliquée des principes du chant ; on leur fait dire des chœurs à trois parties. La musique figure dans tous les programmes, sinon au même titre que la morale, du moins à titre d'utile, de précieux auxiliaire de l'hygiène du corps et de l'âme. Dès la première enfance, l'imagination joue son rôle : elle fait vagabonder l'esprit, elle le promène souvent en des endroits où il n'y a rien de bon pour lui, elle le surmène et l'énerve, elle le rend incapable d'application à des choses sérieuses. « Pour le séjourner (reposer) de cette véhémente intention », comme dit Rabelais, il est bon de « soy mouvoir », et la musique, instrumentale ou vocale, s'emploie à cela très efficacement.

Aussi l'élève de Ponocratès apprend-il la musique et le chant. Non seulement, « pour s'exercer le tho-
« rax et pulmon, (il) crioyt comme tous les diables,
« mais encore, lui et ses amis, « s'esbaudissoyent à
« chanter musicalement à quatre et cinq parties, ou
« sus ung thème, à plaisir de gorge. »

Rabelais prouve que Gargantua se tient au courant des formes nouvelles de la musique ; il n'y avait pas très longtemps que le Flamand, devenu Français, Josquin Desprès, avait donné la règle et l'exemple de ces sortes de compositions fort compliquées pour une époque où la science de l'harmonie n'était pas fixée, où l'inspiration n'ayant que des formes imparfaites se trouvait incapable d'exprimer des sentiments gracieux ou des émotions fortes.

On sait que, primitivement, les chants étaient

exécutés à l'unisson et qu'ils n'avaient d'autre accompagnement que leur consonnance naturelle (1). Plus tard, on essaya de ce qu'un moine du x° siècle, Hucbald, de Saint-Amand, en Flandre, appelait « symphonie », sorte de « mélange de voix doux à l'oreille » *(Musica Enchiriadis),* dont il s'appliqua à donner les règles et les conditions, dont il indiqua les effets, moyennant la fusion des consonnances, le groupement des voix, la suite dans les modulations. Ce ne fut pas évidemment sans de pénibles préparations, sans de longs tâtonnements, que les musiciens apprirent à parler cette langue à part dont le principe était la simultanéité de sons de valeur différente ; ils ne surent pas trouver, dès le début, la manière d'agencer leurs accords de façon à obtenir des effets symphoniques avec des notes dissemblables, et l'harmonie fut d'abord une cacophonie d'intonations sans ordre, sans discipline, au milieu desquelles l'inspiration se démenait et se perdait.

Dès le ix° siècle, on pratiquait tant bien que mal l'harmonie, et nous en avons la preuve par plusieurs spécimens. Mais ils ne donnent qu'une idée fort inexacte, fort incomplète, de ce que devaient être les morceaux concertants, car ils ne tiennent pas compte des altérations que, seul, l'enseignement oral faisait connaître et observer ; ils sont émaillés de fautes que l'on ne devait pas certainement commettre en chantant, les maîtres de chapelle étant là pour diriger les instrumentistes et chanteurs, et indiquer les diè-

(1) Félix Clément, *Histoire de la musique depuis les temps anciens jusqu'à nos jours* ; il m'a servi pour cette partie de la pédagogie de Rabelais et je ne puis que m'en référer à lui pour de plus amples détails : il est exact, précis, très érudit, précieux à consulter.

zes et bémols qui donnent aux notes leur valeur vraie, telle que la veut l'oreille et que la comporte la phrase musicale. Cette difficulté, qui avait paru insurmontable, fut résolue, et bientôt on la compliqua, en donnant aux accords d'accompagnement une allure différente de celle du chant qu'il s'agissait de soutenir. L'idée du contrepoint était trouvée. On l'exploita, on la développa avec enthousiasme. Les musiciens y mirent de l'amour-propre, à bien posséder et à ingénieusement appliquer les règles de leur art, comme les trouvères et troubadours, non contents de vaincre la difficulté naturelle de composition d'un sirvente, d'un lai, d'une canson, eurent la coquetterie de varier les rythmes, de redoubler les rimes *(rimas caras)*, de compliquer les strophes ; les uns et les autres, pour attester qu'ils avaient la pleine possession de leur art, cherchaient, par des combinaisons difficiles et plus bizarres que vraiment heureuses, à surprendre l'oreille et la raison de leurs auditeurs. Le « déchant » à trois ou quatre parties tout à fait indépendantes l'une de l'autre, comme dans un motet souvent cité d'Adam de la Halle, n'était plus de l'harmonie, ni du contrepoint : le sens et la technique de la musique étaient également outragés. De même, dans ces « descorts » où les troubadours, pour exprimer l'égarement d'esprit, le délire du cœur, à la suite de quelque chagrin d'amour, se laissaient aller à un véritable dévergondage de pensées et de rythmes, sans trop de raison ni méthode ; de même, dans ces sixtines, composition de six strophes ayant chacune six vers, dans lesquelles des mots devaient revenir à des intervalles déterminés ou finir par une certaine lettre. C'était là un très malheureux emploi de l'habileté à laquelle étaient parvenus poètes et musiciens, à force de travail et de patience : le goût aurait dû leur interdire ces pratiques, mais le goût n'existait qu'à l'état très rudimentaire.

Au xive siècle, la science de l'harmonie s'épura, se perfectionna ; au siècle suivant, elle fit de plus grands progrès encore. Il y eut des écoles en Italie, en Flandre, en France, spécialement pour notre pays du Midi, dans la sphère d'influence de la papauté installée à Avignon. La chapelle pontificale, sans créer des précédents pour les chanteurs de la future Chapelle Sixtine, recruta des chanteurs presque tous Français, attira des maîtres de tous les pays, favorisa leur enseignement et profita de leur présence pour faire contribuer la musique à l'éclat des fêtes religieuses.

Rabelais, qui, par voie d'allusion ou directement, parle de tant de choses, a donné une nomenclature presque complète des musiciens, chanteurs ou compositeurs, les plus estimés de son temps. Il lui souvient, car il a très bonne mémoire (grande assez pour remplir un pot beurrier), « avoir ung jour du
« tubilustre (1), es feries de ce bon Vulcan en may,
« ouy jadis en ung beau parterre Josquin des Prez,
« Ockeghem, Hobrecht, Agricola, Brumel, Came-
« lin, Vigoris, de la Fage, Bruyer, Prioris, Seguin,
« de la Rue, Midy, Moulu, Mouton, Gascogne, Loy-
« sel, Compere, Penet, Fevin, Rougie, Richardfort,
« Rousseau, Consilion, Constantio Festi, Jacquet
« Bercan, chantans mélodieusement... Neuf olym-

(1) Le 23 mai, à Rome, avait lieu la cérémonie pour consacrer les trompettes des sacrifices.

« piades et ung an intercalare après je ouy Adrian
« Villart, Gombert, Janequin, Arcadelt, Claudin,
« Certon, Manchicourt, Auxerre, Villiers, Sandrin,
« Sohier, Hesdin, Morales, Passereau, Maille, Mail-
« lart, Jacotin, Heurteur, Verdelot, Carpentras,
« l'Héritier, Cadeac, Doublet, Vermine, Bouteiller,
« Lupi, Pagnier, Millet, du Moulin, Alaire, Marault,
« Morpain, Gendre, et aultres joyeulx musiciens. »
D'habitude, notre auteur se perd trop volontiers dans
ses copieuses énumérations ; cette fois, nous ne le
regrettons pas, car il nous remet en mémoire des
musiciens, compositeurs, ou professeurs, ou chanteurs qui firent parler d'eux en leur temps et que
l'on exhume aujourd'hui bien rarement de la poussière qui les ensevelit, de l'oubli complet dans lequel
leurs œuvres sont tombées. Plusieurs, parmi eux,
furent cependant des maîtres renommés, auxquels
on doit une certaine reconnaissance, ne serait-ce
que parce qu'ils ont frayé la voie aux Bach, Hœndel,
Haydn, Beethoven et tant d'autres.

Après les hésitations du début, il se produisit,
dans les Flandres, une véritable floraison d'hommes
de mérite, remarquables sinon par le génie de la
composition, du moins par la science des formules.
A quel phénomène correspondait-elle en réalité ? A
quel état d'âme particulier aux Pays-Bas faut-il attribuer la production abondante d'œuvres musicales ? Taine, qui a soutenu que l'œuvre d'art est dé-
terminée par l'état général de l'esprit et des mœurs
environnantes, aurait recherché à quel groupe de
sentiments, de tendances, ou de besoins, de penchants, doit revenir l'honneur d'avoir suscité, successivement sur des points marqués de la carte d'Eu-

rope, des générations d'artistes. Peut-être cette enquête n'aurait-elle pas de résultat bien pratique. Il suffit de constater qu'au xiv°, au xv°, au xvi° siècle, le sceptre de la science harmonique est entre les mains de maîtres appartenant à l'école flamande pour passer aux maîtres de l'école italienne et, plus tard, aux beaux génies de l'école allemande. Ce sont, en définitive, des hommes du nord qui y ont excellé ; après en avoir été, en quelque sorte, les initiateurs, — car les compositions lyriques de France ou d'Italie qui ont précédé (surtout celles de France), sont plus mélodiques que symphoniques, — les maîtres de chapelle venus des Flandres furent longtemps les pédagogues de l'Europe pour l'harmonie et le contre-point. S'ils n'eurent pas plus d'imagination que leurs rivaux pour l'invention des motifs, ils firent preuve de plus d'attention, de faculté méditative, pour en trouver le développement naturel, pour les relever et les mettre en pleine lumière par de plus ingénieux procédés d'accompagnement, par une heureuse mise en scène des chants destinés à faire valoir le chant principal. *Ut pictura poesis*, disait Horace : on pourrait y ajouter la musique. Les unes et les autres se ressentent du milieu, du temps où l'œuvre d'art est produite. Cependant « il semblerait que la musique
« devrait être plus indépendante... Née d'un souffle
« de l'âme, qui n'emprunte à la nature qu'un seul
« élément matériel, le son, la musique devrait être
« aussi absolue, aussi invariable que le sentiment
« dont elle est la révélation. Mais quoi ! la musique,
« c'est l'homme qui l'a créée... et l'homme, im-
« muable dans son essence, se modifie incessam-
« ment avec l'âge, la société et le climat où il se

« développe... L'homme du Nord éprouve comme
« l'homme du Midi le besoin de prier, mais la prière
« de l'Allemand ne se traduira pas dans l'art de la
« même manière que la prière de l'Italien ou de
« l'Espagnol (1). » Sous une autre forme, c'est la
théorie de Taine appliquée à l'art en général, qu'il
s'agisse de sculpture, d'architecture, de musique (2).

Ce n'est pas à dire que les maîtres flamands fussent les seuls à s'adonner à la culture du contrepoint et à étudier scientifiquement les règles de dépendance entre les sons qui constituent l'harmonie. On a vu plus haut que Landino, « l'aveugle de Florence », organiste et compositeur, s'en était occupé avec passion en Italie, et, qu'avec lui, plusieurs maîtres travaillèrent à faire progresser la connaissance et l'emploi des formules musicales. Mais il est juste de reconnaître que les Flamands furent les plus consciencieux, les plus patients, les mieux inspirés dans cette recherche. Aussi, dans la liste qu'il dresse des compositeurs de son temps, Rabelais compte-t-il en majorité des chantres et compositeurs appelés du Nord. Ces chantres, à une certaine époque, avaient été à la fois des exécutants et des compositeurs : ils ne dirigeaient pas seulement la chapelle pontificale ou royale, à laquelle ils étaient attachés, ils tenaient une partie, chantaient un motet dont le motif seul était donné et dont les variations étaient dites, très souvent improvisées, d'après un cadre connu à l'avance : c'est ce qu'on appelait particulièrement un *conduct,* chant d'accompagnement, pour conduire un

(1) P. Scudo, *L'année musicale*, 1860, p. 90-91 et suiv.
(2 H. Taine, *Philosophie de l'art, passim.*

des personnages se trouvant à l'autel. Ces chants, compliqués au gré de l'exécutant, plus ou moins en rapport avec le caractère du morceau principal, étaient des agréments de style contrepointiste. Ce n'était pas encore de la musique, c'était de « la dialectique de sons », suivant l'expression de Scudo, à propos d'une messe de Josquin Desprez et d'un *Ave Maria* de Nicolas Gumbert. On comprend pourquoi Rabelais parle de musique à propos d'arts libéraux comme l'arithmétique et la géométrie, c'est qu'à l'exemple de celles-ci, la musique était assujettie à des formules étroites, précises, mathématiques en quelque sorte.

Il n'est pas inutile de compléter ici par de courtes notices la rapide et sèche énumération des joyeux musiciens chantant le chœur dont parle Rabelais, dans le nouveau prologue du chapitre IV, et de les distinguer autant que cela est possible, d'après leur pays d'origine. Ce mode de classement, il faut d'ailleurs le reconnaître, est tout arbitraire, car tel musicien, originaire d'Allemagne, de Styrie, du Hainaut, s'établit en pays étranger, s'y crée une situation, ouvre une école et s'y fait naturaliser de fait par l'autorité de son art ; il donne à ses compositions la marque du pays où il est né et du tempérament que ses parents et son milieu d'origine lui ont fait contracter, mais, à moins d'une individualité puissante et résistante, il finit par subir aussi l'influence du milieu nouveau où il enseigne, et par s'accommoder, dans une certaine mesure, au goût de ceux qu'il est chargé de former et d'éclairer.

Pour cette raison, il est difficile de classer exactement, dans des compartiments bien séparés, tous ces chanteurs que Rabelais a vus réunis, en un jardin secret, chantant mélodieusement des vers de cette façon

> Grand Thibault se voulant coucher
> Avecques sa femme nouvelle, etc., etc.

Les paroles de cette chanson n'ont rien de bien orthodoxe ; il y a quelque impertinence à les mettre dans la bouche de musiciens qui, pour la plupart, furent maîtres de chapelle et dont la réputation se fit surtout par leurs compositions en style d'Église. La plaisanterie, très gauloise, de Rabelais, paraîtra beaucoup moins déplacée, si l'on veut bien se rappeler qu'au xiv° et au xv° siècles, on accorda bien souvent des canonicats à des compositeurs pour des œuvres qui n'avaient rien de canonique. On écrivait de la musique de plain-chant et l'on faisait chanter, dans les cérémonies religieuses, sur des textes extrêmement profanes, on pourrait même dire parfois plus que légers. On cite, d'un maître du xii° siècle, illustre inconnu, Perrotinus, directeur de la maîtrise à Notre-Dame de Paris, un déchant curieusement travaillé, mais qui devait être d'un bel effet cacophonique, étant à trois parties, l'une pour chanter antienne, l'autre pour accompagner une chanson, la troisième pour soutenir des vocalises sans texte suivi. Au milieu du xv° siècle, on mettait en musique, à trois et quatre voix, des odes d'Horace, et l'on entonnait très bien des motifs religieux sur des airs populaires. Certaines messes étaient connues par des titres qui n'avaient que des rapports fort éloignés avec la cérémonie que l'on célébrait :

par exemple, Pierre La Rue, compositeur français, écrivant ses messes « Comme danse de réconfort » « l'amour de moy », « Tous les regrets » ; ou encore, Benoît Dux, Flamand, en écrivant une sous des paroles qui, en français, veulent dire : « Mon petit cœur désire toujours » ; ou Josquin, Flamand-français, donnant aux siennes des titres comme ceux-ci : « l'Ami Baudichon », « Malheur me bat » et quelques autres aussi bizarres, qui rappelaient des airs connus, dont le motif musical avait servi de thème à développer par les voix ou les instruments, pendant les offices. Ces licences étaient permises, et le goût public ne s'en offusquait pas plus que la piété des fidèles. A la rigueur, on comprend l'épithète de « joyeulx » appliquée par Rabelais à des auteurs qui, par profession et par goût, la plupart, travaillaient pour l'Eglise.

Entre ceux-ci, se rattachent, par leur naissance et leur première discipline musicale, plus particulièrement à l'école flamande :

Egide Benchois, qui vécut de 1425 à 1452 ; originaire du Hainaut, d'abord soldat, puis clerc, très avantageusement prébendé, ce qui lui permit de s'occuper de son art avec tout le recueillement désirable, de composer et de tenir école d'harmonie où se formèrent de remarquables élèves, comme Okeghem, Busnois, Caron et beaucoup d'autres dont il est question dans une chanson nécrologique ou « déploration », composée par le Français Guillaume Crétin en l'honneur d'Okeghem et mise en musique par Crespel.

Jean Obrecht (1430-1507), maître de chapelle à Notre-Dame d'Anvers, écrivit du même style de nombreuses messes et chansons. La maîtrise dont il avait la direction, était vantée comme une des meilleures d'Europe.

Jean Okeghem, ou Okenheim (1430-1512), fut maître de la chapelle royale sous Charles VII, Louis XI, Charles VIII, et jouit d'une très grande réputation.

Josquin Desprès (1450-1521), maître de chapelle du roi Louis XII, eut une renommée européenne par ses compositions et son enseignement. On le plaçait au-dessus de tous ses rivaux au point de vue des connaissances en harmonie et du charme des inspirations. On raconte qu'il mit volontiers son art au service de ses intérêts : il sollicitait en musique, ce qui ne valait rien avec des protecteurs comprenant mal ou pas du tout cette langue et ne voulant pas saisir des allusions plus ou moins discrètes. Ce ne fut, paraît-il, qu'après plusieurs motets de ce genre qu'il obtint un canonicat du roi Louis XII. « Ce prince, assurément, n'aimait pas la musique », mais, un jour, enfin il se rendit, et le maître de chapelle, heureux, employa, pour remercier, le même moyen qui lui avait servi pour solliciter et obtenir : il composa un air sur ce texte : « *Bonitatem fecisti cum servo tuo, Domine* » (Vous avez été généreux avec votre esclave, Seigneur !) Un écrivain, ami d'Erasme et de Juste-Lipse, qui fut lui-même musicien, Glaréan Lorit, lui adressait un éloge qui n'avait rien de banal en le comparant à Virgile dont il avait, disait-il, la grâce et la facilité. On lui doit un grand nombre de messes, de motets, de chansons, à trois, quatre et cinq voix. Son style, où il y a plus de mérite comme mouvement des parties que comme inspiration, s'était amélioré au contact des maîtres italiens qu'il pratiqua, à Rome, et, à son tour, Josquin fit profiter de ses études les maîtres français, lorsqu'il eut passé de la chapelle pontificale à la chapelle du roi Louis XII. Il devint chef d'école et forma de brillants élèves.

Alexander Agricola (1466-1526) fut maître de chapelle de Philippe-le-Beau et, plus tard, de Charles-Quint.

Benedictus ou Benoît Dux ou Ducis (1480-1542) était disciple de Josquin Desprez.

Verdelot, d'origine belge, exerça son art à Florence.

Adrien Willaërt (1490-1562), également originaire de Belgique, fonda en Italie, à Venise, une école qui jouit de la plus grande réputation; il a laissé de nombreuses productions, très remarquables pour la plupart. Son enseignement était très suivi; il a fait des élèves qui ont contribué à la réputation de son école.

Quelques autres maîtres, comme Agricola Alexander (1466-1526), maître de chapelle de Philippe-le-Beau et, plus tard, de Charles-Quint, Jacques Arcadelt (1500-1560), s'acquirent une grande réputation dans leur pays d'origine, les Pays-Bas, et à l'étranger. Ce furent des harmonistes et des mélodistes, ne dédaignant pas de composer de la musique profane, sans craindre de nuire à leur caractère quasi sacerdotal, à l'exemple, d'ailleurs, de la plupart des contrapontistes de ce temps. Jacques Vaët (1500-1568), d'origine belge, a été attaché à la chapelle impériale.

L'École française dans le sens large ne comprend

pas seulement des compositeurs d'origine autochtone, élevés en France et y étant restés, mais encore ceux qui, venant de l'étranger, se sont acclimatés et naturalisés sur notre sol, au contact de nos mœurs, de nos tendances, de nos goûts, et ceux qui, nés en France, s'inspirant de notre génie national, ont porté à l'étranger, ont produit dans leurs écoles, des airs profanes, de la symphonie, des motets, des cantiques, qui se réclament de notre enseignement. A ce titre, ne vaudrait-il pas mieux compter parmi les Français d'adoption, Jean Ockeghem, malgré son origine flamande ? Il fut l'élève de Binchois, lui-même maître de chapelle du duc de Bourgogne, compositeur de chansons françaises ; il dirigea la chapelle royale de Charles VII, Louis XI et Charles VIII, enfin il créa une école dont l'élève le plus renommé a été considéré longtemps comme un des chefs ou précurseurs de l'École française, Antoine Bromel. Ce serait bien réduire la liste des compositeurs nationaux, si l'on n'y voulait pas comprendre les maîtres qui se fixaient à l'étranger, avec un titre officiel auprès de quelque souverain, ou en qualité de professeurs libres. Les musiciens ont, en général, l'esprit d'indépendance et la passion des voyages : ceux-ci allaient partout où ils espéraient trouver de la gloire et des avantages pécuniaires. En France, nos propres compositeurs n'étaient pas toujours les plus favorisés ni les mieux en Cour ; ils se voyaient supplantés souvent par des confrères venus des Flandres ou d'Italie ; alors à titre de revanche, ils sollicitaient et obtenaient des emplois rémunérateurs auprès de quelque souverain d'Italie ou d'Allemagne. Si le Français Jean Mouton (1475-1522), par exemple,

(qui fut le maître du célèbre Adrien Willaërt et
maître pas trop indigne, quoique son disciple l'ait
laissé bien loin derrière lui), succéda au chapelain
flamand Ockeghem comme directeur de la chapelle
des rois Louis XII et François Ier, le Flamand Josquin Després, né à Condé, appartint successivement
à la chapelle de Sixte IV, de Louis XII et de Maximilien Ier; le Français Pierre La Rue (1477-1515),
fit partie de la chapelle de Philippe-le-Beau et de
Marguerite d'Autriche; le Français Créquillon, de
la chapelle de Charles-Quint; le Français Claude
Goudimel (1510-1572) s'établissait à Rome et y
fondait une école renommée, d'où sortaient d'illustres disciples comme Palestrina et Animuccia, tous
deux maîtres de chapelle du Vatican. Le Français
Claudin de Sermisy (1515-1568) fut attaché à la
chapelle de François Ier; il dirigea comme premier
chantre celle de Henri II, à la même époque où le
Français Roussel, italianisé sous le nom de Francesco Rossello (1538-1572) (1) y avait la qualité de
de second maître chapelain, un peu avant que
la basse-contre, Félix de Warmont, n'y chantât
et fît jouer ses compositions. Ce dernier dirigea
aussi la chapelle royale sous Henri II, François II,
Charles IX. Des étrangers comme Jean Ockenheim,
nommé par Louis XII trésorier de Saint-Martin-de-Tours, Pierre de Mancicourt, premier chantre de
l'église de Tours, Nicolas Gumbert, jouissaient en
France d'une grande réputation. D'autre part, nos
contrapontistes étaient estimés en Italie et en Alle-

(1) Dans les notes de son édition de Rabelais, le bibliophile Jacob donne la
nationalité italienne à Rousseau; l'auteur de l'*Histoire de la Musique*, M.
Félix Clément, le classe parmi les maîtres français.

magne. Avec son impartialité ordinaire, sans s'attacher aux nationalités et aux écoles, Rabelais a énuméré tous les musiciens qui, soit par leurs compositions religieuses, soit par leurs chansons mondaines, étaient célèbres de son temps. Il les place tous sur la même ligne : Clément Jannequin, auquel on doit notamment une composition, restée longtemps populaire, sur la défaite des Suisses à la bataille de Marignan ; Claude Goudimel, qu'il avait pu connaître personnellement à Rome et qu'il avait des raisons de fréquenter, car ce maître mit en musique les psaumes traduits par Marot et des odes d'Horace, et il savait autre chose que son art, c'était un esprit ouvert et il passait pour cultivé ; Certon, peu connu si ce n'est comme maître des enfants de chœur de la Sainte-Chapelle ; Auxerre, Villiers, Sandrin, tous trois en vogue sous Henri II ; Moralès, chapelain et compositeur, célèbre en Italie, en Espagne, en France ; Antoine Dumoulin, valet de chambre, comme Marot, de la reine de Navarre, poète, parolier ; Lupi, Maillard, Festi, Berchem, Heurteur, Verdelot. Il les cite tous, pour peu qu'ils aient marqué de son temps (1) ; il les classe parmi les « joyeulx musiciens » de son chœur improvisé, chantant « en ung jardin secret, « soubz belle feuillade, autour d'un rempart de « flaccons, jambons, pastez et diverses cailles « coiphées mignonnement. »

S'il n'a pas mieux distingué entre tous ces compositeurs et chantres, confondant des lettrés comme Claude Goudimel (dont la fin devait être si drama-

(1) Il manque à cette liste pourtant assez longue le nom d'un des plus célèbres compositeurs, Orlando Lasso ou Roland de Lassus (1520-1594) qui fut en très grande vogue dans toute l'Europe.

tique, puisque sa musique sacrée lui valut d'être victime de la Saint-Barthélemy) avec des compositeurs de romances et madrigaux sans valeur ni originalité, comme il y en eut tant à la cour des Valois, c'est qu'à l'époque où il écrivait le prologue de son livre IV, le goût public se détournait peu à peu vers des œuvres peu sérieuses. La musique de plain-chant n'était plus aussi en faveur à la Cour. François Ier dépensait trois fois plus pour sa musique profane que pour sa chapelle, estimant sans doute qu'il était, sinon plus utile, du moins plus agréable, de protéger les musiciens qui rehaussaient l'éclat des grandes fêtes de Fontainebleau, Amboise et Paris, au Champ du drap d'or, de ses bals, tournois, festins, mascarades, plutôt que les austères mainteneurs du plain-chant grégorien, des savants compositeurs de messes, motets, psaumes. C'est ce qui explique que beaucoup de compositeurs de musique sacrée, peu payés en cette qualité, aient sacrifié aux muses frivoles, et qu'ils aient mis en musique successivement le *Stabat Mater*, le *Liber generationis Christi*, beaucoup d'autres cantiques très orthodoxes, en même temps qu'une foule de rondes, chansons à paroles fort libres, dont « s'esbattoyent les dames en chambre » et que chantaient musicalement à quatre et cinq parties les compagnons de Gargantua, dans le premier livre de Rabelais. A cette époque, comme de nos jours, la musique de chambre ou d'église n'enrichissait pas les auteurs et ne donnait pas autant de gloire qu'un madrigal bien tourné, une langoureuse canzone. Cela était vrai surtout pour la France et sous le règne de François Ier. Plusieurs autres souverains, Charles-Quint entre autres, entretenaient sur plusieurs points de leur royaume ou principauté des écoles de musique et de chant. Le père de la Renaissance en France aimait mieux pensionner richement des savants comme Lascaris ou des artistes comme le Rosso, que des contrapontistes, des organistes, des chanteurs ou des joueurs de théorbe, lorsque ceux-ci ne servaient pas à ses plaisirs et ne contribuaient qu'à la pompe des offices religieux ; il était plus disposé à gratifier d'une prébende ou d'une chapellenie l'auteur d'une gaillarde ou d'une pavane que l'auteur d'une messe.

La musique de danse eut d'autant plus de vogue que, sous les Valois d'Angoulême, les dames disposèrent d'une plus grande influence à la cour, qu'il fallut les amuser et, pour cela, inventer des divertissements nouveaux, « faire la plus grande chière « dont on se pouvoyt adviser », — jouer, chanter, danser, banqueter.

Les réceptions solennelles à la Cour donnaient lieu à des fêtes fastueuses. Le budget de la maison royale dépassait 1,500,000 livres, et, sur cette somme, le roi François Ier s'attribuait 30,000 livres pour ses menus plaisirs. La chapelle de musique mondaine revenait à près de dix mille livres.

La chapelle de musique religieuse coûtaient environ 2,500 livres ; c'était la moindre des dépenses de la Cour. Le plus habile contrapontiste, rapportant d'Italie ou des Flandres la plus belle messe, aurait été moins sûr d'être bien accueilli que le maître de ballet, gentilhomme ou bourgeois, faisant preuve de savoir faire en matière de danse et proposant une amélioration à une danse française, espagnole, italienne, allemande.

CHAPITRE XII

Rabelais reconnaît que la danse n'est pas un divertissement inutile, à la condition qu'il en soit usé avec discrétion, car il nous dit qu'elle est particulièrement en honneur dans certaines universités. Son héros, Gargantua, compte cet exercice dans l'emploi de sa journée : il danse, par hygiène ou pour son plaisir, au même titre qu'il chante, joue de plusieurs instruments, se promène et chasse. Ainsi Pantagruel, visitant les Universités de France, apprend fort bien à danser, lorsqu'il entre en relation avec les écoliers de Toulouse, habiles en cet art comme au jeu des armes ; à Orléans, il en vient à négliger l'étude des lois pour la danse et la paume, il mérite, nous l'avons vu, de passer « coquillon », diplôme de sciences libres accordé par les étudiants amateurs de raquette, d'entrechats et de *basse dance*.

Faut-il déduire de ce détail de mœurs que les danses excentriques, folles, indécentes, n'étaient point pratiquées à Toulouse et Orléans, que la jeunesse du xvie siècle ne se livrait point aux fougueux ébats que d'austères moralistes de notre temps censurent amèrement et qu'ils voudraient proscrire dans l'intérêt de la morale des rues? Il est question, dans le quatrain cité par Rabelais à propos du brevet de « coquillon », de la *basse dance*, c'est-à-dire d'une sorte de danse qui n'admet ni les grands entrechats, ni les contorsions, ni les gestes violents, ni les sauts de bateleurs. Ce serait beaucoup s'avancer que d'affirmer, d'après cette seule autorité, que les jeunes gens de nos écoles étaient irréprochables d'allures et que leur danse n'était pas pour offusquer des yeux pudibonds. On sait assez, par Rabelais lui-même qui nous a raconté les farces de Panurge et montré Pantagruel flirtant à sa manière (la plaisanterie est du plus gros sel), que l'on ne se piquait pas d'une correction parfaite à l'égard des femmes, à la danse ou ailleurs. Il est du reste probable que la « basse dance », usitée dans les bals universitaires, était d'un mouvement plus accéléré qu'à la Cour, où elle était régulière, noble et compassée. Le nom n'y faisait rien, pas plus que pour une autre danse, la *gaillarde*, qui était régulière aussi, comme un ballet à figures réglées, à mouvements cadencés suivant le rythme de l'air marqué par les instruments. Au contraire, on appelait *dance par haut* celle qui consistait en des gestes, en sauts, culbutes. Au livre V, Rabelais, pour nous donner l'idée du jeu d'échecs, dont les diverses pièces composent une Cour, a ingénieusement décrit un bal joyeux en forme de tournoi ; les danseurs, qui sont des courtisans et des officiers du palais, sont rangés en deux camps, chacun sous la conduite de sa reine, groupés autour du roi, et le carrousel est égayé par des musiciens « avecques « instruments tous divers de joyeuse invention, en- « semble moult concordants et mélodieux à mer- « veille, varians en tons, en temps et mesure, comme « requereyt le progrès du bal. » Grâce à cette fantaisiste description, nous pouvons reconstituer une de ces danses en faveur au XVI° siècle, une gaillarde ou un tourdion quelconque, d'un mouvement harmonieux et varié, « attendu la numereuse diversité « de pas, de desmarches, de saultz, sursaultz, re-

« cours, fuites... » suivant que le son « competoyt
« aux desmarches ou retraictes. »

La « basse dance » et « la gaillarde » no tardèrent pas à devenir plus légères, et la gravité du tournoi dansant de Rabelais se perdit pour faire place à la familiarité la plus grande, disons le mot à des libertés coupables. La mode s'introduisit d'embrasser la danseuse à certaines figures de la danse ; on usa et même on abusa de la permission de « baisotter », suivant le mot d'un pédagogue contemporain qui blâme fort l'exercice de la danse, depuis que de telles licences sont octroyées, sous l'œil, vigilant autrefois, mais complice aujourd'hui, des mères de famille.

Un auteur qui a sérieusement disserté sur les danses, Jehan Tabourot, semble dire que, de son temps, on dansait surtout, à la Cour, pour se recevoir, festoyer « et faire recueil joyeux aux seigneurs estrangiers », et, dans le monde bourgeois, « aux jours de la célébration des nopces. »

Il est plus vrai de dire que toute occasion fut bonne pour danser, depuis que les danses servirent de prétexte aux plus galantes rencontres. François Ier, qui professait des idées très larges en fait de morale, n'était pas un roi à la façon de Louis XII, son prédécesseur ; il considérait, dit Brantôme, que « toute la décoration d'une Cour était des dames, il « l'en voulut peupler plus de la coutume ancienne » ; il appela au Louvre ses gentilshommes, leurs femmes, leurs maîtresses, il eut soin qu'ils ne manquassent ni des unes ni des autres et, pour plus de sûreté à cet égard, afin de pourvoir à tous les besoins ou caprices, il entretint « une troupe qui s'appelait la petite bande des « dames de sa cour, des plus belles, gentilles » et dont la dame régente touchait à un moment (mai 1540) la somme de 45 livres tournois, soit « 20 écus d'or sol à 45 sols pièce. » (1).

La Cour ne devint pas une école de bonnes mœurs ; elle se modela sur son roi, et l'exemple gagna dans la bourgeoisie. On chantait les psaumes de Marot mis en musique par Goudimel, mais, sur le chapitre de la danse, des banquets, des festins, on prenait de plus en plus des libertés avec la décence. Aussi Vivès, dans son *Traité de l'éducation des filles chrétiennes*, dit-il que la danse est le comble de tous les vices depuis que la mode s'est introduite de s'embrasser à tout propos et de faire des sauts extravagants, la danseuse soutenue par son cavalier. Mais on laissait les pédagogues morigéner, on banquetait et l'on dansait ferme, d'après le vieil adage « après la panse vient la danse. » Les joyeux compagnons de Gargantua, une fois par mois, se permettaient « la plus grande chiere dont ilz se pouvoyent advi« ser. » Etant donné les habitudes du temps, on peut dire qu'ils étaient à un régime diététique. Les autres écoliers ne se contentaient pas de faire la fête une fois par mois, et leurs plaisirs étaient moins innocents. « A quoy passez-vous le temps, vous « aultres messieurs étudiants audict Paris ? de« mande Pantagruel à un « Limosin. » Et celui-ci répond pour ses camarades : ils traversent la Seine le matin et le soir, courent les rues et carrefours, et, en vrais amoureux, captent la bienveillance de « l'omnijuge, omniforme et omnigène sexe fémi-

(1) V. Barthélemy Hauriau, *François Ier et sa Cour.*

nin » ; certains jours, ils visitent les lupanars de Champgaillard, Matcon, Cul de Sac, Bourbon, Hussieu et présentent leurs hommages (le texte est plus franc, bravant l'honnêteté par son jargon latinisé) aux « meretricules amicabilissimes. » C'est à peu près la vie de Gargantua, « allant veoir les « garses d'entour, et petitz banquetz parmy, colla-« tions et arrière-collations, » avant qu'il n'eût été institué par Ponocratès en telle discipline qu'il ne perdait heure du jour.

L'écrivain qui a été cité plus haut, Jehan Tabourot, dans son livre l'*Orchésographie*, n'a pas décrit toutes les danses dont Rabelais donne une rapide énumération et qui dataient de l'époque grecque ; elles n'étaient plus usitées depuis longtemps, ou, du moins, elles ne portaient plus le même nom. Les damoiselles et princes de la cour de quinte-essence, « revoquans l'anticquité en usaige », jouaient ensemble aux « Cordace... Persicque... Pyrricque et mille autres dances. » Au XVIe siècle, chaque province avait ses danses particulières, et la Cour les adoptait ou les répudiait suivant le caprice du moment, donnant la vogue aux plus gracieuses, aux plus originales, naturalisant aussi les danses qui lui venaient de l'étranger et qu'elle accommodait vite au goût français.

A ces mouvements cadencés, réglés, il fallait un accompagnement d'instruments pour soutenir les pas, indiquer les rythmes, modifier les figures. Une illustration du livre de Jehan Tabourot donne un spécimen réduit de l'orchestre chargé de régler les diverses danses. Quatre musiciens le composent ; l'un joue du tambour, l'autre de la douçaine à sept trous, sorte de hautbois à pavillon très évasé ; un troisième, de la viole ou de la rubèbe à trois cordes et à échancrures ; le dernier tient à la fois un tambourin qu'il frappe de la main gauche pour marquer la mesure, et un galoubet à trois trous, qu'il soutient de la main droite et dont le pavillon s'appuie sur le rebord du tambourin.

Il paraît que Rabelais, sur ce point aussi, a voulu dire son mot. En effet, de même qu'il nous a fourni incidemment une liste assez complète des musiciens et chanteurs de son temps, qui passaient pour les plus remarquables, il se laisse aller à la fantaisie qui le porte à parler de tout, même à propos de rien, et il énumère quelques-uns des instruments les plus usités, dont s'esbaudissent les compagnons de Gargantua.

Le héros de son livre, à qui toute science doit devenir familière, « apprint jouer du luc, de l'espi-« nette, de la harpe, de la flutte d'alemant, et a neuf « trous, de la viole et de la sacqueboutte. » Instruments à vent, à cordes, à clavier, aucun n'effraie l'élève docile, dont les aptitudes musicales se révèlent robustes, comme l'appétit s'est montré colossal et l'intelligence prodigieuse. Gargantua est, en tout, plus grand que nature ; il nous est présenté comme une sorte d'homme-orchestre, précieux « quand l'aer « estoyt pluvieux », parce qu'il disposait de plusieurs talents pour tuer le temps ou le faire passer agréablement à ses amis. Il ne jouait pas de la lyre, parce que, à l'époque où écrivait Rabelais, cet instrument classique, dont les poètes professionnels sont censés jouer, avait été remplacé avantageusement par le luth à cordes simples ou doublées, le théorbo ou archiluth, la mandore, la mandoline, le cistro (1). « L'espinette », qui lui est familière comme le luth, a procédé du clavicorde ; de petite dimension d'abord, comme la virginale, elle a donné l'idée du clavecin, et, par conséquent, elle est l'ancêtre du piano ; c'était un instrument portatif, dans lequel les cordes simples étaient pincées par des pointes de plumes. La harpe ou psaltérion (suivant que l'instrument était appuyé sur la poitrine ou placé sur une table), la viole à trois cordes qui, grâce à des Français, devint plus tard le violon, convenaient moins à la taille de Gargantua que le monocorde, précurseur de la contrebasse, instrument de dimensions gigantesques, ayant du moins cet avantage d'être difficilement transportable. Gargantua et Pantagruel ne restent donc étrangers à aucune manifestation d'art, puisque l'un et l'autre sont musiciens. La plupart de ces instruments dont Rabelais attribue la connaissance à Gargantua, sont les plus en vogue pour accompagner des danses, donner des concerts, des sérénades, célébrer des fêtes profanes et religieuses. Les ménestrels en ont vulgarisé l'usage dans les châteaux, et les bateleurs sur les places publiques, ceux-là pour accompagner le chant de quelque ballade, lai ou sirvente, ceux-ci pour distraire le spectateur pendant leurs exercices et rehausser leurs exhibitions.

Ces instruments dont joue Gargantua avec ses compagnons « après grâces rendues », afin de pouvoir digérer intelligemment pendant une heure, ne sont entrés dans un orchestre que plus tard, et Ra-

---

(1) Un dessin allégorique du xiiie siècle, représentant les neuf muses, Appollon, les trois plus anciens musiciens, l'un théoricien Pithagore, les autres exécutants et compositeurs, Orphée et Arion, montre Erato jouant d'un instrument à six cordes qui rappelle par sa forme la lyre des anciens.

belais est un peu en avance, s'il les admet concertants. La « flutte d'alemant » n'est employée couramment qu'à la fin du xvii° siècle. La « sacqueboutte », c'est-à-dire le trombonne, n'a été acceptée dans les compositions lyriques qu'au xviii° siècle. Il paraît que la flûte traversière ou allemande figura, pour la première fois, en 1697, dans l'orchestre chargé de l'exécution d'*Issé*, opéra de Destouches, et que le trombonne eut sa partie d'abord dans un opéra de Gluck, *Iphigénie* (1).

Ces détails ont pour objet de faire ressortir que rien, même pour l'art du luthier, n'échappe à l'attention de Rabelais ; en se jouant, il nous fournit une indication précise qui intéresse l'histoire de la musique.

Tel Paul Véronèse, dans son grand tableau des *Noces de Cana*, commettait de très heureux anachronismes qui, pour nous aujourd'hui, constituent des documents utiles sur les mœurs, le costume, les instruments de musique, l'architecture, en usage au commencement de l'ère moderne. De telles fautes de détail n'arrêteraient point Rabelais qui se préoccupe avant tout d'instruire ; il nous parle de musique et de chant, parce que, à son avis, le pédagogue doit employer les deux pour égayer l'élève, le distraire de ses travaux, l'occuper sans fatigue, pour donner un dérivatif à l'imagination qui s'affole trop facilement, dès qu'elle a la bride sur le cou. Ceci est vrai pour les enfants et les grandes personnes : la folle du logis les

(1) Un tableau de Lucas Penni, peintre du xvi° siècle, indique la composition d'un orchestre idéal : Apollon et les neuf muses jouent du violon, de la viole, du luth, de la trompette, des cimbales, du triangle, de l'orgue, du tambour de basque, de la basse de viole.

domine également. Aussi ne doit-on jamais laisser l'âme inoccupée, surtout celle des écoliers et des jeunes femmes. C'est ce que dit expressément Erasme : l'esprit oisif, pouvant, selon lui, se laisser aller aux pires résolutions, l'étude est la meilleure arme contre l'oisiveté. Rabelais voit aussi un secours dans les récréations intelligentes. Il ne fait par là que continuer une antique tradition. On sait que la musique, au Moyen-Age, était rangée parmi les sept arts libéraux, dans le *quadrivium* (quadruple voie), avec l'arithmétique, la géométrie et l'astronomie. Gauthier de Metz la plaçait avant la médecine, parce que celle-ci ne s'adresse qu'aux corps, tandis que l'autre parle aux âmes :

> Ki de musike a la sciance
> Del' munde sait la concordance.

Rabelais a moins de prétentions pour elle : s'il conseille l'exercice du chant et la culture de la musique instrumentale, c'est dans un double intérêt pour la bonne hygiène du corps et de l'âme ; mais, lui, plus médecin que musicien, n'a pas à donner la prééminence à la musique sur la médecine, celle-là étant une partie de celle-ci qui l'emploie comme remède ou palliatif pour prévenir ou guérir certaines maladies qui dérivent du désœuvrement, de l'ennui, de la mélancolie. *Sanare ridendo !*

CHAPITRE XIII

En ce temps où, suivant un mot qui mérite de réussir, tout le monde se mêle de pédagogiser, on a beaucoup discouru sur ce que l'on appelle le *sens pédagogique.* On veut désigner par ce vocable la connaissance approfondie de l'état d'âme de l'enfant à élever, de ses tendances, de ses passions (car il a tout cela en germe), et, par voie de suite, de la discipline méthodique à laquelle il importe de soumettre ses facultés pour le diriger résolument dans la voie du bien.

Ce sens, ne l'a pas qui croit, ne l'acquiert pas qui veut. Beaucoup de nos pédagogues théoriciens, même parmi les plus éminents, n'ont abouti, en pratique, qu'à de médiocres résultats. Bossuet, par exemple, ne fut pas de tout point un précepteur modèle ; et, si le grand Dauphin laissa à désirer comme docilité et s'il n'eut pas « ce feu « d'esprit qu'on remarque dans quelques-uns », s'il ne fit pas preuve « d'une imagination bien vive », s'il ne réalisa pas, sous la direction de l'aigle de Meaux, toutes les espérances que sa naissance, illustre avait pu faire concevoir, il y eut, pour une forte part, de la faute du maître et de la méthode. Au moyen de procédés tout différents, Rousseau eût-il mieux réussi avec son *Emile ?* Il est permis d'en douter. L'élève n'aurait point donné certainement tout ce que l'on attendait. Quoique, de l'un à l'autre, et d'eux à nous, il se soit écoulé deux périodes d'un siècle chacune, quoique de nombreux essais aient été tentés, que les idées sur l'éducation se soient profondément modifiées et qu'un progrès sensible ait été réalisé, il est permis de dire que, là où des pédagogues tels que Bossuet, Fénelon, Locke, Condillac, Rousseau, Bain et d'autres n'ont pas pleinement réussi, beaucoup échoueront encore, comme échoueront toujours ceux qui ne se seront pas donné la peine d'étudier la psychologie, si délicate, si ténue, de l'enfant. Pourtant aujourd'hui on se pique de la connaître. Tout au moins, on s'en préoccupe, on s'intéresse à elle, et l'on s'en rapporte à quelques bons guides (1) dont l'esprit souple et fin a suivi attentivement, dont la plume experte a décrit, toutes les péripéties de l'évolution que subit un jeune cerveau, sous la double influence de la nature et de l'éducation.

Le médecin et le philosophe se croient également le droit d'intervenir en pareille matière, et tous deux ont raison, leur action devant s'exercer parallèlement, concourir vers le même but, dans un même effort, pour obtenir un plus appréciable résultat.

Ce que, de nos jours, on a fini par comprendre et ce que l'on essaie de réaliser, dans l'application de nos programmes d'instruction publique, Rabelais l'avait prévu et indiqué. Je l'ai déjà dit : j'en apporte une nouvelle preuve. Médecin et philosophe, lettré, homme de progrès, il possède le sens pédagogique ; il montre qu'il sait bien ce qu'il faut à son élève d'études et de plaisirs, et on ne peut lui reprocher que de lui en donner plus qu'il ne serait nécessaire à un enfant ordinaire. Mais son élève, qu'il s'agisse de Gargantua ou de Pantagruel, est un géant : la dose qu'on lui assigne, il n'y aura qu'à la réduire à la taille et à l'esprit d'un élève de facultés moyennes, à mettre les choses au point.

On a vu, au chapitre II, quelle importance prend, dans le programme des travaux journaliers, « l'art de la chevalerie », c'est-à-dire non seulement tout

---

(1) Je fais allusion aux travaux de M. Marion et surtout à l'ouvrage de M. Gabriel Compayré, l'*Evolution intellectuelle et morale de l'enfant*.

ce qui a rapport aux exercices qui préparent à la vie militaire et entraînent, exaltent le corps et l'âme en vue des opérations belliqueuses, mais encore tous les jeux actifs auxquels on se livre en plein air, la chasse, la gymnastique, l'équitation, l'escrime, le tout terminé par le massage et l'hydrothérapie.

Dans les modernes établissements d'instruction secondaire, nous avons essayé de restaurer à la fois les exercices du corps qui sont utiles et les jeux qui amusent. A cette occasion, bien des gens se sont imaginé que nous étions redevables à l'Angleterre de cette amélioration dans notre régime scolaire. On a fait honneur à nos voisins de l'institution des sports athlétiques et de l'idée d'une Ligue de l'éducation physique : c'est en Angleterre que les promoteurs de cette restauration en auraient pris le modèle. En réalité, bien des jeux soi-disant importés d'au-delà la Manche, sont d'origine française. Nous nous sommes bornés à reprendre notre bien là où il était, transplanté et dénaturé, accommodé aux mœurs britanniques.

Quant à ce retour vers l'éducation physique, nous pouvions en emprunter l'idée à Rabelais qui l'a développée avec complaisance et en a montré toutes les applications. Nous l'aurions trouvée aussi dans Montaigne qui est, également, d'avis que l'on endurcisse l'élève « à la sueur et au froid, au vent, au so-
« leil, et aux hasards qu'il luy fault mespriser ; os-

« tez-luy (dit-il) toute noblesse et délicatesse au ves-
« tir et coucher, au manger et au boire ; accoutu-
« mez-le à tout ; que ce ne soyt pas un beau garson
« et dameret, mais un garson vert et vigoureux. »

L'un et l'autre écrivains, témoins attentifs de leurs

contemporains, auraient pu témoigner que les exercices physiques étaient en honneur, mais encore plus parmi les adultes des villes, bourgs et villages, que parmi les enfants dans les collèges, « vrayes geaules de jeunesse captive. »

L'art de la chevalerie n'était pas le seul apanage de la noblesse : la bourgeoisie s'y exerçait aussi. Des compagnies d'arbalétriers, archers, arquebusiers, — que nous avons continuées avec nos sociétés de tir, — des Académies de jeu de paume, de mail, existaient dans beaucoup de villes. La lutte, la course, le cheval fondu, le saut en hauteur et largeur, le colin-maillard, les barres, la balle, etc., étaient pratiqués également par les jeunes gens, par les hommes mûrs, de la noblesse et de la bourgeoisie.

Les anciens féodaux avaient fait de tous ces jeux leur principale occupation, au moins de ceux qui leur rappelaient le plus la chasse et la guerre, et, en outre, ils savaient du chant, un peu de musique, quelques danses.

Au XVIe siècle, on s'y livrait avec passion, jusqu'à se rendre malade. Philippe-le-Beau gagna une pleurésie à la suite d'une partie de paume par trop prolongée ; il en mourut. Lors des fêtes de Châtellerault, en 1541, pour les fiançailles de Jeanne d'Albret avec le duc de Clèves, comme on préparait le château en vue de la réception qui devait être digne du roi qui les offrait et de la France qui en soldait la dépense, la Cour se retira à la Berlandière, maison de plaisance située dans le voisinage, et l'on passa tout le temps à danser, joûter, courir la bague, s'escrimer de la dague et de l'épée. Au Camp du Drap-d'Or, il y eut plusieurs tournois importants et de belles luttes à main plate entre les champions de France et ceux d'Angleterre : ces derniers triomphèrent, nos meilleurs champions n'ayant pu arriver à temps. Sans doute pour compléter la victoire de sa nation, et croyant à un facile succès, Henri VIII, qui était gros et fort, provoqua François I*', et, sans lui donner le loisir de se reconnaître, il le colleta vigoureusement, essayant de le renverser. Le roi de France, plus souple et plus vif, lui fit toucher la terre des deux épaules. Tous deux étaient d'habiles lutteurs, au courant des finesses de ce sport que l'on trouverait aujourd'hui peu digne de grands souverains : ils avaient, suivant le mot de Rabelais, « pour gualentir les nerfs », pour fortifier leurs muscles, accompli tout le cycle des exercices familiers à Gargantua. Henri II, fils de François I*', était aussi déterminé joueur de paume, de ballon, qu'adroit chasseur et vigoureux joûteur ; il patinait, nageait, sautait, montait à cheval, faisait des armes, le tout à la perfection.

Donc Rabelais, nous racontant les prouesses de son héros à pied et à cheval, sur terre, dans l'eau, dans l'air, n'inventait rien. C'étaient les exercices familiers des seigneurs, les Bonnivet et autres, qui rivalisaient entr'eux de force, d'adresse, d'endurance, de légèreté et d'audace. Souvent, ils ne s'en tenaient pas à ces jeux, pénibles et périlleux, et, pour employer un surcroît d'énergie, satisfaire un besoin fébrile d'action brutale, ils se permettaient des distractions que Panurge n'eût pas désavouées pour l'invention et qu'il eût accomplies, s'il n'eût été aussi poltron qu'on nous le représente sur le tard. On ne se livrait pas que des batailles pour rire, avec des boules de neige, derrière des bastions improvisés. Le guet faisait souvent les frais d'autres expéditions. On rossait des bourgeois, des laquais, des écoliers. Dans une de ces rencontres à main armée, le sire de Castelnau fut tué, en voulant protéger le duc d'Orléans, fils du roi, que les assaillants menaçaient.

Les bourgeois suivaient de loin ce bel exemple ; ils pratiquaient les exercices d'adresse. Le mail se jouait sur un terrain plat avec des boules de bois que l'on poussait vigoureusement, vers un but fixe, au moyen de maillets : il fallait toutefois que la boule lancée eût préalablement touché barre à des bornes immobiles. Les Anglais l'ont ingénieusement transformé : ils en ont fait le crocket. La longue paume, qui se jouait en plein air, consistait d'abord à envoyer une balle ou pelote avec la « paume » de la main ; mais, lorsque les balles devinrent plus dures, il fallut employer des raquettes. Ce jeu obtint une telle vogue, il amusa tellement tout le monde, et les petites gens y montrèrent tant d'ardeur qu'il fut, un moment, question de l'aristocratiser, d'en réserver le monopole aux gentilshommes. La courte paume employait des balles lancées de très près : c'était un exercice dangereux, qui exigeait beaucoup de sang-froid et de coup d'œil. On jouait aussi aux quilles, au volant, à la soule ou soulette, à la balle avec diverses combinaisons. Les parties étaient intéressées. On stipulait de forts enjeux. Cette habitude de jouer pour de l'argent s'introduisit d'assez bonne heure, dès qu'une ordonnance du roi Charles V interdit les jeux de hasard. « On ne fera poinct de dez dans « tout le Royaulme, et ceulx qui seroyent en répu-

« tation d'y jouer et de fréquenter les tavernes et
« mauvais lieux seront infames (1). »

Tout ce que l'on peut dire, c'est qu'il y eut beaucoup de gens infâmes. Une telle prohibition dérangeait trop certaines habitudes, pour qu'on ne la violât pas. Les jeux d'adresse servirent à la tourner et à la rendre en partie inutile, puisque, ce que l'on voulait surtout éviter, le jeu d'argent, se pratiquait ouvertement (2).

Les modernes pédagogues, les médecins, tous ceux qui se sont occupés d'agonistique, avec l'ambition de produire « de laborieux citoyens et de bons soldats », pour « combattre l'inertie physique autant et « plus que la paresse intellectuelle (3) », ont posé en principe que les exercices de la gymnastique rationnelle avec agrès ne donnaient pas tous les résultats attendus, dilatation des poumons, développement des organes, rapidité des échanges entre vaisseaux sanguins, poussée plus généreuse du muscle cardiaque, s'ils n'étaient complétés par un peu de gaieté, de liberté, de soleil et d'air pur. Rabelais l'avait

---

(1) La plupart des rois de France renouvelèrent les dispositions de cette ordonnance et interdirent de tenir des académies et brelans.
Régnier a parlé du joueur
    « Qui dans le brelan se maintient bravement,
    « N'en desplaise aux arrests de notre Parlement. »
                   (Sat. XIV).
Le 13 juin 1614, le Parlement avait rendu un arrêt solennel dans le même sens que les Ordonnances et Déclarations royales.

(2) Les jeux de paume étaient devenus de véritables tripots. A Chartres, vers 1573, se trouvait un établissement de ce genre, très bien achalandé et qui avait été fondé par le père du poète Mathurin Régnier. C'est là, dans le *tripot Régnier*, qu'il composa ses premiers vers et qu'il vécut d'abord, — sans nul pensement, — se laissant aller doucement, — à la bonne loy naturelle.

(3) Le général Lewal, *l'agonistique, jeux actifs, exercices amusants.*

ainsi compris. Gargantua accomplit ses exercices en plein air. Lui et ses compagnons « se déportoyent « en Bracque (1) ou es prez, et jouoyent à la balle, à « la paulme, à la pile trigone, gualantement s'exer- « ceans le corps, comme ils avoyent les ames aupa- « ravant exercé. Tout leur jeu n'estoyt qu'en liber- « té. »

C'est là le côté vraiment original de la réforme tentée. Il s'agissait d'introduire dans le régime d'éducation le goût des exercices du corps, des jeux libres, et d'indiquer aux maîtres responsables de la santé physique et morale des enfants confiés à leur garde, que les écoliers ne devaient pas vivre claustrés, que, pour leur faire oublier les tristesses et les austérités de la *geôle*, de la *géhenne*, comme dit Montaigne, les reposer d'une « application trop indiscrette à l'estude des livres », d'une trop « temeraire avidité de science », il fallait les sortir, leur permettre des ébats, des jeux : une promenade en pleins champs, une cure d'air, les remettrait des accès de la « cholère, de l'humeur méluncholique d'un furieux maistre d'eschole. »

Ce que faisait Gargantua, lorsque, toute une journée, par un ciel « bien clair et serain », il s'en allait à Gentilly, ou à Boulogne, ou à Montrouge, ou au pont Charenton, ou à Vanves, ou à Saint-Cloud, déplacements extraordinaires qui s'accomplissaient sans préjudice des récréations journalières ; ce que faisaient les bourgeois, les commerçants, les industriels, allant, le dimanche, banqueter, jouer, s'ébattre au jeu de paume ou ailleurs, —

(1) Faubourg Saint-Marceau : on y avait installé un jeu de longue paume.

il s'agissait de l'admettre pour les écoliers enfermés, entre de tristes et sombres murailles, en tête-à-tête avec des livres et des « bestes » de régents. Or, c'était le difficile : le Moyen-Age, fortement battu en brèche, la scolastique, craquant de toutes parts, le régime monastique, maintenu par la sainte routine dans les établissements universitaires, se défendaient contre de telles innovations pédagogiques. On prétendait, au contraire, que l'élève devait être le moins possible abandonné à lui-même et soustrait à ses maîtres, que les retours au foyer de la famille étaient pernicieux et faisaient perdre en un jour tout le bénéfice d'une discipline de plusieurs mois.

Une telle éducation, contraignant des « âmes tendres et craintives », ne pouvait que produire de détestables effets. Aussi les esprits libres, comme Montaigne, ont-ils gardé un détestable souvenir de leur passage au collège, d'autant que les maîtres, quelques-uns « à la trongne effroyable », avaient une manière de discipliner les récalcitrants qui n'était pas pour plaire, fût-elle efficace, ce dont on pouvait douter. Leurs mains étaient armées de fouets ! Aussi, disait Montaigne auquel on revient toujours et qui ne parlait pas de cela par ouï-dire, car il avait passé par le collège de Guienne, à Bordeaux, « ar-
« rivez-y sur le poinct de leur office, vous n'oyez
« que cris, et d'enfants suppliciez et de maistres
« enyvrez de leur colère. »

C'étaient les procédés en usage depuis le haut Moyen-Age et empruntés à la discipline ecclésiastique : ils se sont maintenus jusqu'à nos jours. On ne comprenait pas l'éducation sans férule. Les verges, semblait-il, complétaient les explications du maître, et, au besoin, sans doute, y suppléaient ; elles développaient les intelligences, assouplissaient les volontés, mataient les caractères rebelles, amortissaient le jeu des passions naissantes, émoussaient l'*aiguillon de Vénus*, comme on disait à la fin du xviiie siècle : ceci était faux d'ailleurs, au moins pour quelques-uns des fustigés, s'il faut en croire les confidences de J.-J. Rousseau, rudement fouetté et content tout de même pour des raisons physiologiques qu'il développe.

Nul ne pouvait se flatter d'échapper à ce châtiment douloureux et humiliant : ni les fils de princes, ni les fils de rois, n'en étaient exempts. Des révolutions se firent qui ne touchèrent pas à cette coutume bien des fois séculaire. Avant la Révolution de 1789, qui proclama l'égalité des citoyens devant la loi, il existait une égalité, celle des élèves de toute condition devant l'exécuteur des basses-œuvres chargé de leur administrer *à tergo* les étrivières. Je me trompe : exceptionnellement et par honneur, dans certaines Cours, lorsqu'un fils de roi se permettait quelques incartades dignes de correction, c'était un fils de courtisan qui était puni ; celui-là était condamné, puis exécuté en effigie... sur le dos de son petit camarade. Comme le bourreau était, la plupart du temps, un employé subalterne du collège, valet ou concierge, on peut imaginer avec quelle conscience il s'acquittait généralement de son mandat sur les enfants de nobles, avec quelle joie il octroyait à ces futurs possesseurs de fiefs le nombre de coups réglementaire : c'était sa revanche pour le présent et l'avenir.

Guibert de Nogent, qui vivait au xe siècle, a raconté ce qu'il avait eu à souffrir de son professeur de grammaire. Son récit nous donne une idée exacte de ce qui se passait dans beaucoup de maisons seigneuriales. Ce maître était fort ignorant : son énergie suppléait à son défaut de science. Pour la moindre incorrection, il frappait son élève jusqu'à le meurtrir, avec des verges, avec le poing. L'enfant, supplicié, en piteux état, allait trouver sa mère. Celle-ci, dans sa simplicité, n'accusait pas le maître : elle n'en voulait qu'au rudiment, si dur à apprendre, si pénible à entrer, qu'il fallait, pour ouvrir l'esprit, cogner, à tour de bras, dans les œuvres vives, comme si c'était par là que la science pouvait accéder (1).

Pendant tout le Moyen-Age, les punitions corporelles furent en vigueur. Au xvie siècle, les écoliers dépendant de la Faculté des Arts gardèrent seuls un privilège dont ils se seraient probablement passés. Les écoliers des Facultés de théologie, de droit canon, de droit civil, de médecine, n'eurent plus à subir la peine du fouet, d'après le témoignage de Rebuffe (2). Au xviie siècle, on fouette encore. Le grand Dauphin, élève de Bossuet, recevait parfois de cruelles leçons, et la faiblesse, la lenteur de son esprit, ses défauts de caractère, lui valaient des corrections ailleurs que sur la face interne ou externe des mains ; celui que l'on considérait comme le futur roi de France était cinglé comme un fils de manant. Au xviiie siècle, on fouettait tou-

---

(1) Collection des Mémoires relatifs à l'Histoire de France, tome IX : Vie de Guibert de Nogent, l. I, c. 2.

(2) *De Scholasticorum privilegiis*, auctore Rebuffo, LXXI.

jours (1) : je ne crois pas que la Déclaration des droits de l'Homme ait définitivement supprimé, en droit ni en fait, dans l'ancienne Université, l'institution des peines corporelles.

Il paraît superflu de relever dans Rabelais qu'il ne l'admet pas comme procédé pédagogique : il lui répugne même d'en parler, il n'en admet pas l'existence. « Gargantua, depuis les troys jusques à cinq « ans, feut nourry et institué en toute discipline « *convenente*, par le commandement de son père, et « celluy temps passa comme lez petitz enfans du « pays, c'est assavoir, a boyre, manger et dormir : « a manger, dormir et boyre : a dormir, boyre et « manger. » Cette enfance est abandonnée aux jeux de toute sorte, à tous les caprices : il prend de la santé, il se fait le caractère heureux, il est tout à la joie qui est la santé de l'âme, il s'occupe, lui aussi, à faire rire, et ses amusements ravissent son entourage qui rit « comme ung tas de mousches. » Par la mansuétude avec laquelle Rabelais énumère les faits et gestes du jeune Gargantua, on peut juger de ce qu'il aurait été comme père, si la mort ne lui eût ravi son fils Théodule, « petit de corps, d'âge, de « traits, mais grand par son père..., qui se serait « approprié sa science et serait devenu grand à son « tour », suivant le mot de Jean de Boyssonné. Plus tard, Gargantua a pour maîtres Tubal Holopherne, puis le vieux tousseux Jobelin Bridé, ces deux représentants de la vieille école, et, malgré leur rou-

(1) Lors de l'érection, à Albi, de la statue de Lapérouse, on recueillit, paraît-il, à cet égard, un témoignage significatif, d'un ancien employé du collège où le célèbre navigateur avait été élevé. L'anecdote, pour si jolie qu'elle soit, est trop gauloise pour trouver ici sa place.

tine, malgré leur sottise, il peut échapper à la férule et aux verges. Pantagruel, tout jeune, commet des méfaits graves : on le lie avec quatre grosses chaînes de fer pour l'empêcher d'agir, mais on ne le bat pas, et l'on ne tarde pas à le délivrer de ses chaînes et du berceau qu'il traîne après lui et dans lequel un séjour prolongé l'exposerait, au dire des médecins, à avoir la gravelle. C'est que le bon Rabelais entend qu'on laisse les enfants s'épanouir en liberté jusqu'à ce qu'ils soient en âge d'apprendre les lettres ; la prime jeunesse ne doit point être contrainte, il faut la stimuler et non l'opprimer.

C'est par bonté qu'il en décide ainsi. Comme Montaigne, il trouve « qu'il n'est rien de si gentil « que lez petitz enfans de France » : il ne veut pas qu'on les fasse souffrir. Celui dont l'enfance a été heureuse, qui n'a pas été meurtri dans sa chair ni froissé dans son âme, voit la vie meilleure pour lui et les autres, il est disposé à plus de bienveillance, il suppose à ses semblables et conçoit lui-même des sentiments plus élevés. Que l'on ne dise pas que ce premier bonheur, dès le seuil de l'existence, cette quiétude, l'auront rendu égoïste ! Si, avec cela, il a été « institué en toute discipline convenente », il n'y a pas à craindre qu'il devienne inhumain. « Un « jeune homme, élevé dans une heureuse *simplicité*, « est porté par les premiers mouvements de la na-« ture vers les passions tendres et affectueuses.....; « un enfant qui n'est pas mal né et qui a conservé « jusqu'à vingt ans son *innocence*, est, à cet âge, le « plus généreux, le meilleur, le plus aimant et le plus « aimable de tous les hommes. » Au lieu de simplicité, mettez liberté; au lieu d'innocence, bienveillance : si l'affirmation de J.-J. Rousseau n'est pas irréfragable, elle paraît, en tout cas, conforme aux idées du « bon » Rabelais.

C'est par bonté, mais c'est aussi par calcul, qu'il faut laisser à l'enfant de libres allures, au risque de le voir se tromper, commettre des fautes ; il y aura tout bénéfice à redresser ses erreurs. *Amo in adolescente quid resecari possit.* L'enfant qui aura été trop régenté, trop contenu, court le risque de manquer plus tard d'initiative : impropre à l'action, il deviendra incapable de concevoir et exécuter de grandes choses ; il ne marchera que si on le pousse, il ne pensera que si on lui suggère, il tournera au paresseux, au timide, au résigné, il perdra sa personnalité ; au lieu d'être une unité pensante et active dans la collectivité dont il fait partie, il sera un zéro à gauche de toute individualité agissante et dominatrice ; il perdra la notion de la volonté et de la liberté. L'oiseau dont on coupe le bout des ailes n'est plus bon qu'à mettre en cage, dans son propre intérêt : c'est un animal quelconque, il marche, il rampe, tandis qu'il se sent fait pour voler et planer, il a la nostalgie de l'espace. De même, l'enfant que l'on a trop assujetti aux « chordes », risque fort de tromper les espérances que ses maîtres ont placées en lui : « homme faict, on n'y veoid aucune excellence. » La « discipline convenente », en pareil cas, serait de le soutenir sans qu'il s'en doutât, de l'amender sans le faire pleurer, de redresser sa nature sans la forcer. C'est la *discipline libérale* qu'a préconisée un pédagogue, M. Marion, celle qui s'exerce au moyen de la bonté, principal agent d'autorité morale, celle qui insinue peu à peu dans l'âme de l'enfant les règles de conduite à l'observation desquelles il devra de développer en lui « toute la perfection que sa nature comporte. » Cette bonté ne sera pas de la faiblesse : elle admettra la fermeté de direction, sans laquelle la discipline reste flottante. Le sens pédagogique indique justement la limite qu'il n'y a pas à dépasser, d'une part pour ne pas abandonner l'enfant à lui-même, d'autre part pour ne pas le retenir trop étroitement dans ses lisières, il faut qu'il sente une douce autorité, qu'il perçoive la volonté du maître, et qu'il fasse l'expérience de la sienne. Cette difficile éducation de la volonté doit être commencée de très bonne heure, c'est-à-dire à l'âge où l'élève, ayant encore les muscles souples, les moëlles et le cerveau malléables, peut recevoir des impressions salutaires, dont tout son être s'imprègne et qui, plus tard, comme des germes féconds, lèveront pour former un homme à l'esprit ouvert et positif, capable de penser, d'agir, un homme libre enfin, avec toutes les aptitudes, toutes les énergies qu'exige la tâche sociale.

Cette discipline libérale peut bien avoir parfois certains inconvénients : elle ne s'applique pas d'une façon absolue à tous les tempéraments, à tous les caractères. Un enfant qui, jusqu'à cinq ans, comme Gargantua, s'est vautré par les fanges, s'est mouché à ses manches, a « patrouillé » partout, mangé dans l'écuelle aux chiens, flirté avec ses gouvernantes (si l'on peut ainsi parler), trouvera féroce la discipline la plus débonnaire. Il faudra bien du tact « pour l'endoctriner selon sa capacité. » Un sage précepteur ne rompra pas tout de suite avec les mauvaises habitudes, « considérant que nature ne

« endure mutations soubdaines sans grande vio-
« lence. » Ainsi fait Ponocratès : encore se voit-il
obligé de brusquer la transition, et demande-t-il à un
médecin de « purger canoniquement avec elebore
« d'Anticyre, pour remettre Gargantua en meilleure
« voye. » Ce qui semblerait prouver que Rabelais,
s'il n'a pas voulu s'amuser un peu aux dépens
de ceux qui le lisent sérieusement, n'avait qu'une
confiance limitée dans les procédés ordinaires de la
pédagogie « pour nettoyer toute l'alteration et perverse habitude du cerveau » : d'ailleurs, une contradiction ne lui coûterait pas, on le sait.

Cependant, lorsqu'il nous représentait Gargantua
dans son enfance, jouissant de la liberté illimitée de
« boire, manger et dormir », lorsqu'il recommandait
implicitement la tolérance pour les énormes esca-
pades de sa prime jeunesse, lorsque, d'un sourire
complice, il les énumérait, il avait bien l'air de préconiser un procédé pédagogique, et c'est ainsi que
nous l'avions compris, avec d'autant plus de raison,
que Rabelais faisait l'application de ce qu'il avait vu
pratiquer pour lui-même, qu'il devait se souvenir
d'avoir été ainsi élevé dans son jeune âge, avant d'être
« institué en lettres », alors qu'il s'ébattait en toute
liberté.

Il paraît bien qu'il est né, comme on l'a dit, dans
une petite métairie que possédait son père non loin
de l'abbaye de Seuillé ; il y a passé quelques années
à peu près abandonné, à l'abri d'une discipline rigoureuse, mais non sans affection, jouant, au grand
air, « avec les petitz enfanz du pays », suivant les
processions de moines, chantant les airs sonnés par
les cloches du monastère voisin. De ce séjour, il a

gardé une empreinte ineffaçable, un souvenir profond. En effet, ses premiers livres décrivent complaisamment les localités où il a d'abord vécu, ce n'est que plus tard que ses personnages visitent des pays étrangers ; il s'est toujours intéressé aux choses de la campagne, plantes et animaux, même à l'époque où il s'occupait le plus de science livresque, puisqu'il envoyait en France « mille petites mirolifiques » et des graines de toute sorte, donnant des conseils sur leur culture. Enfin, il a été moine, il l'a été avec quelque fantaisie pour les choses essentielles et bien des privautés sur le dogme, mais, malgré toute son indépendance, il l'est resté toujours, moinant de moinerie, il en a gardé certain pli, comme si le fait de naître près du couvent de Seuillé l'eût prédestiné à mener, même en irrégulier et quoique très mêlé au siècle, une existence quelque peu monacale. Toute sa moinerie n'a pu altérer les premiers instincts, librement développés, et, comme, par la suite, il ne s'est pas jugé plus mauvais pour avoir joui d'une enfance heureuse, libre, même un peu buissonnière, il a érigé en principe la manière dont il avait été traité ; il a cru à la facilité d'évolution d'un élève livré à ses seuls instincts et à peine sorti de l'état de nature, à sa transformation en un disciple docile à la voix de la raison, lorsque c'est un Ponocratès, un homme bon, au sens droit, qui parle, certain que, quelles que soient les mauvaises habitudes prises, on le ramènera au bien ; il était tenté de croire à la facilité de cette évolution, par exemples, Budé, entre autres, qui, jusqu'à vingt-quatre ans, avait vécu comme un gentilhomme ignorant et dissipé, et qui, à cette période de sa vie, avait tout à coup renoncé à ses folies et s'était mis avec acharnement à la culture des sciences et des lettres. Comme Rousseau ou Bernardin de Saint-Pierre, il a été ainsi amené à prendre pour base primordiale de son système pédagogique le retour à la nature, en laissant l'enfant à ses penchants natifs qui ne sauraient être irrémédiablement mauvais, en le plaçant dans un milieu fait d'affection et de tranquillité, de caresses, de belle humeur, de franchise, de respect, où son imagination puisse librement se donner carrière sur un fond commun de choses saines entrevues autour de lui, où son esprit d'imitation s'exerce, comme spontanément, d'une manière irréfléchie, sans leçons dogmatiques, sous la seule influence d'images, d'impressions, d'impulsions, qui lui viennent de la vie ambiante et lui en montrent les scènes sous un jour favorable. Ainsi livré à lui-même, l'élève se révèle avec ses passions et ses aptitudes : les jeux auxquels il se complaît aident à cet examen, d'autant plus qu'il ne se sent pas surveillé, qu'il n'est pas contraint, que son plaisir lui procure une sorte d'ivresse d'où jaillissent les traits caractéristiques de l'âme. La méthode d'enseignement ressortira de ces manifestations : une « discipline convenante » sera instituée en conséquence, d'après les éléments qu'a dégagés l'étude psychologique et physiologique de l'enfant.

Rabelais raconte « comment Grandgousier congneut l'esprit merveilleux de Gargantua. » L'entendement qui se révèle est « agu, subtil, profond et serain », c'est le moment de mettre l'enfant hors des jupes de ses gouvernantes et de le confier « à quel-
« que homme sçavant, pour l'endoctriner selon sa

« capacité. » On remplace le « beau virolet fait des aeles d'ung moulin à vent » par le *Facet*, le *Theodolet*, et Gargantua, après s'être beaucoup amusé, s'applique à l'étude, y emploie tout son temps. A l'école de la nature est substitué l'enseignement suranné de la scolastique. On sait les résultats qu'il produit. N'est-ce pas un souvenir de l'enfance de Rabelais lui-même? Après une première enfance libre et sans souci, il dut entrer à l'école des moines de Seuillé. Peut-être, leur discipline ne plut-elle pas au nouvel élève ; peut-être ses parents l'abandonnèrent-ils un peu trop et ne surent-ils pas tempérer par leur affection le défaut de sens pédagogique des bons pères. Il est permis de penser que notre écrivain, en nous racontant les maladresses commises par Tubal Holopherne et Jobelin Bridé, ces deux pédagogues routiniers, n'a pas seulement fait le procès de la pédagogie du Moyen-Age : il semble qu'il ait donné cours à une vieille rancune contre les éducateurs qui lui ont appris les premiers rudiments. N'avait-il pas conservé aussi quelque amertume à l'égard des procédés employés par son père pour lui faire embrasser l'état monastique, malgré sa répugnance nettement manifestée? Ne la manifesta-t-il pas, lorsqu'il indiqua, plus tard, comment les clergaux étaient venus dans l'*Isle sonnante* ? Dans une contrée grande à merveille qu'on nomme *Jour sans pain*, et dans une autre, située vers le Ponent, appelée *Trop d'Otieux*, il y a des familles très nombreuses : pour ne pas amoindrir, dans leur succession, la part afférente aux enfants préférés, les parents se débarrassent en l'*Isle Bossard* de ceux qu'ils aiment moins. Tous leurs rejetons affligés d'une tare quelconque à l'âme ou au corps, les contrefaits et les criminels, les podagres, les maléficiés, les désespérés, tous les propres à rien, tous ceux-là, « poids inutile de la terre », entrent dans les ordres. On ne sait qu'en faire : on en fait des moines et des nonnes.

Et voilà la belle ambition qu'ont eue les parents de Rabelais ! Et voilà à quelle extrémité ils ont réduit leur héritier ! Implicitement, ce dernier ne leur adressa-t-il pas un reproche, lorsqu'il parle des mères qui ne peuvent souffrir leurs enfants auprès d'elles ? On l'a dit, et il faut croire qu'à diverses reprises et, notamment, lorsqu'il fut menacé d'être jeté dans un cul de basse-fosse pour avoir trop aimé le grec et l'hébreu, et pour avoir détenu des livres peu orthodoxes, lorsqu'il fut si vilainement poursuivi par le moine Putherbe (Puits-Herbault) et par les sorbonnagres, il maudit amèrement le jour où la volonté paternelle l'avait fait engager dans les liens du sacerdoce. « Je m'esbahys si les mères de par delà les
« portent neuf mois en leurs flancz, veu qu'en leurs
« maisons elles ne les peuvent porter ne patir neuf
« ans, non pas sept le plus souvent et leur mettans
« une chemise seullement sus la robe... les font oy-
« seaulx tels devenir que présentement les voyez. »
Rabelais, dans sa première enfance, n'aurait-il pas reçu de sa mère tous les soins qui, d'après le cardinal Sadolet, incombent spécialement à la mère et dont un enfant se ressent toute sa vie, « car de même
« que l'air est sain venant des lieux salubres de
« toutes parts, de même des mœurs, sous tous les
« rapports intègres et saintes, devra s'insinuer dans
« l'esprit de l'enfant le souffle d'une bonne disci-
« pline. »

On peut présumer que, pour cause de faiblesse physique ou d'incapacité, peut-être par suite d'impossibilité matérielle, l'hôtellerie de la Lamproie et le Clos de la Devinière devant absorber une grande partie de son temps, la mère de Rabelais ne s'occupa de lui que d'une manière incomplète ; autrement il aurait gardé, comme il aurait été juste, de cette première éducation qui doit être surtout maternelle, des impressions tout autres que celles manifestées plus tard sous forme d'appréciations fort peu bienveillantes à l'égard du sexe féminin.

Dans les histoires de Rabelais, la mère de Gargantua est insignifiante, en tant qu'éducatrice ; la mère de Pantagruel est supprimée brutalement, ce qui la dispense de ses devoirs et ce qui permet à notre auteur de ne plus parler d'elle, une fois que son oraison funèbre, si leste et si drôle, a été prononcée et que son épitaphe a été « engravée. » Il n'a pas été indulgent pour les femmes en général. Même en tant que mères, elles ne trouvent pas grâce devant lui, et s'il n'en médit pas expressément, il se rattrape en usant de réticence ou de prétérition. Gargamelle et Badebec sont des mères nulles : elles mettent au monde, et puis, c'est tout. Celle-ci meurt ; « elle est « bien heureuse, elle ne se soucie plus de nos mi- « sères et calamitez, autant nous en pend à l'œil ; « Dieu guard le demourant, il me fault penser d'en « trouver une aultre », dit Gargantua qui n'est pas de ces veufs désireux de passer pour inconsolables, ne fût-ce que par respect humain. Celle-là vit, malgré ses indigestions de tripes, mais il n'est presque plus question d'elle, elle disparaît, tant elle est passive. C'est le bonhomme Grandgousier qui commande les habillements du petit Gargantua, qui le fait instituer jusqu'à cinq ans, en toute discipline convenente, qui expérimente son esprit merveilleux, qui choisit ses couleurs et livrée, qui s'entretient de lui avec les gouvernantes. Gargantua lit à sa mère le *Compost*, « il lui prouvoit sur ses doigtz que « *de modis signi-« ficandi non erat scientia.* » Le rôle que fait jouer Rabelais à Gargamelle est si humble, si effacé, que l'on peut supposer à notre auteur l'intention formelle de se désintéresser de ce qui devait, au xvi° comme au xviii° siècle, constituer une question pédagogique, du rôle de la mère dans l'éducation. Il faut même dire qu'il conclut contre elle, implicitement sans doute, car il est moins franc que Montaigne, lequel écrivait : « Ne prenez jamais, et donnez encore « moins à vos femmes la charge de la nourriture de « vos enfants. » Tous les grands éducateurs de la Renaissance, depuis Jean Boucher jusqu'à Erasme et Vivès, en passant par Corneille Agrippa, Sadolet, ont reconnu l'utilité de l'allaitement maternel et de l'éducation première à donner par la mère. Il est vrai que Charron et Bodin émettaient des restrictions quant à l'étendue de ses droits, car, disaient-ils, elle est « sujette à son mari, elle ne peut avoir les « enfants en sa puissance » : c'était parler en bons disciples de Rabelais et Montaigne (1), mais c'était méconnaître le rôle public et social dévolu à la femme, c'était oublier une des leçons de la nature et négliger un des meilleurs enseignements de l'antiquité classique.

---

(1) *Essais*, I, 40 ; II, 8 ; III, 13.

CHAPITRE XIV

Nous venons de le voir, les idées théoriques de Rabelais en matière d'éducation physique ne sont pas sorties tout équipées du cerveau de l'original écrivain. Elles ont une triple source. D'une part, Rabelais a consulté ses propres souvenirs, il a pris exemple de ce qui se passait autour de lui pour les adultes adonnés aux exercices du corps. D'autre part, il a voulu revenir à la nature, laissant toute liberté à l'enfant, au risque de le voir vivre de très « vitieuse manière », sauf à le purger avec de l'ellébore ; il néglige la mère, éducatrice toute désignée cependant qu'il semble croire incapable, et s'en remet à des maîtres du soin d'instituer l'élève en « discipline convenente. » Enfin, il avait retrouvé certaines de ses idées en pays bien connu, dans cette antiquité classique que les savants du xv° et du xvi° siècle virent refleurir et à laquelle leurs travaux donnèrent un nouvel éclat, comme un parfum de jeunesse.

A cet égard, son savoir livresque le servit beaucoup ; à la suite des philosophes grecs, il se trouva naturellement amené à protester contre le système d'instruction et d'éducation en faveur dans les collèges et écoles du Moyen-Age.

Ainsi, il a recommandé d'entretenir l'équilibre du corps et de l'esprit par ce qu'en langage moderne on a appelé l'*alternance* des exercices, la rémission de l'activité cérébrale ; il a proclamé, sinon dans les mêmes termes, du moins avec la même netteté de dogme que nos pédagogues contemporains, « la né-

« cessité de respirer un air pur, d'avoir une nourri-
« ture saine et assez abondante, d'assurer la force
« intellectuelle par de bonnes conditions physi-
« ques (1) » ; il s'est complu à préconiser l'association de l'hygiène et de l'éducation, comme James Mill et Herbert Spencer ; à démontrer, avec des détails copieux et précis, les bienfaits du régime diététique, du régime végétarien (2), si invraisemblable que cette assertion paraisse, après le récit des goinfreries que l'on sait. Il s'exprimait sur tout cela, propreté du corps, toilette des vêtements, parfums, eau fraîche, grand air, exercice musculaire, comme un médecin hygiéniste, mais aussi comme un traducteur et un disciple convaincu des anciens. Il veut bien de la gymnastique, mais il se souvient que Galien la déclare périlleuse *(ad sanitatem gymnastica periculosa est)* et il associe à l'exercice artificiel (lisez la gymnastique rationnelle et classique), les jeux libres, comme le veut Herbert Spencer. Il établit que « pour la santé et les maladies, pour la vertu et
« les vices, rien n'importe plus que l'harmonie entre
« le corps et l'âme (3) », et il paraît se souvenir de Platon qui écrivait : « Il n'y a qu'un moyen de sa-
« lut, ne pas exercer l'âme sans le corps ni le corps
« sans l'âme, afin que, se *défendant* l'un contre l'autre,
« ils maintiennent l'équilibre et conservent la santé.
« Il faut prendre un soin égal de toutes les parties
« de soi-même, si l'on veut imiter l'harmonie de
« l'Univers. » Dans cette dernière phrase, je sou-

(1) Bain, *La science de l'éducation.*
(2) De *vegetus*, fort, vigoureux. Ne pas confondre le « végétarisme » avec le « végétalisme. »
(3) Le *Timée*, trad. de Victor Cousin, t. XII, p. 84.

ligne en passant une idée que j'ai déjà mise en vedette, en commentant la lettre de Gargantua (p. 54) : « Acquiers toy parfaicte congnoissance de l'aultre « monde qui est l'homme. » Pour le savant du Moyen-Age comme pour le philosophe grec, comme pour le rédacteur du *Zohar*, l'homme est un microcosme, l'image exacte mais réduite à l'infiniment petit de l'Univers infiniment grand. L'un et l'autre ne subsistent que par l'harmonie. « Rien n'est beau « sans harmonie », dit Platon ; or, ce qui est beau est bien. Pour atteindre cet idéal de beauté éternelle, de bien suprême, de vertu incorruptible, dont la recherche seule est utile à l'individu et à l'Etat, l'homme doit assurer le maintien intégral et l'équilibre harmonieux de ses facultés ; il se le doit à lui-même, car c'est le seul moyen « de donner quelque prix à cette vie », il le doit à l'Etat, car il est comptable envers lui, comme envers les Dieux, de ses idées et de ses actes. C'est l'éducation qui détermine, active le développement régulier de ces facultés de toute sorte dont les opérations doivent concourir finalement au bien de l'Etat ; d'où la conclusion que l'Etat peut et doit intervenir pour contrôler cette éducation, pour en confier le soin à des maîtres de son choix et pour la diriger dans le sens qu'il juge le plus utile, les enfants à élever appartenant moins à leurs parents qu'à la cité (1). L'Etat réglementera donc tous les exercices dont il attend une amélioration pour le corps et l'âme des citoyens : la musique, la danse, le chant, les jeux, la gymnastique, le maniement des armes, comme l'allaitement et les soins de la première enfance, « tout dans l'éducation doit

(1) Platon, *Lois*, VII.

« être disposé en vue des travaux qui l'attendent
« (l'enfant devenu adulte). Que ses jeux même soient
« comme des ébauches des exercices auxquels il se
« livrera dans un âge plus avancé (1). » Ainsi les philosophes formulaient des principes, que l'Etat transformait en arrêtés de police, sur les inconvénients et les avantages de la flûte ou de la lyre, du mode dorique ou phrygien, au triple point de vue du développement des facultés, des influences morales, du culte de la vertu : une corde de plus ou de moins à la lyre devenait une question d'Etat ; s'occuper de musique vocale ou instrumentale, c'était faire de la politique (2) ; danser de telle ou telle manière, c'était compromettre la Cité, violer une loi d'hygiène publique.

Aristote avait songé à l'alternance des exercices physiques et intellectuels : « Le jeu est surtout utile au milieu des travaux ; l'homme qui travaille a besoin de délassement, et le jeu n'a d'autre objet que de délasser... Le mouvement que le jeu procure détend l'esprit et le repose par le plaisir qu'il lui donne (3). »

Avec l'approbation expresse ou tacite des philosophes, l'Etat se trouva appelé à réglementer les jeux, car les uns étaient le simulacre de la guerre, les autres avaient pour but d'assouplir le corps et de le

---

(1) Aristote, *Politique*, IV, 15.

(2) V. Fustel de Coulanges, la *Cité antique*, p. 264-265, et les auteurs qu'il indique. A l'époque même de la prise d'Athènes, un décret des rois et des éphores, à Sparte, obligea Timothée à retrancher quatre cordes à sa lyre, et ce sous peine d'exil, motif pris de ce que l'instrument donnait des sons trop doux et qu'il ne convenait pas d'efféminer ainsi les jeunes Spartiates.

(3) Aristote, *Politique*, trad. Barthélemy Saint-Hilaire, II, p. 131.

rendre plus beau, plus capable de porter et servir l'âme. Au sentiment d'Aristote, « les jeux qu'on leur « donne (aux enfants) ne doivent être ni indignes « d'hommes libres, ni trop pénibles, ni trop faciles », et l'on avait organisé soigneusement la Gymnique sous ses deux formes, l'Orchestique, danses, pantomimes, jeux de balle, exercices d'assouplissement individuels ou par groupes, et la Palestrique, luttes, jeux guerriers, « art de la chevalerie », aurait dit Rabelais.

Dans ce fonds inépuisable des jeux grecs, les Latins avaient beaucoup pris, le but poursuivi par les éducateurs de la Grèce et de Rome étant le même, développement du corps et de l'âme en vue de la défense de la patrie, et le maître de Gargantua n'avait eu qu'à consulter les anciens pour prescrire à son élève, dès son jeune âge, des exercices et des récréations alternés et progressifs, n'exigeant ni un excès d'application intellectuelle, ni une fatigue trop violente, graduant les procédés d'éducation de manière à ne pas contrarier la vie physique, à favoriser l'instinct d'initiative et d'action, à former la raison.

Ainsi Rabelais continue Aristote et Platon dans ce qu'ils lui présentent de meilleur, de plus rationnel, de plus approprié à son époque ; il n'a pas à discuter la question d'omnipotence de l'État qui ne l'intéresse pas, il s'approprie seulement ce qui lui est utile, il l'adapte à l'éducation privée qu'il a entreprise ; enfin il a conçu son idéal pédagogique d'après le rôle qu'un homme d'une certaine condition était appelé à jouer au XVIe siècle. Malgré l'invention de la poudre à canon, les grands corps à corps sont fréquents, le règne de l'arme blanche n'est pas fini, la valeur individuelle conserve son effet presque comme au Moyen-Age. Il faut que l'homme soit fort et bien armé, bien expert en « l'art de la chevalerie » ; son corps doit, pour ainsi dire, être bardé et crénelé. D'autre part, la poussée d'érudition que le xv° siècle commence, touche presque tout le monde, la vive lumière qui vient d'Orient luit pour la plupart des intelligences, la controverse religieuse, la mode elle-même ont introduit des habitudes de culture intellectuelle. Il faut aussi que l'esprit soit bardé de grec et de latin. Rabelais conçoit la perfection sous ce double aspect, comme les grands écrivains d'Athènes : sur un homme de bon sens, mais à demi-barbare par l'instruction et l'éducation, comme Grandgousier, il greffe un fils, Gargantua, qui peut tout avec l'esprit ou le bras, et un petit-fils, Pantagruel, qui semble aussi atteindre à la perfection physique, intellectuelle et morale, sauf quelques subtilités, quelques passagers accès de grossièreté, de scepticisme ou de mélancolie. L'œuvre pédagogique qu'il poursuit, et que d'autres illustres contemporains essaient de parachever après lui, ressemble à ces constructions un peu composites des premiers temps de la Renaissance, qui, édifiées au déclin du règne de l'art gothique, se transformèrent, se renouvelèrent, sur quelques points de France, au contact de l'art italien importé chez nous. Le château-fort de la féodalité existe encore, comme la scolastique ; mais ses tours s'abaissent, il se démantèle peu à peu, il perd son vieil air rébarbatif, il s'anime en de plus souriantes perspectives par un détail de décoration intérieure ou extérieure, par un adoucissement des lignes dans l'ossature des bâtiments, il gagne de l'air et du jour, grâce aux artistes qui ont vu l'Italie, Constantinople, la Grèce, qui se sont retrempés à ces trois foyers de la civilisation ancienne, dont l'un, d'ailleurs, Constantinople, n'émet de rayons lumineux que par réflexion de la radieuse Athènes.

Ainsi Rabelais, dans la pédagogie gargantuine, nous montre son élève, instruit comme aurait pu l'être Alexandre, sous la tutelle d'Aristote, comme l'était, à certains égards, tel prince ou gentilhomme du XVIᵉ siècle, comme on essaie d'instruire les jeunes gens de la génération actuelle, dont on voudrait faire à la fois des « abîmes de science » et des champions couronnés de combats athlétiques. Ainsi il sert de trait d'union entre le vieux monde de Platon, d'Aristote, de Xénophon, et le monde nouveau de nos pédagogues modernes, qui allient plus que jamais la physiologie à la psychologie pour mieux comprendre la nature de l'enfant et mieux l'assouplir. Et le programme du grand éducateur de la Renaissance reste comme un canevas sur lequel brodaient tout récemment des pédagogues de carrière et, avec eux, d'autres écrivains (1) qui se sont occupés d'enseignement sans être professeurs et sur lequel médita-

(1) M. le docteur Séguin, l'*Education physiologique*. Il résume son programme en quatre propositions pour ainsi dire axiomatiques : 1° N'enseignez rien à l'intérieur de ce que l'on peut apprendre à l'extérieur ; 2° N'enseignez pas avec les livres ce qui peut s'apprendre par l'étude de la nature ; 3° N'enseignez rien avec la nature morte lorsque vous pouvez faire des observations avec la nature vivante ; 4° La nature doit être la salle de classe et le livre d'école, à moins de difficultés insurmontables. — Bien entendu, il s'agit d'enseignement primaire ; mais ce programme ne conviendrait-il pas à certaines classes d'enseignement secondaire ? Voyez l'excellent opuscule du général Lewal sur l'*Agonistique* et surtout les chapitres sur la nécessité du plein air, les champs scolaires : telle de ses propositions pourrait être placée sous l'invocation de Rabelais pédagogue.

ront tous ceux qu'intéresse au plus haut degré le côté psycho-physiologique de l'éducation nationale. C'est le cas de dire : *Nihil novi sub sole* !

CHAPITRE XV

Le héros de l'une de nos plus vieilles chansons de geste évoque, au moment de mourir, le nom de ceux qu'il a aimés et qu'il ne doit plus revoir en sa belle patrie, le grand Empereur à la barbe fleurie, ses vaillants frères d'armes. Dans sa vision funèbre, il n'oublie personne, si ce n'est la douce fiancée pour laquelle, cependant, il avait jadis donné tant de beaux coups d'épée, dont l'amour l'avait parfois inspiré et soutenu au milieu des épreuves. N'y avait-il pas, dans cette prétérition involontaire qui est un acte d'ingratitude, comme l'effet d'un préjugé répandu, comme l'indice de la méconnaissance du rôle que la femme avait joué dans la société, chrétienne ou non, et des services éminents qu'elle avait rendus et qu'elle était appelée à rendre encore, dans les temps les plus troublés aussi bien qu'aux époques les plus brillantes de notre histoire ?

Ce reproche d'oubli prémédité ou d'inadvertance, justement adressé à l'auteur de la *Chanson de Roland* pour n'avoir pas su mettre dans la bouche de son héros près de mourir, une parole de souvenir attendri à l'égard de la belle Alde, devrait être, avec bien plus de raison encore, formulé contre Rabelais qui, dans sa longue épopée gargantuine, n'a pas daigné se soucier de la femme (I, 37) et qui reprend contre elle la traditionnelle antienne des plaisanteries sur la légèreté du sexe, sur l'inconstance, sur l'ignorance, qu'on s'est plu, de tout temps et non sans raison à une certaine époque, à attribuer délibérément aux filles d'Eve.

Pendant tout le Moyen-Age, la femme, suivant la mode du moment, a été tantôt divinisée, tantôt rabaissée au-delà de toute mesure. Certes, au XII° pas plus qu'au XVI° siècle, pas plus que de nos jours, elle ne mérita ni cet excès d'honneur ni cette indignité; elle ne gagna pas, d'ailleurs, d'être beaucoup mieux traitée, à cette adoration mystique dont elle fut d'abord l'objet et qui l'élevait presque au-dessus de l'humanité, en mémoire de la Vierge Marie.

On ne se préoccupait guère de l'instruire, même dans les écoles monastiques, même après l'exemple venu de si haut, Charlemagne faisant donner à ses filles, à sa femme, à ses parentes, aux principales dames de sa cour, une instruction aussi sérieuse que l'époque le comportait, et se créant un entourage lettré, ami des arts, des sciences, épris de la lecture des auteurs sacrés ou profanes. Aussi peut-on dire que, sauf exception en faveur de quelques femmes d'élite mises hors de pair et appartenant à la bonne société féodale, l'ignorance était à l'ordre du jour dans le monde féminin. On n'avait guère souci ni de sa culture intellectuelle et morale ni de son hygiène physique. Héloïse, qui ne fut pas seulement une femme d'un grand cœur, qui était aussi douée d'un bon sens admirable, parut exceptionnelle par sa fidélité à celui qu'elle aimait : elle se mit encore à part de la plupart des personnes de son sexe et de sa condition, parce qu'elle conserva jusque dans le cloître, malgré les enseignements de saint Jérôme, certaines habitudes dénotant le souci de la culture de l'esprit et de la propreté du corps ; pour elle, la crasse était à ceci ce que l'ignorance était à cela. Si elle ne déplaisait pas à Abélard en donnant à ses religieuses du prieuré d'Argenteuil le goût des travaux intellectuels, dans la mesure autorisée par la discipline monastique, elle allait, à coup sûr, à l'encontre de ses instructions, en recommandant des soins de toilette. On sait qu'Abélard n'avait autorisé l'usage des bains que pour les religieuses malades.

On se préoccupait d'instruire les filles tout juste assez pour leur permettre de faire leur première communion. La mère de Villon disait, au témoignage du poète :

> Femme je suis, povrette et ancienne
> Ne rien ne sais, oncques lettres ne lus.

C'était une femme du peuple. Combien de bourgeoises qui, en dehors de leur bréviaire, ne lisaient que l'almanach ! Combien de grandes dames dont la bibliothèque se composait d'un psautier, d'un sermonnaire et de quelques romans de chevalerie ?

Il faut se rappeler que la culture intellectuelle, pour se faire un peu intensive, a besoin de calme et de recueillement, voire même de quelque aisance, de quelque facilité à vivre. Le Moyen-Age ne fut pas précisément une période de paix et d'abondance. Avant de s'adonner aux belles-lettres, on devait songer à l'existence matérielle, et, parfois, vivre devenait difficile. La femme, être faible, tenu socialement à l'écart, est, suivant l'expression de Michelet, « la victime de ce monde sur laquelle tous les maux retombent. »

Et puis, ceux qui écrivaient, ceux qui gouvernaient l'opinion par l'esprit et l'Etat par le bras, ne se piquaient pas d'être des psychologues! On ne savait presque rien de l'âme féminine, de sa nature, de ses tendances, ni si elle avait de tout cela! On avait perdu de vue son histoire.

La femme, même esclave, (et l'on se rappelle qu'elle était, chez les peuples anciens, légalement sous la domination d'un tiers, *in manu* (1), en la possession complète de quelqu'un), finit par jouer un rôle utile, dans la famille, dans la société, dans l'Etat. C'était une croyance primitive que, dans l'acte continuateur de l'espèce, l'homme avait la prépondérance, était le véritable créateur. Au foyer de la famille, lui, le mâle, prêtre du culte domestique, exclut d'abord la femme. Mais bientôt on en vint à décréter que la présence de celle-ci serait indispensable à l'accomplissement des rites sacrés : la « mère de famille » était reconnue presque l'associée du père de famille, elle avait conquis de la dignité, sinon du pouvoir.

Pour suivre l'évolution féministe, il suffit d'étudier le mouvement ascensionnel de la civilisation. La femme gagne dans l'opinion au fur et à mesure que grandit le sentiment des devoirs de famille, que monte, plus claire, plus précise, plus impérieuse, l'idée de morale.

Ceci est-il la conséquence de cela? La femme a-t-elle profité simplement du progrès qui s'accomplissait autour d'elle et en dépit d'elle, indépendamment de son action propre ? ou bien a-t-elle provoqué

---

(1) Fustel de Coulanges, *La Cité antique*, p. 87, 41, 95-96, 110.

ce mouvement de progrès, qui, pour elle, constituait une amélioration de son sort en même temps qu'un exhaussement du niveau de l'humanité ?

Sans rechercher quelle relation de cause à effet il peut y avoir dans ce synchronisme, il est certain qu'il y a, historiquement, concordance d'évolution entre la condition personnelle de la femme et l'état de la société en général. La cause féministe fut gagnée, le jour où, dans la classe sujette, la mère de famille fut admise à participer au culte des dieux domestiques, où, dans la hiérarchie gouvernementale, la fille de sang royal, descendante des divinités, fut déclarée digne de monter sur le trône. Ainsi des bourgeoises et vilaines, par la suite des temps, profitèrent des accrocs faits jadis au droit successoral par des princesses d'ambition et d'adresse peu ordinaires. Des nécessités politiques ou religieuses servirent à quelque chose.

Pourtant les théologiens, et, avec eux, les jongleurs, soit dit sans penser à mal de ce rapprochement inopiné, ne désarmèrent pas ! Ils ne se piquèrent pas d'amour-propre pour se conformer, les uns à la doctrine primitive de la religion chrétienne, les autres à la tradition de courtoisie chevaleresque ; ceux-là, par scrupule dogmatique, ceux-ci, par esprit de « gaberie » gauloise, tous misogynes, calomnièrent à qui mieux mieux cet être qui est fait « por decevoir », dit un vieux fabliau (1). Et les légistes malicieux de suivre le courant d'idées défavorable : « Femmes sont mauvaises... il n'est chose plus lé-

---

(1) *Lis fabliaus des Perdris*, Bartsch, *Chrestomathie de l'ancien français*, p. 802.

« gère à remuer et à tourner que le cœur d'une
« femme. » François I" mit cela en vers plus tard.
Pierre de Navarre prononçait sa sentence : « A fames
« ne doit-on apprendre lettres ne escrire, si ce n'est
« especiaument pour être nonnains, car por lire et
« escrire de fame sont maint mal avenu. » On a
toléré que les nonnains sachent lire, parce qu'elles
sont plus à l'abri du péché que les filles, les pauvres
surtout.

Il y a dans Rabelais du savant, du légiste, du théologien, du jongleur à l'esprit gaulois : à ces divers
titres, il néglige l'élément féminin. Ses chroniques
pantagruélines ne constituent pas un traité de pédagogie ; cependant une lecture attentive y fait retrouver
bien des règles dont l'exposé méthodique ressemblerait fort à un cours d'instruction morale et civique,
au moins à l'usage des garçons, car, pour les filles,
elles sont plus ou moins absentes de l'œuvre rabelaisienne ; il les condamne par contumace, il n'écrit
pas pour elles, à l'exemple de ce théologien qui faisait remarquer subtilement que Jésus-Christ ne disait pas d'habitude : « Paissez, mes brebis ! » mais
bien : « Paissez, mes agneaux ! »

Rabelais n'exclut pourtant pas les femmes de l'idéale abbaye de Thélème, cette sorte de phalanstère, de couvent laïque, qu'il propose comme modèle
aux hommes qui veulent bien vivre. Il ne pouvait
raisonnablement les passer sous silence, étant donné
qu'on a beau en médire, il n'est pas, sans elles,
de famille, de société, de patrie, d'humanité possible. Mais, puisqu'il pensait que l'on pouvait si aisément se soucier d'elles, pourquoi réserver « le logis
des Dames » qui comprenait « depuis la tour Artice

jusqu'à la porte Mésembrine » ? pourquoi songer à leur ébattement ? pourquoi sacrifier à la galanterie en leur laissant pleins pouvoirs pour réglementer non seulement leur costume, mais aussi celui des hommes qui doit être pareil ? pourquoi associer ces religieux qui peuvent vivre comme ils l'entendent, avec ces religieuses dont le caprice servait de loi, « car le tout estoyt faict selon l'arbitre des dames ? » Mais le bon Rabelais ne s'est jamais piqué de logique ! « Jamais ne furent vues dames tant propres,
« tant mignonnes, moins fascheuses, plus doctes, à
« la main, à l'agueille, à tout acte mulièbre hon-
« neste et libre, que là estoyent. »

Il faut lui savoir gré de ne pas les avoir proscrites impitoyablement ! Son bon sens l'a préservé d'un ridicule, celui de supprimer un sexe auquel il devait sa mère, suivant le mot de Legouvé, et auquel, du reste, il n'avait pas dédaigné de présenter des hommages assez peu respectueux pour qu'il en résultât un fils, le petit Théodule, célébré après sa mort prématurée en français et en latin, en prose et en vers, par la plupart des amis de Rabelais.

On a vertement blâmé l'auteur du Pantagruel de ne pas leur avoir fait une place plus grande dans son œuvre. On a dit qu'il s'était ainsi privé d'une source d'inspiration, qu'il y avait perdu en variété et en émotion, en politesse. On n'a vu en lui qu'un moine, entiché, au fond, des idées traditionnelles sur la légèreté féminine, un retour d'orthodoxie.

Il est bien vrai que Rabelais reste moine : il a beau se défroquer, jeter son bonnet de docteur pardessus tous les moulins de Fontenay-le-Comte à Chinon, avoir commis des friponneries d'importance, suivant les termes du Père de Saint-Romuald, dans son *Trésor chronologique*, s'être signalé par des actes d'impiété, avoir mérité qu'on l'accusât d'athéisme, et, ce qui pis était, de luthéranisme, il n'en conserve pas moins le pli de l'éducation ; or, en ces années de sa prime jeunesse, il n'a pas entendu dire du bien de la femme, pas plus dans le monde religieux que dans le monde laïque, il ne la tient pas pour une créature égale à l'homme, digne que l'on s'occupe sérieusement d'elle.

Donc s'il est excusable, c'est en ce sens qu'il continue une fort désobligeante et fort injuste tradition. Mais il mérite vraiment que l'on incrimine son grand sens, son intelligence, sa perspicacité, parce qu'il n'a pas eu, lui, le voyageur, le savant, l'observateur des hommes et des choses, en France et à l'étranger, la claire vision de l'importance croissante du rôle social de la femme.

« Lui ferons-nous un reproche, écrit à ce sujet
« M. Paul Stapfer (1), de n'avoir pas eu sur l'égalité
« naturelle et sociale de la femme et de l'homme,
« des sentiments et des idées qui datent de notre
« époque, qui manquaient à Bossuet aussi bien qu'à
« Molière, et qui sont contraires à l'orthodoxie ? »
Non, mais on peut s'étonner que cet esprit si fin, si documenté, si libre, n'ait pas su prendre un peu plus d'indépendance et se révolter contre l'opinion courante. Ce serait aller un peu loin que de lui faire un grief de sa trop courte oraison funèbre, à propos de la mort de Gargamelle. Le moment aurait été mal choisi pour s'attrister outre mesure, puisque la mère

---

(1) Rabelais, sa personne, son génie, son œuvre, p. 275.

de Gargantua, « belle gouge et de bonne troigne »,
s'était étouffée de rire, « elle mourut de joye. » Ce
n'est pas cela qui doit le plus nous frapper. Du
reste Rabelais a parlé congrûment de la femme dans
la consultation du légiste Hippothadée, beaucoup
plus impartial que son ancêtre Pierre de Navarre,
disant que les femmes ne méritent confiance que
lorsqu'elles viennent, en leur âge mûr, « à amende-
« ment, si èles ont fait folie de leur cors en jovense »,
ou que cet autre juriste, italien celui-ci, Francesco
de Barberino, qui prétendait que, pour l'éducation
des femmes, « ce qu'il y a de mieux, c'est de
« lui apprendre tout autre chose qu'à lire ou
« à écrire (1). » Il donne, en passant, un bon
conseil qui peut se résumer ainsi : une femme
devient ce que son mari veut qu'elle soit. « Voyez
« comment la lune ne prend lumière ni de Mer-
« cure, ni de Jupiter, ni de Mars, ni d'autre pla-
« nète ou étoile qui soit au ciel, elle n'en reçoit que
« du Soleil son mari et de lui n'en reçoit point plus
« qu'il lui en donne par son infusion et aspect. »
La femme la meilleure n'est point la plus belle, la
plus riche, la plus noble, mais celle « qui plus s'ef-
« force à soy former en bonne grâce et conformer
« aux mœurs de son mary » ; celui-ci n'aura donc
qu'à se bien tenir, et tant pis pour lui, s'il donne à
sa moitié le mauvais exemple, s'il est le vilain patron
à la vertu, à l'honnêteté duquel elle conformera sa
conduite.

Par la bouche de Pantagruel, qui peut, en l'occur-

---

(1) *Del reggimento e de costumi delle donne*, dans le Mémoire sur l'éducation des Femmes au Moyen-Age, par M. Jourdain, p. 123.

rence, passer pour le porte-paroles de Rabelais, celui-ci s'exprime encore une fois d'une manière convenable sur le compte des femmes, bien qu'il admette, à titre d'explication sans doute ou d'excuse de l'existence de l'être que Bossuet ne craignit pas d'appeler, un jour, « l'os supplémentaire », qu'elles ont été créées et mises au monde surtout « pour l'ayde, l'esbatement et société de l'homme. » Il y a autre chose que cet aperçu d'homme égoïste qui songe à se distraire ou à se soigner. Pantagruel redoute l'influence de l'éternel féminin. Il ne veut pas que l'homme se laisse absorber, acoquiner, appoiltronner, (le mot est dur !), par elles, auxquelles Rondibilis, après les théologiens, les philosophes, les poètes, anciens ou modernes, débite de si cruelles épigrammes, les séculaires méchancetés qui ont traîné partout. Il défend à ces créatures, que Platon « ne sçait en quel rang il les « doibve collocquer, ou des animaux raisonnables « ou des bestes brutes », d'accaparer assez l'homme de qui elles dépendent et qu'elles tiennent en puissance, pour lui faire oublier ses devoirs envers Dieu, envers la patrie, envers ses semblables. Certes, les paroles austères et sensées du héros de la chronique pantagruéline ne ressemblent guère aux malices, aux injures, aux calomnies proférées par Panurge ou Rondibilis à propos de cette maladie qui est « na« turellement des appennaiges du mariaige (1). »

Avec qui Rabelais pense-t-il en réalité ? Quel est celui de ses personnages qui interprète le plus fidèlement son opinion ? Comme dit notre auteur, « c'est « bien rentré de picques noires » : c'est interroger

(1) III, chap. 31, 32, 33, 34.

mal à propos « le philosophe éphectique et pyrrho-
« nien » qu'est Rabelais. Nouveau Protée, il se dé-
robe constamment, il ne répond jamais d'une façon
pertinente et précise, sur le sujet de la femme pas
plus que sur tant d'autres.

Un témoignage plus positif, et cette fois, en un
sens, favorable, ne ressemblant en rien aux bavar-
dages médisants du « gentil compaignon » Panurge,
est celui que contient la fameuse lettre de Gargantua
à Pantagruel et par laquelle il l'admoneste d'employer sa jeunesse à bien « proufficter en estude et
« en vertus ». Gargantua voit « les briguans, les
« bourreaulx, les adventuriers, les palefreniers de
« maintenant plus doctes que les docteurs et pres-
« cheurs de son temps. » L'hyperbole est un peu
forte et l'enthousiasme par trop grand. Ce n'est pas
flatter les savants « de son temps »! Mais c'est encore
moins être aimable pour les femmes qui viennent
après, dans cette énumération suggestive des amis
de l'instruction à tous ses degrés !

« *Que dirai-je ?* Les femmes et filles ont aspiré à
« cette louange et manne céleste de bonne doctrine. »
Voilà un compliment qui ressemble fort à une épigramme : tout le monde s'est mis à travailler, chacun veut être « expoly en l'officine de Minerve », les
brigands, les bourreaux, etc... *que dirai-je ?* même
les femmes !

Gargantua est injuste : il méconnaît son temps, il
ignore que, depuis longtemps, les femmes ont essayé
de s'instruire, et que certaines sont devenues des
femmes vraiment savantes.

C'est pourtant Rabelais, cette fois, qui parle par
l'organe de Gargantua : il s'exprime posément, il ne

rit pas ; sa lettre est un programme, un exposé de principes. Comment a-t-il pu se montrer aussi injuste ou ne pas voir le mouvement d'idées qui s'accomplissait autour de lui?

Je sais bien qu'il n'est pas seul à l'ignorer ! Cela ne l'excuse pas à mes yeux. J'aimerais mieux le voir à côté d'Erasme et de Vivès, parmi ceux qui ont travaillé à mettre au jour une doctrine de l'éducation des femmes ou seulement avec d'autres qui ont rendu justice aux efforts de celles-ci pour s'instruire et s'élever, que parmi les attardés aux idées anciennes, réformateurs en matière d'instruction à donner aux garçons, qui, à l'exemple de Budé, Ramus, Charron, Montaigne, Bodin, pour ne citer que les plus grands, mettent franchement la femme au-dessous de l'homme, ne lui reconnaissent pas le droit de s'élever par l'instruction et ne lui facilitent en rien l'accès en « l'officine de Minerve. »

Agrippa a écrit un Discours sur la vanité des sciences ; il aurait pu déclamer aussi sur les incohérences des savants, et il aurait été tout aussi vrai qu'en parlant des femmes, cette « race légère, im-« pudente, orgueilleuse, dissolue, d'humeur cha-« grine et contredisante, entêtée, vindicative, ba-« varde et mauvaise langue. »

Voyez, en effet, la contradiction flagrante ! Agrippa lui-même a écrit *sur la noblesse et la préexcellence du sexe féminin*, traité dédié (en 1529) à Marguerite d'Autriche, gouvernante des Pays-Bas. Charron trouve que la femme est « toute conficte en soub-« çon, vanité, curiosité », « n'ayant aucun dessein, « amour, pensement particulier »; mais, pourtant, si elle doit être le miroir de son mari, il faut bien qu'elle se rende capable de le suivre, de le servir, de s'élever avec lui, de « vaguer et estudier à la « mesnagerie. » Montaigne qui s'est occupé de pédagogie, qui a dédié son *Institution des enfants* à une grande dame, la comtesse de Gurzon, et son chapitre « de l'affection des pères aux enfants », à une autre femme distinguée, Mme d'Estissac, Montaigne, le père adoptif, c'est trop peu dire l'ami, de Mlle de Gournay, blâme vertement les femmes qui veulent par curiosité avoir part aux livres (Essais, III, 3, p. 206) ; il croit que la femme est inférieure à l'homme, alors qu'il a écrit que « les masles et femelles « sont jectéz en mesme moule. » Ramus, qu'estime si fort Marie Stuart (1) et qui prise si haut l'intelligence de Catherine de Médicis, à qui il dédie sa grammaire, ne songe pas à l'éducation des femmes. Rabelais, qui a pu connaître au moins deux des trois célèbres Marguerites, (la sœur de François Ier, la sœur de Henri II), et Renée de France, fille de Louis XII, devenue duchesse de Ferrare, et d'autres reines, aussi amies des lettres, et des grandes dames, parfois reines de la main gauche comme Diane de Poitiers et la duchesse d'Etampes, et des « princesses de haut esprit » d'ailleurs d'un rang beaucoup moins élevé dans la hiérarchie nobiliaire, comme ces filles nobles, *ingenuæ puellæ*, pour lesquelles les poètes taquinaient la Muse et qui, elles-mêmes, s'exerçaient à composer, cultivaient les langues latine et grecque, comprenaient l'italien, Rabelais, enfin, qui a vu à l'œuvre la « Marguerite des princesses », en souvenir de laquelle, à titre d'hommage, il écrit la dédi-

---

(1) *Histoire de Marie Stuart*, par Dargaud.

cace du livre III de son Pantagruel, qui a admiré cet « esprit abstrait, ravi et extatique », ne sait pas trouver autre chose pour louer l'entrain des femmes à se mettre aux livres que la simple constatation mentionnée en la lettre de Gargantua ! « Les bri-
« gands, les bourreaux, etc., sont plus doctes que...
« que dirai-je ? les femmes et filles ont aspiré à cette
« louange et manne céleste de bonne doctrine... »

Que dirai-je ? J'aurais mieux aimé que Rabelais employât aussi un peu de son grand esprit au profit de quelque réforme dans la pédagogie féminine et qu'il figurât dans la catégorie peu nombreuse des auteurs qui, à l'exemple de l'espagnol Vivès ou du hollandais Erasme, ont eu l'ambition de donner une meilleure discipline à la culture intellectuelle de la femme, qui ont compris le parti qu'on en pouvait tirer pour le bien de l'humanité.

Comme son compatriote et contemporain, Jean Bouchet, qui réservait l'instruction aux femmes « qui
« ne se doibvent, pour la révérence de leur état, ap-
« pliquer à mesnages », n'aurait-il que formulé d'une manière plus large et plus généreuse, d'ailleurs plus juste, le témoignage que « les femmes et filles aspiraient à cette manne céleste de bonne doctrine », qu'on lui en saurait gré, comme d'un hommage rendu à l'enthousiasme prodigieux que manifestaient beaucoup de femmes pour les belles-lettres, comme d'une apologie discrète de la femme instruite !

Je sais bien que reprocher à Rabelais de n'avoir pas été un féministe, au sens actuel du mot, serait plus que puéril ; mais il me plairait que, dans cette voie, même en une épopée burlesque où les questions sérieuses ne sont le plus souvent abordées qu'indirectement, il eût marché de pair avec quelques bons esprits tout particulièrement clairvoyants.

À ce titre, des étrangers, comme Érasme et Vivès, qui ont surtout écrit pour des enfants nobles, ou Luther, dont la clientèle était du peuple plus que de la Cour, ont eu une gloire que j'aurais enviée pour notre Rabelais. Ils ont déterminé et dirigé le mouvement rénovateur de la Renaissance et de la Réforme dans un sens favorable à la femme considérée comme future épouse et mère ; pour mieux dire, ils ont rendu plus intense, plus irrésistible, le courant d'idées qui, rompant avec les idées monastiques du haut Moyen-Age, tâchait de retrouver la nature et de restituer à la femme ses droits, son rôle, dans l'éducation de la première enfance. Calvin demandait à la femme d'être chaste, patiente, économe de son bien et soucieuse de la santé de son mari. Rabelais ne s'en préoccupe pas ; lui qui est moraliste, il ne veut pas savoir quelle influence la femme exerce sur les mœurs ; lui qui est médecin, il oublie que la femme peut tout au moins être une parfaite gardemalade, à la condition d'être instruite de ses devoirs (1). Tout ce qu'il concède, au milieu de ses impertinences ou de ses dédains, c'est qu'il existe des exceptions au type de femmes si bien décrit par le savant Rondibilis : toutes ne sont pas des gourgan-

---

(1) Au Moyen-Age, il y avait eu des femmes capables de faire un peu de médecine et même de chirurgie. Cette science rudimentaire leur permettait de remplacer leurs maris, lorsqu'ils étaient empêchés d'opérer eux-mêmes pour cause d'absence, de maladie et... de sexe. Voyez dans les Fabliaux, l'histoire de la femme qui se fit saigner. En certains couvents, on saignait très fréquemment pour mater les tempéraments trop vigoureux Souvent c'était une femme qui pratiquait cette opération (Constitution des religieuses de Saint-Nicolas de l'Hôtel-Dieu de Pontoise, données par saint Louis, chap. 10).

dines, il y a des « preudes femmes », et « petite « n'est la louange de celles-ci, lesquelles ont vécu « pudicquement et sans blâme. » Peut-être, dans le monde où fréquentait Rabelais, existait-il plus de femmes honnêtes que de femmes savantes ! A vrai dire, il semblerait qu'il n'a pas vu plus des unes que des autres, car, en général, la femme lui offre seulement un prétexte à développements licencieux, tout comme à un poète du Moyen-Age, un Jean de Meung ou tel autre grand railleur, convaincu que toute femme est ou sera ribaude, ne peut être que légère, inconséquente, impure, malicieuse, fourbe, et, bien plus, stupide, ce qui devient le comble de l'illogisme dans l'injustice et la calomnie.

Rabelais a sacrifié à l'amour, il a dû avoir ses fantaisies depuis le jour où il a jeté le froc aux orties. Une preuve vivante était restée de son manquement aux règles prescrivant la chasteté. Mais, probablement, ce ne fut qu'une passade, cette intrigue de laquelle naquit le petit Théodule. En réalité, avec le travail intellectuel qu'il s'imposa et qui dut être énorme, étant donné qu'il essaya d'être un abîme de science, avec les habitudes d'esprit qu'il contracta de bonne heure, avec l'ineffaçable pli de l'éducation ecclésiastique, il ne subit pas assez profondément l'influence féminine, pour garder quelque chose de son charme souverain. Quand il écrit en philosophe, en savant, il peut se passer de l'inspiration qui lui viendrait de ce côté. Quand il s'amuse jusqu'à s'esclaffer, quand il s'abandonne à cette verve étourdissante, à cette gaieté débordante, à cet esprit au gros sel, fécond en plaisanteries de « haulte graisse », la femme ne lui est nécessaire que pour lui permettre de varier le thème de ses gauloiseries, de renouveler le vieux fond des fabliaux. Il ne paraît pas avoir eu le sens intime de la femme. Je lui appliquerais volontiers une réflexion de critique d'art à propos du grand peintre Meissonier :

« La femme est presque complètement absente de
« l'œuvre de Meissonier... Non seulement il ne l'a
« pas cherchée, mais on peut dire qu'il l'a volontai-
« rement évitée. Quand il s'est, par exception,
« comme résigné à peindre une femme, il a presque
« toujours échoué. Rien, pour ainsi dire, ne lui
« reste alors ni de ses qualités délicates ni même de
« ses qualités robustes. Et pourtant elle est char-
« mante, ou jeune fille, ou femme, vieille femme
« même, la femme française. »

Cette remarque de Charles Bigot est on ne peut plus juste pour l'œuvre de Rabelais. Faite de timidité monastique, de défiance peut-être au fond, ou de dédain moyen-âgeux, une telle réserve sur l'importance du rôle de la femme est significative : elle est un trait de plus qui permet de comparer la chronique gargantuine et pantagruéline à certaines chansons de geste, mystiques ou naturalistes, sans tête ni queue, mais intéressantes par leurs digressions qui touchent à l'histoire et au roman, qui racontent la vie publique et privée, dramatisent les choses, ressuscitent les hommes. La geste de Gargantua et Pantagruel, sortie de l'inépuisable imagination de Rabelais, ne serait pas indigne parfois, lorsque le récit s'échappe de la pure fiction et que les héros s'humanisent, d'être comparée à d'autres qui ont l'apparence plus héroïque, qui présentent plus de poésie et de sentiment, si le souvenir de la femme y était plus souvent évoqué. L'auteur chante le dithyrambe de la Nature entière, y compris du borborygme et de l'obscénité : il a parfois trouvé aussi l'accent de la tendresse, de la mélancolie, mais il ne féminise jamais ou très rarement au dessus du ventre ou du bas-ventre des filles d'Eve qu'il met en scène..

On peut facilement démontrer qu'elles valaient mieux que leur réputation, et que, même en ce xvi° siècle fertile en amours scandaleuses, on pouvait en trouver beaucoup dont il valait la peine de s'occuper. La Renaissance et la Réforme firent surgir à la fois des femmes savantes et des femmes de cœur.

CHAPITRE XVI

Guillaume Budé appelait son ami, le chroniqueur joyeux de la geste gargantuine, « le docte et gentil Rabelais » : docte, à cause de sa profonde connaissance des langues grecque et latine, titre principal à l'admiration d'un humaniste de la Renaissance ; gentil, à cause de son épicurisme et de sa gaîté intarissable. Vraiment, nous venons de le voir, Rabelais n'a été ni l'un ni l'autre à l'égard des femmes de son temps. Ce n'est pas lui qui aurait dit, comme Tavannes qui a raconté cette époque : « Les femmes faisaient tout, même les généraux et les capitaines. »

François Ier avait créé la Cour en y rappelant les dames. « Comme de vray, dit Brantôme, une cour
« sans dames est un jardin sans aucunes belles fleurs,
« et ressemble mieux à une cour d'un satrape ou

« d'un Turc (où l'on ne voit ni dames ni demi) que
« non pas d'un grand roi chrétien. »

Avant lui, mais avec d'autres intentions, tout à fait orthodoxes celles-ci, une reine avait essayé de se faire un entourage de femmes aimables et intelligentes, et, surtout (la tentative mérite d'être signalée) de relever le niveau intellectuel de cet entourage. Anne de Bretagne se rappelait le plaidoyer intéressé de Christine de Pisan : « Il ne doit mye être
« présumé que de sçavoir les sciences morales et
« qui apprenent vertu, les meurs doyent empirer,
« ains n'est point de doubte qu'ils anoblissent.
« Comme doncques est-il à penser que bonnes le-
« çons et doctrine les peust empirer ? Cette chose
« n'est pas à soutenir !... que les femmes empirent
« de sçavoir du bien n'est pas à croire. »

Anne de Bretagne, si elle ne visait pas à faire de ses demoiselles d'honneur de véritables savantes, « n'estoyt pas d'opinion que mal fust que femmes fussent lettrées. » Non contente de s'entretenir avec elles des principes de l'Evangile, tels que les présentaient à la piété des fidèles quelques célèbres prédicateurs du temps, Jean Raulin, Michel Menot, Olivier Maillard, elle se faisait lire les meilleures pages de Juvénal des Ursins et d'Antoine de la Salle.

Après Anne de Bretagne, la bonne reine Claude, victime des petites persécutions de sa belle-mère, Louise de Savoie, et de l'indigne conduite de son mari, le volage roi François 1er, ne brilla pas outre mesure ; elle mérita pourtant qu'un poète, Clément Marot, lui adressât ce souhait pieux :

Va vivre en paix au ciel resplendissant !
Que veux-tu plus faire en ces basses terres ?

Louise de Savoie fut une pédante, frottée de latin, quelque peu poète, ayant des prétentions multiples, mais comme, avec cela, elle s'occupa beaucoup de politique et un peu d'amour, pour son propre compte ou le compte des autres, les historiens graves ont surtout raconté les événements de sa régence, pendant la captivité de François Ier, et les pamphlétaires ont parlé de sa passion malheureuse pour le connétable de Bourbon, de sa cupidité insatiable, de son défaut de scrupules et de délicatesse. Elle se présente devant la postérité avec ce que nous appellerions aujourd'hui « une mauvaise presse. » On lui a pourtant plus pardonné quelques méchants vers que sa persécution contre le connétable de Bourbon et l'assassinat juridique du malheureux Semblancey. À coup sûr, ce n'était pas une femme médiocre, si ce n'est en tant que poète ; encore sa politique fit-elle du tort à sa poésie.

Une aimable savante fut cette princesse Marguerite, sœur aînée de François Ier, mariée en premières noces au duc d'Alençon, mariage mal assorti s'il en fut, puis, en secondes noces, à Henri d'Albret ; les poètes lui ont tressé des couronnes, parce qu'elle aima les lettres et les cultiva de manière à faire envie à un professionnel.

> Entre autres dons de grâces immortelles,
> Madame écrit si haut et doucement
> Que je m'étonne, en voyant choses telles,
> Qu'on n'en reçoit plus d'ébahissement.
> Puis quand je l'ouïs parler si sagement
> Et que je vois sa plume travailler,
> Je tourne bride et m'ébahis comment
> On est si sot de s'en émerveiller.

C'est Marot qui parle ainsi. Peut-être est-il sujet

à caution, car il était son valet de chambre, et quelque chose de plus même, à ce que prétendaient de mauvaises langues ; mais, reconnaissance à part pour les services personnels qu'il avait pu lui rendre ou qu'il en avait reçus, il exprimait en ce correct langage le sentiment général sur les mérites de celle que l'on appelait « la dixième Muse. »

Une de ses nièces, qui portait le même prénom, bien décidément dévolu à des princesses de grand esprit, fut, au témoignage de Brantôme, si parfaite en savoir et sagesse, qu'on la surnommait la Minerve de la France. On la comparait aux plus illustres femmes de l'antiquité.

Catherine de Médicis a certainement fait beaucoup plus parler d'elle pour son drame sanglant de la Saint-Barthélemy que pour des pièces légères. Et pourtant, elle cultiva aussi les lettres. On en donne du reste une preuve : elle composait des ballets que le roi et les courtisans dansaient. Preuve à coup sûr insuffisante ! En sa jeunesse, la mère de François II, Charles IX, Henri III, la terrible jouteuse des guerres de religion, n'avait pas dédaigné les simples succès de jolie femme (1) qui facilitaient d'ailleurs ses in-

(1) Catherine se trouva mêlée à bien des aventures : elle ne se mit en dehors d'aucune intrigue galante au temps de François Iᵉʳ. Au témoignage de Brantôme, un de ses fidèles, ce fut plutôt pour être un témoin informé, un complice intéressé : elle n'y jouait pas un rôle actif. Il est certain qu'elle fut coquette et qu'elle aima le plaisir ; on ne saurait en inférer qu'elle paya le roi Henri II de retour, c'est-à-dire qu'elle le trompa. Cependant, en comparant les bustes de François Iᵉʳ, de Henri II et des enfants de Catherine, on a remarqué que deux de ses fils seulement paraissaient porter la marque de fabrique des Valois, François II et Charles IX. Mais toute conclusion serait hasardeuse et conjecturale. L'iconographie ne peut rien prouver, fût-elle matériellement exacte et véridique : les contemporains étaient des médisants, et la postérité est maligne. Après Charles IX, les Guise soutinrent que la race des Valois était éteinte.

trigues politiques, lui ralliaient les frivoles et trompaient les observateurs. Elle avait de belles jambes, d'admirables mains, une taille imposante, toutes choses bonnes à voir et à montrer, qu'elle faisait valoir en dansant dans les ballets qu'elle imagina et régla.

Je ne cite que des princesses dont Rabelais fut le contemporain, qu'il put connaître et voir de près, qui l'aimèrent pour son esprit. Il en est une autre qui, de bonne heure sortie de la cour de France, alla faire les honneurs d'une cour d'Italie. Je veux parler de la fille de Louis XII, la princesse Renée, mariée au duc de Ferrare, en 1528, spirituelle et charmante, éloquente et savante, ayant plus que des « clartés de tout », car son esprit curieux s'était appliqué à cultiver les sciences, même les sciences occultes, et elle ne dédaignait pas l'art dangereux de Lollius. Ainsi Marie Stuart devait plus tard, en un discours latin, soutenir la thèse de l'aptitude des femmes dans cet ordre de connaissances, et ses conclusions emportaient le suffrage de tous les courtisans, non seulement parce qu'elle était une très jolie femme et une future reine et que les auditeurs étaient des courtisans empressés de flatter la beauté et le pouvoir, mais encore parce que la princesse qui si gentiment les haranguait était connue pour son savoir et son amour des lettres ; dans le royaume de poésie, elle méritait d'ailleurs d'être quelque peu princesse, par cette charmante composition qui fut son mélancolique adieu au doux pays de France !

Rabelais a fait plusieurs séjours en Italie, pour son plaisir et, parfois, pour sa sécurité, car, en France, les choses menaçaient de mal tourner pour lui, en dépit des sympathies de la Cour ; il n'a pas eu le loisir de séjourner à Ferrare, sans cela il aurait été à même d'apprécier l'esprit si cultivé et l'âme si haute de la duchesse Renée, si hospitalière aux Français, aux gens de lettres, fussent-ils de la religion prétendue réformée, comme Clément Marot.

Du reste, en France, Rabelais n'a pas eu à hanter la Cour et il ne semble pas s'être douté de tout ce que l'aimable sexe y a apporté de politesse, de courtoisie, ce qu'il y a donné « d'aimables pointes de générosité aux âmes bien faites », ainsi que le constate l'historien Mézerai (1) ; il n'a pas vu tout ce que cachait de sérieuse culture des lettres et de goût pour les sciences et les arts la corruption profonde qui a régné sous la dynastie des Valois d'Angoulême. S'il a eu des parrains, dans la vie agitée qu'il menait, les d'Estissac, les Du Bellay, les Guise, il lui a manqué une marraine.

Pourtant, il est une femme qui a eu l'intuition de ce qu'était Rabelais et qui lui a donné des preuves de confiance, pour laquelle il a travaillé, fidèle chroniqueur, reporter avisé et documenté : je veux parler de Diane de Poitiers.

Autour des princesses du sang, non loin des reines en titre, s'agitait un véritable essaim de femmes distinguées, les unes par leur beauté, reçues à la Cour pour en compléter la parure, en augmenter la somptuosité et l'éclat, les autres par leur naissance, la situation de leurs parents ou mari, quelques-unes enfin (on devrait dire : beaucoup !) parce qu'elles étaient à même de rendre des services vraiment exception-

---

(1) *Histoire de France sous Henri III* ; III, p. 446, 447.

nels d'ordre divers, étant des plus « gentilles » et n'ayant pas peur des aventures. Celles-ci, qui formaient « la petite bande » sous François Ier et « l'escadron volant » de la reine Catherine, accompagnaient le roi dans ses déplacements : c'était la troupe de réserve de la galanterie. Au-dessus d'elles, brillaient les maîtresses en titre du roi et des princes du sang. Deux de ces reines de la main gauche ont eu un éclat particulier : la duchesse d'Etampes, qui se nomma Anne de Pisseleu, Mlle de Heilly, en sa prime jeunesse ; la duchesse de Valentinois, Diane de Poitiers.

La duchesse d'Etampes se piqua de protéger l'art et les artistes, d'encourager les lettrés, de sympathiser avec les amateurs d'idées nouvelles. Si elle ne composa pas de vers, elle eût le mérite d'en inspirer et de charmants, à Marot par exemple.

En revanche, la duchesse de Valentinois en fit elle-même, qui portent bien sa marque personnelle. Elle avait été la maîtresse du roi François Ier (mais pas assez publiquement pour qu'on n'en ait pu douter) : elle devint la maîtresse en titre du roi Henri II, et elle régna véritablement sous son nom. Elle aussi protégea les arts et les lettres, avec cette nuance qu'elle ne fut pas tendre aux réformés. Cependant elle n'agit pas ainsi par fanatisme religieux. Plus probablement, ce fut par ambition, parce qu'elle vit un intérêt politique à empêcher le développement d'une secte qui, sous prétexte de liberté religieuse, pouvait battre en brèche la dynastie et ruiner l'Etat. On a prétendu aussi qu'elle persécuta les réformés pour plaire aux corporations parisiennes placées sous l'influence des Guise. Rabelais a joué son rôle dans le programme de ses visées ambitieuses (1). Ce qui ne laisse pas d'être bizarre, car il était, quoique ancien moine et futur curé de Meudon, assez favorable aux idées religieuses nouvelles. Ses dénégations et protestations ont tout juste la force et l'autorité des nombreux désaveux de Voltaire au xviii° siècle. Or, il correspondait avec Diane de Poitiers en sa qualité de secrétaire du chapitre des corporations parisiennes à la dévotion des Guise. Il semblerait que Diane eût des velléités démocratiques, si on ne se doutait qu'elle voulait plaire aux Guise, pour se les ménager, les avoir dans son jeu au moment d'une grosse partie. On a prétendu qu'elle avait eu l'idée de se faire épouser par le roi Henri VIII d'Angleterre, de cloîtrer les derniers Valois, de réunir sous un même sceptre les deux nations voisines. De telles assertions paraissent tenir du pur roman, elles peuvent cependant avoir quelque raison d'être.

Rabelais avait eu l'occasion de se rendre agréable à Diane de Poitiers. Se trouvant à Rome auprès du cardinal Du Bellay, il assista à une magnifique fête célébrée par le cardinal et l'ambassadeur de France en l'honneur de la naissance du fils de Henri II (3 février 1550). La pièce principale, qui consistait en un simulacre de combat sur terre et sur mer, avait été précédée d'une pièce de circonstance, sorte de lever de rideau dans lequel il était fort question de la déesse Diane. L'allusion était trop transparente pour que l'on n'en fît pas l'application à la maîtresse du roi. Rabelais fut l'historiographe de la soirée, et l'on peut croire qu'il soigna son compte-rendu pour

(1) *Le XVI° Siècle et les Valois*, par M. de la Ferrière (1879), d'après des documents inédits.

ne pas déplaire à la toute-puissante favorite et au cardinal de Guise, le seul destinataire apparent du rapport. En effet, son message ne déplut nullement, et il n'eût qu'à s'en louer par la suite.

Certes, il y avait dans ces femmes peu vertueuses qui peuplaient la Cour des Valois autre chose que de la courtisanerie, autre chose que ce qu'a vu Brantôme, dans son ample récit des prouesses amoureuses du xvi⁰ siècle. Rabelais ne semble pas l'avoir vu ni compris.

Au moins peut-on dire qu'il ne vivait pas à la Cour, et qu'il a jugé de loin ce monde corrompu sur lequel on faisait mille gloses peu charitables et, d'ailleurs, fort justes. Mais, dans le monde de la petite noblesse, de la bourgeoisie, on trouvait, parmi les femmes de la réforme surtout, des esprits d'une haute culture. Les de Prat, les Mortemart, les de Saulx-Tavannes, les Diane de Maure, les de Rohan, s'étaient fait remarquer par des œuvres d'imagination ; en outre, elles avaient suivi toutes leurs classes, car beaucoup savaient du latin, du grec, de l'hébreu.

Il en fut ainsi pendant tout le xvi⁰ siècle, à Paris et en province.

L'instruction des femmes avait fait des progrès depuis les temps primitifs où, dans les couvents, on leur apprenait des prières, l'histoire selon la Bible et la vie des saints, quelques travaux à aiguille.

Rabelais, qui vécut un peu dans tous les mondes, aurait dû avoir connaissance de cette révolution : il n'en a presque rien manifesté.

Il a voyagé beaucoup. Il n'a néanmoins pas connu Nicole Estienne, de la glorieuse dynastie que l'on sait, ni Pérette Bade ; il n'a donc pas entendu parler de ces Battista de Rimini, Alessandra Scala, Catherine Landa, Isabelle Sforza, Vittoria Colona (marquise de Pescaire), Angela Curion, Tasquinia Molsa, Olympia Morata et tant d'autres qui brillèrent par quelques dons de l'esprit, publièrent des ouvrages, parlèrent plusieurs langues, philosophèrent, enseignèrent, dont quelques-unes furent des puits de science, comme on dit, et tinrent brillamment leur rang dans un entourage de savants et de lettrés.

Cette éclosion de femmes intelligentes, distinguées, n'est pas particulière à la France et à l'Italie. On en trouve beaucoup en Angleterre, en Allemagne, en Espagne, partout où l'esprit de la Renaissance a pénétré. L'éducation que le torve boucher qu'il est d'apparence, Henri VIII d'Angleterre, a fait donner à ses enfants pourrait servir de modèle aux modernes. Il est vrai qu'il avait sous la main des maîtres précepteurs comme Vivès et Linacre, plus tard Jean Belmain, Battista Castiglione, Roger Ascham.

On est presque effrayé du programme d'études qui leur était imposé et dans lequel les nobles élèves paraissaient se jouer. C'est un programme à la Gargantua. Marie Tudor avait entre les mains les Livres Saints, saint Cyprien, saint Jérôme, saint Augustin, Boëce, Platon, Cicéron, Sénèque, Lucain, Prudence, Sidoine Apollinaire : pour les modernes, elle lisait Erasme et Thomas More (1).

Remarquez qu'ils ont prévu le surmenage, ces instituteurs à la Rabelais. « Si vous voulez, dit Ro-
« ger Ascham, remplir d'un seul coup un verre à

---

(1) *La Jeunesse d'Elisabeth*, par Louis Wiesener, p. 51.

« boire, la plus grande partie du liquide rejaillira et
« se répandra par-dessus le bord. » Il ne faut donc
pas surcharger l'élève. Mais on ne trouvait pas que
ce fût abuser de ces robustes cerveaux de la Renaissance, que de leur donner, à peine au sortir de leur
prime jeunesse, la quintessence de la science de leur
temps, c'est-à-dire toute une encyclopédie.

Il semble que ces maîtres avaient une bonne méthode d'enseignement. Il est vrai qu'ils ont à la
mettre en pratique avec des élèves d'élite et pris individuellement. Leurs préceptes, si judicieux qu'ils
fussent, d'ailleurs d'une vérité absolue pour la plupart, toujours utiles, même de nos jours où la pédagogie a fait tant de progrès, n'auraient peut-être
pas été d'une application facile dans l'enseignement
public, tel qu'on le comprenait, de leur temps, tel
qu'on le comprend encore, dans nos établissements
d'instruction secondaire.

Quoi qu'il en soit, c'est à une époque où les
femmes s'efforcent de dégager leur esprit des langes
de l'ignorance moyen-âgeuse, que Rabelais, pour
tout éloge de leur émulation, place dans la bouche
de son héros ce témoignage restreint : « Que diray-
« je ? Les femmes et filles ont aspiré à ceste louange
« et manne céleste de bonne doctrine. »

Gargantua recommande à son fils de hanter « les
« gens lettrez qui sont tant à Paris comme ail-
« leurs. » Il ne lui parle pas des sociétés doctes ou
charmantes où la femme régnait de par sa grâce et
son esprit ; elles s'étaient formées à l'image de la
Cour, elles constituaient des sortes d'écoles de politesse, de galanterie, où l'homme, rude et grossier,
apprenait à vivre, oubliant, pour un temps, le *Rosier*

des Guerres, prenant un plaisir extrême à écouter le *Décaméron* (1).

Gargantua, en sa jeunesse, était allé partout : aux leçons publiques, aux actes solennels, aux répétitions, déclamations, plaidoyers des « gentils avocats », aux « concions » des prêcheurs évangéliques ; nulle part, il n'a fréquenté dans la société des femmes, ou, du moins, c'est tout comme, puisqu'il n'en dit rien.

Il semble que, lorsque Gargantua est institué par Ponocratès en telle discipline qu'il ne perdait heure du jour, il devient un pur cerveau : le cœur a abdiqué ses droits ! Avant cette transformation, le cœur ne parlait guère. Gargantua et ses amis allaient voir « les garses d'entour », il banquetait, collationnait parmi, polissonnait en un mot. En fait de femmes, c'est tout ce qu'il connaît !

Panurge est plus mondain, si l'on peut dire : « et « estoit bien venu en toute compaignie de dames et « damoiselles, en sorte qu'il devint glorieux, si bien « qu'il entreprint venir au-dessus d'une des grandes « dames de la ville. » Mais il devait être repoussé avec perte.

On sait quelle piètre idée il avait de la vertu des femmes. Pour cette conquête nouvelle, il s'y était pris comme un rustre et il se vengea de son échec comme un goujat : il fut poussé à sa vilaine plaisanterie par le dépit d'avoir trouvé une « preude femme » en cette ville où il se vantait d'avoir si souvent triomphé de fausses vertus.

---

(1) *Les Mœurs polies et la Littérature de Cour sous Henri II*, par M. Bourciez.

Vous croyez qu'il va s'en déduire une leçon de bienséance et de galanterie ? Nullement : Pantagruel, appelé à « voir le mystère, le trouva fort « beau et nouveau. »

Pantagruel n'est pas toujours aussi peu délicat : il a eu ses moments de mélancolie, mais il ne lui est pas venu à l'idée que « dans la femme il y a une « gaîté légère qui dissipe la tristesse de l'homme. » (Bernardin de Saint-Pierre).

S'il est vrai, comme le prétend un publiciste moderne, M. Francisque Sarcey, que la pédagogie « tienne tout entière dans ces deux mots : savoir et « aimer, le second plus nécessaire peut-être que le « premier », Rabelais a négligé d'employer un précieux instrument d'éducation, l'influence féminine ; il s'est privé d'un concours utile, il n'a pas apprécié tout le prix d'une telle collaboration.

La femme, au XVIe siècle, est déjà dominatrice. Tour à tour austère ou coquette, tendre ou passionnée, légère ou appliquée, badine ou tragique, selon les milieux et les circonstances, elle apparaît véritablement comme prise d'une fièvre d'action intellectuelle ; elle veut se relever, se réhabiliter, travailler, s'instruire, créer, vivre enfin. Elle ne s'occupe pas seulement d'intrigues amoureuses ou politiques ; elle emploie son activité ailleurs, elle se remue fébrilement dans la ruche humaine. Les femmes qui ont écrit un Discours sur la précellence du sexe féminin, une Apologie pour les femmes contre ceux qui les méprisent, un Traité « mis en forme de stances » sur les misères de la femme mariée, mériteraient qu'on écrivît leur histoire, au moins autant, sinon aux mêmes titres, que celles dont Brantôme nous a parlé, pour servir à l'histoire de la galanterie.

Il s'est alors créé un type de femme qui permet d'espérer bientôt une évolution morale, un progrès. On est loin du bon vieux temps, chanté par Brodeau. La femme s'émancipe ; elle sort papillon, chrysalide naguère enfermée dans l'enceinte étroite d'un château-fort ou prisonnière de la chambre conjugale, et s'enivre d'air, de lumière, de liberté, de vie extérieure. Elle est devenue capable d'enseigner, s'il suffit pour remplir les conditions du programme pédagogique de savoir et d'aimer.

Le savoir lui manquait ! Elle l'a conquis de haute lutte, à force de travail.

On dit bien, dans le clan des louangeurs du passé, que la vertu n'a rien gagné à ce mouvement d'expansion. Les femmes savantes ne sont pas toujours irréprochables au point de vue des mœurs, et, si l'on en croit les contemporains, quelques-unes savaient du mal plus que leur pain quotidien. C'est que la Renaissance est, avant tout, une restauration du paganisme. Or, la vertu n'était pas une des grandes déités de l'Olympe.

Rabelais a résisté à cette ivresse de l'enthousiasme féministe : il supprime la femme, au moins par voie de réticence, au moment même où l'historien dont je parlais au début de ce chapitre, définissait le gouvernement du roi François Ier en disant que les femmes faisaient tout, même les généraux et les capitaines. Il aurait pu dire qu'elles faisaient les rois ; elles doublaient le personnage couronné. Ainsi François Ier, doublé par sa mère et sa sœur, puis par ses deux maîtresses principales, la comtesse de Châteaubriant, la duchesse d'Etampes (Cotillon I" et Cotillon II, aurait-on dit au xviii° siècle); Henri II, doublé par Diane de Poitiers, la reine *in partibus*; Charles IX, Henri III, doublés par leur mère, la terrible Catherine, à l'ambition d'un Richelieu, aux passions d'une Clytemnestre.

Ne peut-on pas dire de Rabelais qu'en leur faisant une place si exigüe dans la partie sérieuse de ses livres licencieux et débraillés, où l'honnêteté et la pudeur sont constamment bravées, il leur a rendu un hommage indirect, il a fait d'elles un discret éloge?

Peut-être, après tout! Accordons-lui donc des circonstances atténuantes en raison des bonnes intentions qu'on lui prête et en souvenir de cette dédicace louangeuse du livre troisième de *Pantagruel* : « A « l'esperit de la royne de Navarre... » Le repentir commençait!

CHAPITRE XVII

La mère de Gargantua ne put échapper à la loi commune qui veut que la femme enfante dans la douleur. Au moment de mettre au monde le prodigieux rejeton dont Rabelais doit raconter la vie « très horrificque », elle « commença à souspirer, lamenter et gémir », ainsi qu'il est d'usage. Mais la nativité du héros n'en fut pas moins en dehors de la physiologie humaine, puisqu'il sortit par l'oreille « senestre » et qu'au lieu de pousser le traditionnel vagissement des nouveau-nés, il demanda tout de suite « à boire, à boire, à boire. »

C'était d'un bon augure pour l'avenir ! Il ne devait pas démentir de si belles promesses : il mérita d'être proposé en exemple aux « buveurs très illustres » auxquels le récit de ses aventures a été dédié. Pour expliquer l'inaltérable équanimité de Rabelais, ses contemporains ne nous disent pas qu'il ait balbutié en naissant les mots « à boire ! à boire ! » Il n'apparaît nullement que sa mère (qui ne devait pas mourir de joie, ainsi que Gargamelle), ait mis son enfant au monde sans douleur et dans un éclat de rire. On pourrait cependant croire qu'il a eu, lui aussi, une nativité étrange. Il semblerait que c'est lui, en naissant, qui a dû rire par avance de la comédie humaine à laquelle il allait se trouver mêlé. En effet, il a ri, tant qu'il a pu, pendant sa vie. Il eut encore, dit-on, la force et le bon esprit de rire, lorsque, à l'article de la mort, il pria ceux qui l'entouraient de fermer le rideau, « la farce étant jouée. » En ne se laissant pas aller aux affres de la dernière heure, il va gaiement « quérir un grand Peut-être », si libre, si détaché, « en si galante humeur », que le prêtre de qui il reçoit les secours de la religion, se scandalise, fait courir le bruit qu'il était ivre au moment d'être mort. Assertion probablement aussi fondée que celle concernant Voltaire moribond et d'après laquelle il aurait dévoré ses excréments ! Seuls ont pu lui donner créance les jaloux, intéressés à retrouver, dans le caustique écrivain qu'ils avaient redouté de son vivant, dans l'auteur qui, d'après Jacques Tahureau,

  Piquait les plus piquants,

les goûts bachiques de son principal héros venu au monde en demandant à boire.

Ainsi donc, sur un point, Rabelais aurait échappé à la loi commune que l'on a formulée dans ce bref quatrain :

> On entre, on crie,
> Et c'est la vie !
> On pleure, on *sort*,
> Et c'est la mort !

Lui n'a pas pleuré en sortant. Jusqu'au bout, dit-on, à compter de sa naissance exclusivement, il serait resté facétieux et gai. O Pluton, écrivait le poète Baïf,

> O Pluton, Rabelais reçoi
> Afin que toi qui es le roi
> De ceux qui ne rient jamais,
> Tu aies un rieur désormais !

Tel est le trait caractéristique du personnage, telle est la croyance, entretenue pieusement par les amis du conteur à l'intarissable gaîté, exagérée d'autre part, dénaturée perfidement par les ennemis du « maître moqueur. » Les uns, par admiration, les autres, par animosité, qui en prose ou en vers, qui en français ou en latin, ne cessent de parler de sa verve prodigieuse. Ronsard, un adversaire, le vantait ironiquement comme

> Un bon biberon qui buvait
> Toujours cependant qu'il vivait ;

Budé, avec tant d'autres, le qualifiait de « docte et gentil » ; le chancelier Bacon le nommait « le grand railleur de France, *the grand jester of France* » ; renchérissant sur ces illustres devanciers, Charles Nodier le traitait d'Homère bouffon, Sainte-Beuve le disait notre Shakespeare dans le comique.

Donc Rabelais, s'il n'a pas ri en naissant, aurait ri en mourant. Pendant toute sa vie, il avait ri et fait rire les autres ; il aurait ri malgré tout ! En dépit des Sorbonnistes, des cafards, des papimanes, des mâtins de toute sorte, des « larves bustuaires », en dépit des beaux brûlements d'hérétiques, en dépit de ce qu'il appelle « la cagotaille hideuse, morveuse, « catarrheuse, vermoulue », il estime que la vie est sinon très bonne en soi, du moins pas aussi « en-« nuyeuse, fâcheuse, dangereuse, épineuse et téné-« breuse » que certains philosophes chagrins à la façon d'Héraclite voulent bien le dire.

De sorte que cet optimisme relatif de Rabelais qui lui a fait voir, à une période de son existence (car il a connu de mauvais jours et, parfois, il en gronde), les hommes et les choses sous leur jour le plus aimable, le plus encourageant, cet optimisme fondé sur l'heureux équilibre des facultés du corps et de l'esprit, inspiré d'ailleurs par le souvenir des théories sereines de l'antiquité, lui donne l'idée de composer, au jour le jour, par manière de jeu, des histoires gaies pour amuser les hommes. Aussi bien ne sont-ils que des enfants, plus grands, plus vieux, plus difficilement amusables que les innocents auxquels on offre des fables et des hochets !

Peut-être estima-t-il d'abord fort peu, lui, érudit consommé, abîme de science encyclopédique, ces productions si légères et si folles de son esprit accoutumé à converser avec les plus grands classiques. Peut-être ne fut-il bien averti du bien qu'il répandait autour de lui, du pouvoir qu'il pouvait exercer, que par l'admiration grandissante, par l'enthousiasme qui salua ses premiers ouvrages. S'il rêva un jour l'immortalité pour ses travaux, il dut se la promettre bien plus pour ses éditions savantes, ses découvertes curieuses en médecine, ses conjectures en chirurgie, que pour l'œuvre d'imagination recommandée par lui-même pour le délassement des esprits chagrins, présentée comme un remède à la mélancolie, nous dirions aujourd'hui à la neurasthénie, sous la condition que ses livres fussent lus « gaiement tout à l'aise du cœur et au prouffit des reins. »

Ce n'est pas tout d'abord qu'il a eu conscience de son rôle public de médecin et pédagogue, qu'il a songé au parti que l'on pouvait tirer de ces bagatelles où sa pléthore d'érudition se dégorgeait, de cette « blague » gaillarde et railleuse en laquelle il se reposait après d'austères travaux.

Dès le commencement, il n'ambitionna pas une place parmi les auteurs de « tres celestes escrits. » Il n'est qu'un « petit rhyparographe, sectateur de « Pyréicus » (prologue du Livre V). Il « est délibéré « faire ce que fit Regnauld de Montauban : servir « les massons, mettre bouillir pour les massons » ; il ne sera pas même le compagnon, mais seulement l'auditeur, de cette « longue centurie de poètes et orateurs gallicques. »

Ce n'est que plus tard que son amour de l'humanité marqué par le désir de faire rire les plus « mélancholieux » se change parfois en colère, s'emporte contre les gens à mine trop grave qui ne veulent pas que l'on plaisante, précurseurs renfrognés de Bossuet disant « malheur à ceux qui rient (1). » Il n'est d'abord qu'un philanthrope : il croit vraiment « qu'il

---

(1) « J'ai regardé le rire comme une erreur et j'ai dit à la joie : pourquoi m'as-tu trompé ? » LEMAISTRE DE SACY.

n'y a de bonnes gens que ceux qui rient », suivant le mot de Paul-Louis Courier, et, pour se justifier d'être gai, il pourrait dire par avance un autre mot, qui est de Mme de Girardin, « les sots ne savent pas rire. » Un peu plus, ce pédagogue qui enseigne en jouant, cet hygiéniste qui raconte des gaudrioles pour dilater les poumons, élargir la poitrine, épanouir l'âme, et qui cherche à remonter la race gauloise attristée, cet « alquemiste » qui infuse dans les corps une force nouvelle avec son élixir de longue vie, la franche gaîté, devient un politicien raillant, critiquant, un réformateur, un révolutionnaire, un émancipateur « de l'anticque folie » ; il marche à la bataille des idées sonnant la fanfare du rire, aux échos redoublés de sa large allégresse, (ce sont les « joyeuses et nouvelles chronicques »), il ouvre la tranchée, il attaque à la contre-mine les fous et les cafards de toute sorte, il s'acharne après les « botineurs, papelards, burgots, patespelues, porteurs de rogatons, chattemites. » Et c'est ainsi qu'il arrive, non point par ses œuvres sérieuses, mais par des rapsodies héroï-comiques, à gagner tous les esprits, et, finalement, à travers le temps et l'espace, à garder une place distinguée entre les rares écrivains qui sont de tous les siècles (1), une place

Qui le rend entre tous immortel et fait vivre.
JEAN TURQUET.

Les contemporains ont commencé l'antienne de sa louange, en reconnaissance des bons moments qu'ils lui ont dus. Elevés dans des collèges sans lumière

---

(1) Ceux que Sainte-Beuve appelait des « écrivains porte-sceptre » (*Nouv. Lundis*, II, 402).

et sans air, avec la rigoureuse discipline de la scolastique, ils ont appris avec lui que l'étude et les jeux en liberté étaient sains et utiles. Accablés du souci de l'heure présente, surmenés intellectuellement entre la griserie d'esprit causée par la Renaissance et la griserie d'âme causée par la Réforme, déprimés et débiles au sortir de l'éducation routinière du Moyen-Age et rendus impropres à lutter contre un mal qui a fait déjà des ravages, « le mal de vivre », ils ont reçu de Rabelais la panacée universelle, la gaîté. « Les brouillards cimmériens » — (déjà !), disparaissent devant le rayonnement de ce pantagruélisme qui est le nom nouveau d'une philosophie ancienne, celle d'Horace par exemple, par laquelle on apprend...

> A mépriser la mort en savourant la vie,...
> .... à souffrir l'indigence,
> A jouir sagement d'une honnête opulence,
> A vivre avec soi-même, à chérir ses amis,
> A se moquer un peu de ses sots ennemis,
> A sortir d'une vie ou triste ou fortunée,
> En rendant grâce aux dieux de nous l'avoir donnée !
>   VOLTAIRE.

La philosophie qu'il prêche, il l'a définie « celle « moyennant laquelle jamais en mauvaise partie ne « prendront choses quelconques ils cognoistront « sourdre de bon, franc et loyal courage. » C'était, en même temps, se définir lui-même, donner les traits principaux de son caractère ; c'était aussi, en quelques mots, raconter sa vie, car il fut bon, loyal, et de franc courage.

Mais ce serait se tromper, si l'on ne voyait que l'apparence, les dehors de cette philosophie qui fait bien plus que sourire, qui « s'esclaffe de rire » et, de cette façon, arrive plus à séduire la canaille qu'à charmer les délicats, suivant le mot de La Bruyère, ce serait se tromper que de croire qu'il est grossier, léger, superficiel, et qu'il n'a jamais eu, dans les intervalles de ses « beuveries », le frisson de la vie des autres moins heureux. Il a parfois la note mélancolique : il se montre sensible, il vibre au contact de certaines tristesses. La preuve en est dans ces passages où son héros Pantagruel, qui pourrait presque passer pour son double (car il semble que Rabelais se soit incarné pour partie en lui), s'humanise et, sous le poids de certaines idées, « reste tout pensif et mélancolique » (IV, 18), sans plus voir Panurge « en excès de joye. » Voyez comment il raisonne sur le trépas des héros (IV, 27) : « Pantagruel, ce pro« pos finy, resta en silence et profonde contempla« tion. Peu de temps après, nous vismes les larmes « découller de ses œils, grosses comme œufs d'au« truche. » Mais cet état d'âme ne dure pas : l'homme d'action, énergique et avisé, reparait, qu'il faille lutter contre la tempête ou combattre les Andouilles, tandis que le sceptique Panurge se conduit comme un pleutre.

De tels accès de mélancolie, pour être rares, suffisent à prouver que, chez Rabelais, la gaîté n'est pas un libertinage d'esprit qui le rende incapable de concevoir des pensées généreuses et consolantes, ni un incorrigible dévergondage qui lui dessèche le cœur jusqu'aux sources profondes où naît la pitié. Il n'est ni indifférent, ni sceptique en certaines matières réservées. Il ne se montre alors ni amer ni sarcastique, et il lui monte aux lèvres, du tréfonds de l'âme, des paroles pour exprimer les sentiments les plus élevés. Il a beau être un professionnel du rire ; il ne livre qu'assez *rarement* aux risées du public, complice de sa moquerie, ce qui est tout à fait respectable. Je dis *rarement*, parce que, de son temps et du nôtre, des croyants lui ont reproché d'avoir touché d'une main imprudente ou sacrilège aux choses de la religion et d'avoir poussé l'irrévérence jusqu'à parodier des passages de livres saints. Il s'est fort défendu de cette accusation.

Certes, il est démolisseur, par moments, le rire de Rabelais, et cette gaîté, audacieuse, satirique, ne fait pas toujours rire ceux qu'elle plastronne, les chats-fourrés, les cafards de toute robe, les grippeminauds, et autres gens qu'il y a quelque courage à attaquer, car ils disposent des foudres spirituelles et de moyens plus coercitifs encore, le bûcher, le gibet. Il se moque ferme, quand il est poussé à bout. Mais cela ne dure pas très longtemps. L'amertume est assez facilement éteinte par une histoire bien bonne et diluée dans une série de citations. Le rire vient faire épanouir l'âme, dès que se voile le souvenir de la sottise ou de l'iniquité triomphante, du crime oppresseur.

N'y a-t-il pas, dans cette manière de faire, comme une sorte de leçon de bienséance, de tenue ? N'est-ce pas une façon d'enseigner qu'il faut avoir la pudeur de ses préoccupations et de ses emportements ? Rabelais a eu, tout comme d'autres, ses embarras, ses soucis, ses chagrins, ses déceptions, quoiqu'il n'en transparaisse guère à travers les ouvrages que nous connaissons. Les meilleures joies lui sont peut-être venues de l'étude, et il les a payées cher tout d'abord, puisque l'amour du grec faillit lui coûter sa liberté, et, plus tard, ce n'est pas aux livres sérieux qui sont le fruit de ses laborieuses veilles, sur lesquels il compte pour fonder sa réputation, qu'il doit ou l'aisance, ou la renommée, ou le crédit. Pour battre monnaie, un peu pour lui et beaucoup pour son éditeur qui se plaint de ne pas vendre assez de ses livres pour rentrer dans ses déboursés, il se met à paraphraser d'abord de vieux et informes récits de bonne femme, il reprend des romans de chevalerie, il les imite dans leur affabulation grotesque pour mieux conquérir un public léger et superficiel : il orne ces lambeaux de chronique gargantuine de son grand style, il prodigue les richesses de son esprit, il dessine les arabesques d'une broderie merveilleuse pour rendre dignes de l'attention des lettrés les plus délicats les ouvrages qu'il compose à l'intention d'un public vulgaire, en vue de l'amuser et l'instruire. Il lui arrive que la vogue de ses livres où la frivolité, les gaillardises, le rire à outrance voilent les plus utiles leçons, le fait plus connaître que toutes ses éditions savantes. Ainsi va le monde !

Tel, de nos jours, musicien très classique de goût, harmoniste sévère, gardera invendues, injouées, des symphonies, des messes, des suites d'orchestre composées avec le souci du grand art, et fera fortune avec deux ou trois opérettes aux airs faciles agrémentés de grimaces d'histrions en goguette. Tel autre, poète inspiré, aux envolées superbes, aux rythmes ailés, se plaira plus volontiers, s'il obéit à son goût personnel, à dire la mélancolie des amours d'automne que l'ivresse des amours d'été ; artiste consommé, d'une sensibilité exquise, il s'est condamné, pour plaire à la foule, à ce qu'il appelle lui-même « des paillardises triomphantes », il s'est fait amuseur professionnel, parfois ingénieux rapetasseur de vieux contes grivois, parfois jovial inventeur ou habile metteur en œuvre de joyeusetés méridionales.

Écoutez ce spécialiste de la gaudriole, si souvent en rupture de ban avec la lyrique poésie à la façon de Lamartine. Vous verrez comme il juge le rire et les rieurs, comme il trouve tristes certains écrivains qui ont fait métier d'être gais et qui ont tenu boutique ouverte de gravelures. « Tous tristes
« au fond ces joyeux de profession, plus tristes que
« les rhéteurs dont le sérieux nous assomme et qui
« font métier de leur savant ennui... Les avares de
« gaîté sont comme des thésauriseurs et les autres
« comme des prodigues qui jettent leur fortune aux
« passants par la fenêtre... Pour ce qui est d'une
« gaîté profonde, absolue, sans réticence, elle ne
« peut être que le fait des âmes égoïstes. Le spec-
« tacle des souffrances qui nous entourent en inter-
« dit la plénitude aux gens de cœur. Pour ceux-là,
« elle n'est jamais qu'un repos de la pensée, un ou-
« bli salutaire mais passager des iniquités qui nous
« emplissent d'intimes révoltes (ARMAND SYLVESTRE). »

C'est bien ainsi que doit être jugé Rabelais : son humour si personnelle, qui, par moments, pourrait bien plus exactement s'appeler de la « blague », en argot moderne, est la revanche d'un esprit libre, mais « sensible », qui se dépêche de rire de peur d'être obligé de pleurer, comme le descendant, en ligne très directe, né de la verve de Beaumarchais. Si débordante qu'elle soit, la gaîté rabelaisienne est tempérée parfois par un retour sur les misères du temps présent.

<small>Surgit amari aliquid quod in ipsis floribus angat.</small>

Mais ce n'est qu'une pointe d'amertume : il ne grince pas bien longtemps, ce rire, il est trop bien portant, trop franc, et disons le mot, trop ingénu, surtout dans les premiers livres ; il redevient assez vite bienfaisant et réparateur.

On a dit que la gaîté de Rabelais empruntait vraiment trop de ses accès à la polissonnerie et à la scatologie. M. Lenient, dans son ouvrage à la fois d'une érudition si profonde et d'une lecture si attachante, a reconnu que le reproche était fondé, mais il a largement plaidé les circonstances atténuantes : « Il faut de terribles éclats de rire pour « couvrir la tempête d'injures et de menaces qu'é- « changent entre eux les partis... Rabelais n'est pas « un délicat (1). »

Le genre adopté, le milieu ni l'époque, ne comportaient guère cette délicatesse. Il ne faut pas juger avec le goût raffiné de notre temps. Or, même aujourd'hui, des auteurs gais se piquent-ils toujours de bon goût dans la plaisanterie? Encore peut-on dire de Rabelais qu'il a beau, par moments, être ordurier, indécent, il ne présente pas à de jeunes imaginations le danger de lectures plus voilées, d'un nu moins déshabillé. Voyez Armand Sylvestre, que je citais tout à l'heure : n'est-il pas souvent plus indécent que son modèle? parce qu'il y ajoute un esprit pimenté que ne connaissait peut-être pas la grivoi-

---

(1) Lenient, *Histoire de la satire en France*, I, p. 62.

serie du xvi⁰ siècle. Et Guy de Maupassant, qui a, lui aussi, avec tant de verve ironique, raconté des histoires du jour et de la nuit, surtout de la nuit ! est-ce que vous ne le trouvez pas d'une lecture autrement dangereuse que Rabelais, dans les grosses farces que vous savez? Encore faut-il constater que, chez Maupassant, l'ironie domine, la verve tourne à la mélancolie, la plaisanterie au désenchantement.

Ils ne sont d'ailleurs chastes ni les uns ni les autres. Mais Rabelais est grivois tout simplement parce qu'il tient à vous désopiler la rate et qu'il s'amuse lui-même à ce jeu, il rit ingénument de ses propres « galéjades ». Tandis que les autres, chez lesquels la sensualité domine, font réfléchir le lecteur sur les causes profondes de leur rire gourmand, ils évoquent des images troublantes. La gauloiserie de l'auteur de *Gargantua*, — et c'est ce qui le sauve ! — n'a rien de criminel ; elle n'incite pas à de coupables transports génésiques, elle provoque un large rire, elle dénote une gaillardise franche et sans détour; comme la nature même, elle ne comporte pas de raffinements.

On voit dans quel sens on peut dire que le rire de Rabelais est toute une leçon d'hygiène, comment il devient bienfaisant pour le corps et l'esprit. Il n'a rien du comique de l'heure présente, dirait Edmond de Goncourt. « Le comique fouetté, nerveux, épi« leptique ; le gros, rond et gai comique, genre « Restauration, c'est mort, ça ne se fabrique plus « en France en l'an de grâce 1888. »

Ça ne se fabriquera pas de longtemps : les professionnels du rire ne tiennent presque plus cet article ! Nos pédagogues modernes, grands et petits, depuis le chef de l'Université jusqu'au plus humble instituteur, connaissent, enseignent et pratiquent la pédagogie de Rabelais. Nos grands amuseurs, comme les Labiche et les Meilhac, les Maupassant et les Sylvestro, s'y sont appliqués à leur façon, mais ni les uns ni les autres n'ont retrouvé le faire, le tour de main de l'ancêtre ; ou plutôt, c'est la galerie qui a changé et qui est plus difficilement amusable. « L'état d'âme » n'est plus le même. Qui sait ? le bon docteur lui-même, apôtre du rire au xvi° siècle, y perdrait son latin et son grec, et sa philosophie, et son libre esprit, et tout ce qui a constitué le don merveilleux de secouer les hommes, de les instruire en les amusant, bref de leur « mettre du cœur au ventre », ce qui veut dire, pour la foule, dans une formule vulgaire, rétablir la santé des corps, l'équilibre des intelligences. On l'a dit à satiété : nous sommes des cérébraux. Nous rions trop de la tête ! ce n'est pas le bon rire !

Mais, que ce soit du cerveau ou de la rate, on rit encore aujourd'hui, n'en déplaise à certains sceptiques qui trouvent la jeunesse trop mélancolique, à certains pessimistes qui, toujours sous le coup des disgrâces passées, continuent le mauvais rêve et se lamentent par avance sur des disgrâces futures, exagèrent, en les déplorant, de simples apparences de décrépitude morale. On ne rit pas, en effet, de la même manière qu'autrefois. Renan l'avait remarqué et il rattachait ce changement à une évolution du rire, suivant l'exemple de la littérature qui est elle-même l'expression des mœurs publiques.

S'il est vrai que « le rire physique ne soit que le retentissement dans tout l'organisme d'un phénomène intime produit par le plaisir indicible de se sentir vivre en liberté, sans peine, sans réflexion », on peut dire que le rire varie avec le temps et le lieu, tantôt mordant et sarcastique, tantôt délicat et raffiné, ou burlesque, ou mélancolique, ou terrible, revanche des faibles contre les forts, des gens d'esprit contre les sots, des penseurs libres contre les féodaux de tout genre, des batailleurs contre les pacifiques, des irréguliers contre les austères, ennuyeux et rangés. Si l'on racontait l'histoire du Rire, comme M. Lenient a étudié les phases de la Satire en France, c'est l'histoire même de l'évolution psycho-physiologique de l'homme, à travers les diverses formes de la vie sociale.

Ce qui dominerait, à travers le récit des manifestations de la gaîté humaine, c'est le principe que le rire est un remède. *In omni morto lætari bonum*, disait Hippocrate, et Galien a corroboré, en affirmant que d'avoir le cœur à l'aise c'était une garantie contre les maladies (1).

Rabelais, qui possédait si bien son antiquité classique, celle du moins qu'avaient révélée les manuscrits incomplets venus d'Orient, Rabelais, qui tenait des Grecs que les idées noires sont nuisibles, que l'on se saluait à Athènes par ces mots : « Réjouis-toi », paroles gravées jusque sur des tombeaux, qui avait reçu de leurs médecins ces axiomes cliniques et qui, d'ailleurs, cédait vraisemblablement à son propre penchant, n'eut aucune peine, dans sa vie laïque ou ecclésiastique, à exploiter les bons effets de la gaîté.

(1) Ch. Féré, *La Pathologie des émotions*. Le professeur Péter n'avait-il pas le même mot : « Quelqu'un est mort de chagrin et d'une fluxion de poitrine ? »

Aussi bien, en tant que curé jovial et prédicateur aventureux, eut-il des prédécesseurs et des héritiers : les Michel Menot, Olivier Maillard, Jean Raulin, le petit Père André, furent célèbres pour la verve satirique de leurs discours et pour leurs propos joyeux. Il eut aussi des émules, car c'est le temps d'Erasme et de son *Eloge de la folie*, le temps des bouffonneries âpres, des parodies endiablées, des éclats de rire succédant aux grosses injures, s'entremêlant aux mortelles attaques qui marquèrent la polémique des orthodoxes et des réformés.

Ne semble-t-il pas que Panurge ou le frère Jean des Entommeures soient de ces bouffons en titre qui avaient pour mission d'égayer la mélancolie royale et de faire oublier l'austère monotonie de certains séjours seigneuriaux ? Panurge n'est-il pas, tout comme un Triboulet, un Caillette, un Brusquet, attaché à la personne de Pantagruel ? Il est vrai qu'il ne se reconnaît pas pour un compagnon tel que Triboulet, qu'il trouve « proprement et totalement fol, » mais il n'en est pas moins chargé de divertir son maître parfois un peu mélancolique : il ne porte pas marotte, il tire ses meilleurs effets non de quelques grelots sonores, mais de sa braguette dont il sait faire un plaisant usage et qui lui inspire des joyeusetés à dérider « un âne mort ». Panurge, pas plus que Triboulet, ne respecte pas grand'chose. Noblesse, magistrature, clergé, pâtissaient de l'esprit du fou de François Ier, et tout lui était permis, à la condition qu'il fût vraiment drôle et qu'il fît rire. Panurge en est là aussi ; encore fait-il rire même à ses propres dépens, lorsqu'il a des accès de couardise ou qu'il a le souci de se marier, ce qui rend la situation plus piquanto, car le maître moqueur est raillé à son tour et il fait les frais de la pièce comique ; mais il ne se trouble pas pour si peu, et les « plaustra injuriarum », les chariots d'épigrammes que lui déversent ses compagnons ne lui font point perdre de vue les choses qu'il considère comme essentielles. En tout cas, il continue de s'amuser et, avec lui, Rabelais amuse ses lecteurs complaisants, et il s'amuse lui-même avec ses « fanfreluches antidotées », contre-poison de la méchanceté et de la sottise humaines, il bat le rappel des pantagruélistes, estimant que, pour bien rire et rire longtemps, il n'est pas bon d'être seul et disant que,

> Mieux vault de ris que de larmes escrire
> Pour ce que rire est le propre de l'homme.

Regnard écrira plus tard :

> Les moments que l'on passe à rire
> Sont les mieux employés de tous.

A la condition, toutefois, que le rire ne soit pas une perpétuelle moquerie, car, en dépit du mot de Voltaire qui prétendait se bien trouver de rire de tout, le rire satirique n'a qu'une demi-vertu hygiénique, il ne vaut pas le rire qui passe délibérément le nœud de la gorge, celui-ci, robuste, ingénu, franc, bon enfant, dont Rabelais a donné si souvent l'exemple et le précepte. Ainsi dans le premier livre, après le plaidoyer de Bragmardo : « le théologien n'eust si tost achevé que Ponocratès et Eudémon s'esclaffèrent de rire tant profondément qu'ils en cuidèrent rendre l'âme à Dieu... Ensemble commença rire maistre Janotus, à qui mieulx mieulx, tant que les larmes leur venaient es yeulx (I, 20). »

Voilà le bon rire qui ne fait mal à personne! avec cela il est permis de manger son pain en liesse, de boire son vin en belle humeur, ainsi que le recommande l'Ecclésiaste, traduit et non désavoué par Renan.

Mais sans doute cette façon de rire, si favorable à la santé parce qu'elle met la machine humaine en mouvement « par la véhémente concution de la substance du cerveau », cette ivresse passagère et bienfaisante, cette folie dont Erasme a fait l'éloge, ne se rencontre-t-elle que chez ceux qui déjà se portent bien? Le remède souverain contre la mélancolie et le pessimisme répugne aux délicats, aux raffinés, qu'a pâlis une vieillesse prématurée.

Or, les peuples sont faits de même. La physiologie des foules ne ressemble-t-elle pas à celle des individus? Des races que la civilisation a imprégnées, corrompues, fatiguées, anémiées, deviennent moins amusables que des races jeunes. Une gaieté compliquée, dissolvante, perverse, leur convient. Il faut alors, trop souvent, pour réveiller un peu le bon rire, un art consommé.

Au xve, au xvie siècle, comme auparavant, comme plus tard, les rois, les princes, les grands de la Cour, les seigneurs ecclésiastiques, avaient leurs parasites, leurs flatteurs, leurs fous en titre. Aux peuples douillets, raffinés, usés par une longue prospérité, polis par une culture intensive et positive, il faut aussi des baladins, des bouffons pour faire du bruit, agiter les grelots de la folie, chatouiller les rates les plus récalcitrantes. Mais il ne suffit pas de bercer avec des contes badins l'humanité inquiète, ennuyée ou souffrante, il est bon de lui dire des choses qui la fassent penser sans déplaisir et la préservent de la tristesse « couarde et basse, » dit Montaigne. Rabelais n'y a pas manqué.

Pour les services qu'il a rendus avec ses œuvres de « haute graisse », « source vive et veine perpétuelle » de joyeuseté et raillerie, pour les « folatreries et mocqueries » dont il a amusé petits et grands,

<blockquote>Voyant le deuil qui les mine et consume,</blockquote>

Rabelais a bien mérité de ses contemporains et de la postérité.

Chez lui, heureusement, il y a bien d'autres choses que celles « pour exciter le monde à rire. »

CHAPITRE XVIII

Au musée de Naples, entre autres merveilles exhumées de Pompéï ou d'Herculanum, il existe un admirable buste en bronze noir qui, au témoignage du catalogue officiel, d'après d'anciens critiques d'art, reproduirait les traits de Platon. Le front pensif du personnage, les yeux abrités sous l'arcade sourcillière, le visage empreint d'une douce majesté et comme éclairé par le rayonnement intérieur, la lèvre légèrement entr'ouverte pour sourire, tout semble dénoter que c'est bien là le philosophe que ses premiers admirateurs qualifièrent de « divin », parce qu'il se rapprochait de la divinité par la sagesse et la beauté. Mais on s'est trompé, à ce qu'il paraît ; c'est bien un dieu véritable que le sculpteur a voulu représenter, c'est Bacchus lui-même, descendu de l'Olympe, souriant doucement, dans le vague, aux mortels, et leur enseignant que le vin a quelque vertu secrète, puisqu'il contient et force et vérité.

Ainsi les interprètes d'art ont pu confondre le plus grand des philosophes et le dieu du vin, et, parce que celui-là n'eut rien de morose, que sa gravité fut empreinte souvent d'une sereine alacrité, on a cru voir son image dans celle d'un Bacchus indien !

De même, on a pu dire de Rabelais ce que Pascal devait écrire de ce même Platon et d'Aristote : « qu'ils étaient des gens honnêtes, et, comme les autres, rient avec leurs amis. » On a retrouvé en lui le Pantagruel et le Panurge, le savant parfois mélancolique et le gamin à la verve indécente, le philosophe altéré de vérité et l'amuseur peu scrupuleux ; l'un, habitué des grandes « librairies », l'autre, familier du cabaret « la Cave peinte » et de la rôtisserie « la Lamproie. » C'est le *Janus bifrons* ; un double visage, une double personnalité, l'une qui s'élève parfois jusqu'au mysticisme, l'autre qui s'incline vers la tripe ; l'esprit, la panse parlent tour à tour !

Ce qu'il est juste de constater, c'est la prédominance graduelle de l'esprit. Au fur et à mesure que l'on avance dans ce voyage à travers les choses de ce monde, et qu'il faut instruire, fustiger en riant, la conversation s'écarte de ces sujets qui avaient défrayé les premiers livres. « Depuis les premières « pluyes, dit Pantagruel à Panurge, tu es devenu « grand lifrelofre, voyre, dis-je, philosophe. » Pour bien marquer ces tendances, Rabelais, par une de ces contradictions qui lui sont familières, a rudement houspillé les mangeurs et les buveurs, les *gastrola-*

tres (IV, 58), « tous ocieux, rien ne faisans, point ne travaillans, poidz et charge inutile de la terre. » Le plan idéal de l'abbaye de Thélème ne fait même pas une part nécessaire aux cuisines. Ce n'est pas à dire que les Thélémites devront vivre de l'air du temps ! Ne fallait-il pas marquer que les joies grossières de l'estomac devaient tenir peu de place dans leurs occupations ou plaisirs de la journée ? Il n'y a pas eu oubli volontaire.

Ce serait bien aller trop loin que d'affirmer l'absolue sobriété, l'irréductible continence de Rabelais. Le « homo sum » a pu être dit par lui, et il a connu toutes les faiblesses. Pour qu'une légende aussi accréditée se soit formée autour de sa gourmandise, de sa goinfrerie, avec la publique complicité de Ronsard, Joachim du Bellay et quelques autres, il faut qu'il y ait eu quelque chose. Lui-même a contribué à établir cette réputation de bon buveur, intrépide devant la bouteille. Il a dédié son œuvre aux « beuveurs très illustres » ; il vante « l'odeur du vin, ô combien plus *friant, riant,* « *priant,* plus céleste et délicieux que d'huyle. » Il est fréquemment question de « bouffrer ». Son style devient lyrique pour raconter des exploits gastronomiques avec leurs résultats inévitables.

Mais il nous a avertis, lui-même aussi, en termes formels, qu'il ne fallait pas accepter pour vrai cet enthousiasme de commande. Le prologue du livre III explique surabondamment de quoi il s'agit dans ces « beuveries », quelle est cette ivresse, en quoi consiste le secret de la dive bouteille.

Comme ces mots « boire », « tonneau », « vray

cornucopie de joyeuseté et raillerie », revenaient très fréquemment sous sa plume, qu'il prétendait composer ses écrits pendant ou après les repas, ses ennemis s'imaginèrent ou feignirent de croire qu'il avait l'obsession de l'ivresse, qu'il devait au vin le meilleur de sa verve, de sa gaîté. Ce langage était purement symbolique. Le secret de la bouteille, après lequel courent, sous tant de latitudes, les compagnons de Pantagruel, c'est l'éternel problème dont la solution hante tous les penseurs, tous les hommes, devrait-on dire, pour peu qu'ils veuillent s'élever au-dessus des bêtes humbles et résignées à leurs fins dernières, pour peu qu'ils conservent, au milieu de leurs épreuves, le désir de quelque chose de mieux. La science, pour Rabelais, est source vive et veine perpétuelle ; « bon esprit y gist au fond, comme en « la bouteille (?) de Pandora, non désespoir comme « au bussard des Danaïdes. » Il oublie volontairement la tradition biblique et cette condamnation sans merci prononcée contre nos premiers parents pour avoir mangé le fruit de l'arbre de la science. Loin de détourner de cette science redoutable, il invite à aller vers elle, de là le voyage vers le Temple de Bacbuc, et il indique le moyen de faire un bon voyage, c'est de vivre en parfait état de pantagruélisme. La pomme d'Adam et d'Eve était le fruit défendu ; le pantagruélion est la plante bénite et riche entre toutes, bienfaitrice de l'humanité. Les voyages forment la jeunesse. Pantagruel, ses compagnons, voient au loin briller la lumière qui annonce la demeure de la vénérable Bacbuc. Panurge demande à tous les échos s'il doit se marier. Tous auront le mot d'une énigme autrement compliquée, mais il faut prendre à la bouteille ce qu'elle contient de liquide magique.

« Buvez, leur dit-on, non ainsi que les bêtes boivent ; buvez hardiment, copieusement, car le vin que l'on vous offre coule de la fontaine « vivifique », il « *sonne le beau mot qui doibt oster de misères.* » Buvez, c'est-à-dire emplissez-vous l'âme de toute vérité, enivrez-vous de tout savoir. Ce n'est plus rire mais boire qui est le propre de l'homme. Donc buvez insatiablement de ce « vin bon et frays » qui n'est autre chose que la science, la philosophie, par laquelle on élargit la connaissance de soi et des créatures, la découverte de ce qui ne se voit ni aux cieux ni sous terre, par laquelle on descend « au « puiz ténébreux auquel disoyt Héraclytus estre vé- « rité cachée », par laquelle on peut « seurement « et plaisamment parfaire le chemin de la cognois- « sance divine et chasse de sapience. »

Il ne s'agit plus de « mesurer la musarderie des musars », mais bien d'affirmer sa foi dans l'avenir de la science, sa croyance au vrai qui conduit au bien.

Au prologue de son premier livre, Rabelais invite à boire ; au prologue du livre III, il réitère son invitation ; à son dernier chapitre, il montre encore qu'il faut boire, puiser au « tonneau inexpuisible », à la source miraculeuse. Sous une forme badine, à l'instar de Platon, il offre son *Banquet* : l'*amour* qu'il enseigne, c'est l'amour de la science. Comme il a cru y trouver la source de toute vérité, il espère que les hommes s'empresseront de boire à la fontaine magique, pour s'y approvisionner de sagesse, qu'ils voudront goûter le « bien souverain » qui consiste

non « à prendre et recevoir, mais à élargir et don-
« ner », à répandre à profusion la bonne doctrine
à l'usage des pantagruélistes dignes de ce nom.
« Plus de lumière ! toujours plus de lumière ! »
proférait Gœthe à son lit de mort. Un empereur romain disait : « *Laboremus* », travaillons. Rabelais
dit « Buvez ! » et, pour distraire du labeur nécessaire,
il ajoute : « Vivez joyeux ! »

C'est de la suggestion mentale : c'est de la pédagogie à l'usage des grands et petits enfants. Ah ! le
bon médecin, « ni chagrin, ni tétricque, ni rébarbatif », qui opère » la transfusion des esprits serains »
dans l'âme des plus ténébreux, et qui se fait joyeux
pour guérir les mélancoliques ! Ah ! le persuasif
prédicateur de sagesse ! Comme Socrate, il se présente « toujours riant, toujours buvant d'autant à un
chacun, toujours se guabelant », mais non « toujours
dissimulant son divin savoir », car Rabelais jamais
ne sait résister au plaisir de citer ses auteurs, et son
érudition est aussi copieuse, aussi exubérante que sa
gaîté. C'est à tel point que, par moments, l'on se demande, au contraire du bon moine dont il est question
en un chapitre de Pantagruel (IV, 11) et qui se plaignait qu'à Florence il y eût trop de statues et pas assez
de rôtisseries, s'il n'y a pas dans l'œuvre rabelaisienne
beaucoup trop de statues et pas assez de rôtisseries.
Mais il y a largement de ceci et de cela pour qui sait
lire dans ces allégories si pleines de véritable humour, si instructives en dépit de leur forme débridée, cynique, badine. Les accès de folle gaieté deviennent les auxiliaires de la raison ; ils la véhiculent
dans les cerveaux les plus rebelles. Luther, en Allemagne, Théodore de Bèze, en France, s'efforçaient

de faire rire aux dépens de leurs adversaires. Ce qu'ils avaient essayé, avec beaucoup d'autres, dans un intérêt religieux, Rabelais l'a tenté au profit de la science, de la raison ; il veut prouver que la sagesse n'est pas une « variété de l'hypochondrie », que le rire n'est pas une impiété, quoi qu'en dise le pape de Genève, l'austère Calvin. Il n'a pas seulement trouvé cela dans son bon sens. Epicure le lui a enseigné, s'il est exact, comme le rapportent Cicéron (Tusc. II, 7, 17) et Sénèque (Epistol. 66, 18), qu'il enseignât que, par l'évocation des pensées joyeuses, on pouvait dominer les tourments les plus affreux. Paracelse l'a cru, Agrippa a été de cet avis, que suggérer la gaieté est une bonne chose contre la maladie présente ou à venir. Rabelais y ajoute que c'est la meilleure préparation en vue d'amener au pantagruélisme les gens bien pensants. La thérapeutique n'est pas compliquée : il n'y faut que le tour de main (ou d'esprit) pour le médecin et la bonne volonté chez le malade, l'un traitant l'autre « en toute joyeuseté. »

C'est au seuil de la vie active que pourrait être inscrit cet avertissement : « Passant icy cette po- « terne, garny-toy de bonne lanterne », autrement dit de bon sens. Telle serait la formule synthétique pour indiquer à la fois qu'il faut avoir le désir de s'instruire, la volonté d'y travailler, l'esprit d'y arriver, la charité de faire profiter les autres de la science acquise, « car les hommes sont nés pour « l'aide et secours des hommes, » le tout avec le sentiment d'allégresse qui doit présider à l'accomplissement d'un devoir.

Moyennant quoi, « entre les humains paix, amour,

dilection, fidélité... trotteront de main en main...
Toutes aultres vertus cessent. Charité seule règne...
Tous seront bons, tous seront beaulx, tous seront
justes (III, 4). » Ah ! le beau rêve que fait Panurge !
Ces emprunteurs et ces prêteurs, ce sont les hommes
pratiquant la fraternité, et tous les raisonnements
du positif et froid Pantagruel ne prévalent pas contre
l'enthousiasme du prôneur habituel des franches lippées. Il faut retenir cet élan lyrique, pour l'opposer
à la formule plus prudente du pantagruélisme, au
découragement passager et à la mélancolie fortuite
dont témoigne parfois Pantagruel, l'autre porte-paroles de Rabelais.

C'est de la philosophie bon enfant et sans prétention à la profondeur ; elle se fonde sur l'idée de
perfectibilité de l'homme, mais sans affirmer que
tout est pour le mieux, parce que, au contraire, toujours il y a mieux à faire dans la voie du bien. Cet
optimisme se tempère par l'idée de la liberté, de
l'indifférence, en certaines matières : « Fais ce que
« vouldras », suivant la formule thélémite.

La doctrine de Rabelais sur le devenir heureux
se résume ainsi. Son eudémonisme consiste à faire
rire les hommes pour leur persuader qu'ils sont
heureux, ce qui est une manière de les rendre heureux, et à leur donner la foi en une science plus
grande, ce qui est une manière de les rendre
meilleurs.

Rabelais prétendait suivre « tous philosophes et
« sages antiques » ; il a été suivi par bien d'autres
qui ont systématisé ce qu'il avait simplement
indiqué. Leibnitz, avec son idéal d'une philosophie presque éternelle (*perennis quædam philosophia*),

songeait peut-être à cet ensemble de vérités simples et durables, fonds commun de tous les systèmes, qui suffit pour la culture générale de l'esprit, pour le bonheur (par essence, hélas ! très relatif) de la pauvre humanité.

Le gros mot solennel de « métaphysique » paraîtra excessif pour l'ensemble des idées éparses dans les joyeux livres de Rabelais, pour une doctrine aussi imprécise, peu définie et complexe dans ses origines et ses applications. Cependant, il semble qu'avoir, en ses écrits, sinon tenu, au moins, effleuré la science antique, s'être fait l'interprète, le continuateur de Platon et d'Aristote, s'être compté aussi bien parmi les disciples du second que parmi ceux du premier, avoir manié l'ironie comme Socrate, cela vaut de passer pour un philosophe, cela prouve que l'on a l'esprit philosophique. Oui, si l'éclectisme est un système, si un léger flottement d'idées dans le domaine abstrait n'est pas une cause d'exclusion, Rabelais est un véritable philosophe, et toutes les folies qu'il a commises, toutes celles qu'il a racontées, ne peuvent prévaloir contre cette constatation.

Pour n'avoir érigé doctoralement aucun système, n'avoir donné aucune formule (excepté le fantaisiste « fais ce que vouldras »), n'avoir accepté aucune discipline, aucun joug, aucune orthodoxie, fût-ce de Genève, d'Augsbourg ou de Rome, il n'en est pas moins un philosophe, ayant sa morale, sa sociologie, sa théodicée, indiquant une méthode, le bon sens et le travail intellectuel, et, pour tout le reste, les vérités relatives et purement objectives, un doux scepticisme qui le dispense d'appartenir à une secte quelconque. On pourrait rappeler la définition de Descartes et dire : « toute sa philosophie est comme un « arbre dont les racines sont..... le savoir livresque « et la bonté. » Ainsi il ne dépend de personne, et il reste accessible à tous. Ainsi, il apparaît comme une sorte de Leibnitz, au savoir universel, à l'esprit encyclopédique, mais sans les systèmes, les abstractions, les chimères de ce dernier.

Du reste, toutes proportions gardées, n'y a-t-il pas quelques points de contact entre le pantagruélisme vrai, celui de la lettre de Gargantua à Pantagruel, qui est l'essence de la philosophie rabelaisienne, et ce côté de la philosophie leibnitzienne, qui veut que la piété soit *sereine* et *gaie*. « J'estime, écrivait le grand encyclopédique, que celui-là aura le mieux mérité de la république chrétienne qui aura trouvé le meilleur moyen d'allier la plus grande sérénité possible à la piété. »

N'est-ce pas en partie le programme de Rabelais? N'a-t-il pas eu cet idéal? Si le génie éclectique de celui-là le conduit à penser que le but de l'éducation, le devoir de la science, l'idéal de l'art, c'est de convaincre l'homme de la beauté de la vie d'au delà, de la puissance et de la bonté de Dieu, si le pantagruélisme de celui-ci aboutit à des conclusions adéquates, et si, d'autre part, l'un et l'autre, remontant aux sources antiques, prennent le meilleur de tous côtés, unifient Platon, Démocrite, Aristote, on peut dire d'eux qu'ils sont frères, tout au moins en ce qu'ils ont aimé passionnément la vérité.

Rabelais s'est fait platonicien, non seulement parce qu'il a placé au premier chapitre de son *Banquet* pantagruélique et pris comme patron le maître des maîtres, celui qu'on vénère au jardin d'Académus, mais parce qu'il s'est imprégné de la doctrine de Platon, parce qu'il cite constamment ses œuvres, le Cratyle, le Gorgias, la République, le Phédon, le Timée, parce qu'il a pérégriné à travers ses idées avec l'ambition qu'avaient les compagnons de Pantagruel, « voir, apprendre, cognoistre, visiter l'oracle de Bacbuc », avec la soif ardente de mieux savoir. Qu'en a-t-il rapporté au juste ? J'ai raconté au début de ce travail (p. 34) quelles accusations avaient été portées contre Rabelais, quels démêlés il avait eus avec les représentants officiels de l'orthodoxie religieuse. On sait qu'il ne fut pas moins répudié, à un moment, par Calvin que par Noël Béda, et qu'il courut de grands risques, de réels dangers, dont il ne se tira que grâce à l'intervention de puissants amis. Il se plaça, lui et son abbaye de Thélème, la colonie de bons compagnons soucieux de bien vivre, sous la protection du pouvoir royal. Berquin et Dolet, d'autres encore, périrent dans les supplices. Lui, par quelques pasquinades, eut raison de la terrible Faculté de théologie : il fit rire papes et cardinaux et les désarma par son esprit et son apparente sincérité. La Sorbonne le censurait, le dénonçait en vain comme un affreux hérétique, un athée contempteur de toutes les vérités révélées, surtout, au fond, comme un ennemi des moines : elle lui reprochait d'avoir fait la « figue » aux gens de Papimanie et de Papefiguière, bien plus que d'avoir oscillé sur les articles intangibles de l'existence de Dieu et de l'immortalité de l'âme.

Au fond, quoique, en certains passages de son œuvre, il ait eu des mots malheureux qui aient pu faire douter de sa croyance philosophique, il faut s'en tenir à sa déclaration, telle que la donne la lettre de Gargantua. Ainsi que je l'ai indiqué, il semble que, sur ces deux points, « il est au nid de la pie » ; c'est le mot qu'il disait, au moment de mourir, au page qui venait prendre de ses nouvelles de la part du cardinal du Bellay. Il paraît s'y être tenu, en dépit de sa boutade sur le « grand Peut-être », et le pantagruélisme, tout nourri de paganisme qu'il soit, quelle liberté de pensée qu'il implique, s'est mis en règle avec « le souverain plasmateur » ; il implique des devoirs envers Dieu comme envers les hommes, il met la théodicée à la base de son enseignement.

La Sorbonne l'accusa de ne croire ni à Dieu ni à diable, mais ce fut à tort. Rabelais a parlé de l'Enfer ; il est vrai qu'il en a fait une description fantaisiste et que les damnés n'y sont pas aussi mal traités que dans l'Enfer traditionnel, à telles enseignes que ce sont les rois et les puissants de la terre que l'on punit le plus là-bas, par application sans doute du « deposuit potentes de sede » ; c'est la revanche des petits. Sur le compte de l'Eglise, Rabelais en a pris très à son aise, mais il a tenu à ce que l'on ne suspectât pas son orthodoxie ; il s'efforce d'être correct en nombreux endroits. « Si chose est en ceste vie craindre, après l'offense de Dieu... » Pantagruel invoque « l'ayde du grand Dieu servateur... » Il dit : « devant nos « œilz faut la crainte de Dieu continuellement « avoir »... « Tous philosophes et saiges antic-« ques... ont estimé deux choses nécessaires guide « de Dieu et compagnie d'homme... Or, allez, de « par Dieu qui vous conduye. » Raminagrobis, mourant, évoque le doux pensement, « voyant et jà tou-

« chant et goustant le bien et félicité que le bon Dieu
« a préparé à ses fidèles et esleuz, en l'aultre vie et
« estat d'immortalité. » Quant à Panurge, dans beaucoup de ses discours, il témoigne de son désir d'être en règle avec le dogme et ses représentants, par la crainte salutaire du bras séculier, dans le désir inavoué d'échapper au « brûlement » réservé aux hérétiques. Rabelais a prêté à Panurge son propre sentiment : il va dans ses doutes jusqu'au bûcher exclusivement. Le pantagruélisme est une doctrine moyenne ; il n'exige pas de ses adeptes un héroïsme irréductible ; il sacrifie officiellement aux dieux. Socrate, qui fut un progressiste, ne rendait-il pas un culte public aux divinités d'Athènes ? Mais on sentait trop son ironie, son manque de conviction ; il battait en brèche trop d'idées reçues, trop d'intérêts jusqu'alors respectés, et, notamment, il devenait l'adversaire des prêtres attachés aux temples païens dont il sapait l'autorité en enseignant l'existence d'un Dieu unique. On lui fit bien voir qu'il valait mieux, à l'exemple de ses contemporains, « pousser l'ignorance jusqu'à croire ce que l'on ne connaît pas, » et, pour l'exemple, on lui administra la ciguë. Rabelais n'a pas la vocation du martyre : il trouve que la vie et un canonicat valent bien une messe et plus. Aussi parle-t-il volontiers de Dieu, et même de Jésus-Christ, mais avec plus de discrétion, le terrain de discussion étant plus « brûlant », c'est le cas de le dire.

Sur ce chapitre, il fleure l'hérésie, non pas qu'il affirme dans un sens ou un autre, mais c'est qu'il ne semble pas se croire obligé « de croire ce qui ne peut se comprendre, » suivant le mot de Wicleff, et

alors il aime mieux s'abstenir. « Ceci n'est point matière de bréviaire ; » ceci n'est pas à discuter, puisque la Sorbonne prescrit ce qu'il y a lieu de croire et de faire. Son scepticisme ne paraît pas l'avoir jamais ni gêné ni fait souffrir. On ne peut pas lui appliquer ces mots du P. Lacordaire : « le scep-
« ticisme n'est que le désespoir d'une intelligence
« assez grande pour connaître qu'elle ne voit le tout
« de rien, mais trop faible pour respecter dans le
« mystère la limite inévitable imposée à l'esprit
« créé. » Rabelais ne perd rien de sa quiétude intellectuelle, et il fait, pour se garder des attaques sorbonnistes, tous les sacrifices nécessaires. Suivant le sage avis qu'il place dans la bouche de Pantagruel, il place « toute sa fiance en Dieu, son protecteur, lequel jamais ne délaisse ceux qui en luy ont mis leur espoir et pensée, » et il fait agir vivement ses amis pour le sauver de la « maulvaise compagnie. » Ailleurs il fait tenir au même Pantagruel le langage suivant : « s'il te plaist à ceste heure m'estre en
« ayde, comme en toy seul est ma totale confiance,
« je te foy vœu que, par toutes contrées tant de ce
« pays de Utopie que d'ailleurs où j'aurai puissance
« et authorité, je ferai prescher ton sainct Evangile,
« purement, simplement et entièrement. » Et Dieu secourt le bon Pantagruel.

C'est là de l'orthodoxie, mais plus philosophique que canonique. Aussi ne s'y trompait-on pas, et, en dépit de toutes les protestations, ceux qui détestaient Rabelais pour ses attaques contre les moines et les sorbonnistes l'accusaient d'athéisme. C'était le moyen traditionnellement employé pour se débarrasser des gêneurs. Au XVI⁰ siècle, il est mis en batterie contre tous les systèmes nouveaux, contre tous les écrivains un peu indépendants. Dès le siècle précédent, on accusait Aristote de conduire à l'irréligion. Tels docteurs en Sorbonne, comme Jacques Lefèvre (d'Etaples), tels professeurs comme Zimara, tels moines comme Zorzi, qui ont voulu faire de l'érudition, de l'éclectisme, et qui ont secoué la doctrine de la faculté de théologie, se sont vus pareillement incriminés. Spinoza se fait une réputation d'athée. Descartes, controversant avec Voët, encourt le même reproche, comme jadis Abailard, comme un peu plus tard Boileau, celui-ci pour avoir écrit le mot irrévérencieux :

Abîme tout plutôt ; c'est l'esprit de l'Eglise.

Le peu orthodoxe satirique s'en tira bien, par un très habile *distinguo*, tout-à-fait en situation. Il allégua qu'il avait entendu attaquer « non ce corps respectable de pasteurs éclairés et vertueux, qui conserve et défend le précieux dépôt de la foi, mais cette troupe subalterne et malheureusement trop nombreuse de ministres ignorants et calomniateurs qui ne sont pas plus l'Eglise que le parterre de la foire n'est le public. » (*D'Alembert*, Eloge de Despréaux, note 39).

C'est à peu près la distinction que fait Rabelais pour se faire pardonner certaines irrévérences contre les « porteurs de rogatons », contre les « marmonneurs de légendes et de psaumes », les diseurs de patenostres et d'*Ave Maria* ; il se moque ferme d'eux tous, mais il proteste de son respect pour Dieu, il prononce fréquemment le mot sacré, afin que l'on ne puisse dire qu'il a le langage d'un hé-

rétique. Sauf, d'ailleurs, à se rattraper par quelque plaisanterie palinodique, pour sauvegarder sa dignité humiliée. Ce qui a fait dire par Etienne Pasquier que Rabelais s'était joué des dieux et des hommes, mais il ajoute que ni les uns ni les autres n'en parurent trop fâchés. En quoi il se trompe, car si le bon Dieu de Rabelais fit la sourde oreille, les prêcheurs évangéliques, les professeurs de la Sorbonne, entendirent fort bien et crièrent au scandale. Non contents d'accuser Rabelais du crime d'athéisme et du crime d'hérésie, ils prétendirent qu'il ne croyait pas non plus à l'immortalité de l'âme. Ils oubliaient qu'il avait écrit ceci : « Nature a en l'homme pro-
« duit convoitise, appétit et désir de savoir et ap-
« prendre, non les choses présentes seulement, mais
« singulièrement les choses à venir, parce que
« d'icelles la connaissance est plus haute et plus
« admirable... Parce donc qu'en cette vie transitoire
« ne peuvent venir à la perfection de ce savoir...
« s'ensuit qu'une autre vie est après celle-cy, en la-
« quelle ce désir sera assouvi. » Ailleurs il parle encore de « l'aultre vie » et de l'état d'immortalité. Autre affirmation : « l'âme, par le sommeil, reçoit
« participation insigne de sa prime et divine ori-
« gine... elle s'esbat et revoit sa patrie qui est le
« ciel... elle est dite vaticinatrice et prophète (III,
« 13). » Pantagruel semble croire au dédoublement de la personne. Quelques occultistes, anciens ou modernes, l'en approuveraient, comme de cet autre passage relatif à la *clairvoyance* vantée par les sages de l'Inde : « aussi ne peult l'homme ne recevoir divinité et art de vaticiner, sinon que la partie qui en luy plus est divine (c'est *mens*) soit coye, tranquille, pai-

sible, non occupée, ny distraite par passions et affections foraines. » Donc Rabelais croit bien au dogme de l'immortalité de l'âme : « Je croys, que « toutes âmes intellectuelles sont exemptes des ci- « seaux d'Atropos ; toutes sont immortelles, anges, « démons et humaines » (IV, 27). C'est la base de son enseignement moral, c'est aussi, paraît-il, le sentiment intime de l'écrivain. On voit dans quelle mesure il est sceptique ; sur ce point, il n'a pas suivi le conseil de Charron, il ne s'est pas « tenu libre « d'un engagement un peu vif ».

CHAPITRE XIX

Cette excursion autour des idées pédagogiques de Rabelais m'a, trop souvent peut-être et avec plus de détails qu'il n'aurait fallu, entraîné à étudier en lui d'autres faces de son talent, d'autres tendances de son esprit, d'autres détails de sa vie littéraire que ceux dont, strictement, le sujet comportait le développement. C'est parce que je n'ai pas su rompre à temps le charme de certaines lectures et que je me suis oublié trop volontiers à glaner, dans son œuvre si diverse et si touffue, avec les impressions qui s'en dégageaient, bien des renseignements qui se référaient à l'exposé de son système d'éducation. Mon excuse est qu'il s'agissait d'un livre que le cardinal du Bellay appelait *Le Livre*, comme l'ouvrage par excellence, le bréviaire des « honnêtes gens » du XVIe siècle, et d'un homme qui, après avoir joui de la faveur de papes, de rois, de princes de l'Eglise, de grands seigneurs, s'était modestement confiné dans une cure de campagne et, comme utile passe-temps, y avait, dit-on, enseigné le plain-chant aux enfants de chœur, appris à lire aux pauvres de tout âge. Voyez-vous le favori des Guises, l'ami des Estienne, l'auteur recherché, le professeur applaudi, qui finit petit magister de village, accoucheur d'âmes rurales !

Certes, je n'ai pas tout dit sur la pédagogie de Rabelais, mais il fallait se borner, sous peine de marcher sur les traces de ces deux admirateurs du maître écrivain, Passerat, un poète, Copus, un médecin, qui passèrent une partie de leur vie à éclairer (?) de leurs commentaires l'évangile selon Rabelais.

Je voudrais maintenant résumer la théorie pédagogique contenue dans la lettre de Gargantua, lettre qui a été le prétexte ou la cause occasionnelle de ce travail, et qui m'en a fourni, et le thème, et presque tout l'ordre de mes développements. Je ne l'ai pas suivie toujours avec une fidélité scrupuleuse. Comment se montrer rigoureusement méthodique avec un auteur aussi fantaisiste, dont l'esprit souffle où il veut, dont l'imagination court à bride abattue à travers le temps et l'espace, sans souci de la chronologie ni des distances, et qui se moque, avec tant d'humour, des critiques qu'on pourrait lui adresser à cet égard ? Il a prétendu lui-même n'avoir employé à la composition de « ce livre seigneu-
« rial... oncques plus ny aultre temps que celluy
« qui estoit estably à prendre la réfection corpo-
« relle, sçavoir en beuvant et mangeant. » N'en peut-on prendre aussi un peu à son aise avec lui, qui se soucie avant tout d'être dit « bon gaultier

« et bon compaignon », et qui secoue toute contrainte ?

En somme, Rabelais apparaît comme l'un des plus éminents écrivains de l'ancien régime qui aient pédagogisé : il est bien le précurseur de nos éducateurs modernes, et ceux-ci ont le droit d'être fiers d'avoir à continuer l'œuvre d'un tel ancêtre.

On peut condenser en quelques traits la doctrine qui se déduit de son livre et de sa vie.

Au point de vue de l'éducation physique, il préconise les exercices du corps, sans distinguer, comme certains, de nos jours, entre la gymnastique rationnelle (ou par les agrès classiques) et la gymnastique libre (appelons-la, par opposition, romantique). Son élève doit connaître l'art de la chevalerie et tout ce qui en dépend, et, en outre, s'adonner aux jeux de plein air. Si paradoxale que semble une telle affirmation, à propos d'un moraliste (!) qui passe auprès de certains pour un ivrogne à l'état chronique et d'une œuvre que l'on a dite écrite entre deux vins, il enseigne la sobriété, il recommande l'hygiène sous toutes ses formes, le plein air et l'eau fraîche.

Au point de vue de l'éducation intellectuelle, il se dégage complètement des procédés de la scolastique ; il complique à plaisir le programme d'études, et, néanmoins par la variété des travaux, il s'efforce de ne pas alourdir l'élève. En cela, il est original, comme aussi pour le choix des matières, favorisant l'étude du grec, de l'hébreu, de l'histoire. Comme philosophe, il est plutôt platonicien, mais il suit fidèlement Aristote pour la technologie scientifique ; il prend et garde, d'ailleurs, ce qui est bien, partout où il le trouve, à la rescousse des Grecs, des Alexandrins, des Arabes, des Juifs, des Italiens.

Au point de vue de l'éducation morale, quelque invraisemblable encore que cela paraisse, avec la mauvaise réputation qu'il s'est faite auprès de ses contemporains bien pensants, il s'efforce de rester ou de paraître orthodoxe, se permettant de fréquentes échappées de scepticisme, mais ne s'y attardant pas, par prudence et, aussi, par paresse d'affirmer sur certains points douteux. Avant tout, c'est un penseur libre, éclectique dans le détail des croyances, ferme sur le terrain des choses essentielles, quand la passion ou, tout simplement, la fantaisie d'une boutade, ne l'entraîne pas trop. Par l'exemple et le précepte, il marque quelles sont les vertus théologales de l'homme vivant en société, la modération, la bienveillance par laquelle on plaît aux autres, la « maîtrise de soi » par laquelle on arrive à la maîtrise des autres. Comme hygiène morale, il recommande à satiété d'être gai. Indifférent en politique, indépendant en religion, éclectique en philosophie, il veut que son élève soit correct envers Dieu, « dont la parole demeure éternellement », et envers les hommes dans le commerce desquels il faut vivre en toute « honnesté et preudhommie. »

Telle est la doctrine pédagogique de Rabelais.

Cordelier, médecin, juriste, curé, secrétaire des commandements ou conseiller intime de plusieurs grands seigneurs ecclésiastiques, savant considérable, écrivain d'une vogue inouïe, il ne mérite peut-être toute sa popularité, il n'a surtout valu aux yeux des penseurs, des purs moralistes, que parce qu'il s'est montré un pédagogue avisé, qu'il n'a pas dédaigné, en ses heures de recueillement, de donner son sentiment sur la meilleure manière de faire des hommes, « d'accoucher des âmes. » N'est-elle pas touchante cette fin, lorsque, ainsi que je le relatais plus haut, ce polémiste redoutable, cet érudit impeccable, devient le maître d'école, le catéchiste, le diseur de prônes, à l'usage des petits, des pauvres, tous paroissiens ignorants des subtilités de la scolastique et peu versés aussi bien en casuistique qu'en dialectique ! Quelle religion facile il devait leur faire ! Quels joyeux sermons devait entendre l'église de Meudon ! Voilà un prédicateur qui ne parlait pas souvent des tourments de l'enfer et qui préférait, sans doute, à l'occasion, causer un peu de la « bagatelle » pour dérider les fronts moroses ! Il faut prendre ici le mot « bagatelle » dans le sens où l'entendaient Mme de Sévigné et La Bruyère (1), mais on pourrait sans inconvénient l'interpréter à la moderne et lui faire signifier toute sorte de plaisanteries d'une joyeuseté risquée. Les prédicateurs ne se gênaient guère, au temps de Rabelais, pas plus qu'avant, pas moins qu'après, sachant très bien que leur vogue tenait autant à leur talent de dire crûment des injures et de crier plus fort que d'autres, qu'à leur éloquence, à leur zèle, à leur science théologique. On doit présumer que le bon curé de Meudon dut une partie de sa réputation à cette nouveauté « d'être un prédicateur qui prêche l'Evangile », suivant le mot de Boileau à Louis XIV à propos du Père Le Tour-

---

(1) Mme de Sévigné : « Je me jette à corps perdu dans la bagatelle. » La Bruyère : « Il ne rit point, il ne badine jamais, il ne tire aucun fruit de la bagatelle. »

neux : un Évangile un peu différent, il est vrai, de celui que préféraient ses ennemis avérés, les Sorbonnicoles et d'autres, que Panurge hait à mort, « qui regardent par un pertuys » et qu'il renvoie « hors de la quarrière », loin de son soleil. Peut-être « l'enchantement de la bagatelle », comme disait le Père Bourdaloue, lui faisait-elle quelque peu oublier « le seul bien digne de notre souvenir », mais il répandait autour de lui la gaîté qui, si elle n'est pas tout le bonheur, en est une partie ou en donne l'illusion, il invitait tout le monde à boire à sa « fontaine caballine », il convertissait tout le monde à cette douce et commode philosophie, le pantagruélisme : tout le monde, sauf les éplucheurs de syllabes et les cerveaux à bourrelet, qu'il méprise autant qu'il redoute les « caphards. » Aussi, lorsque des étrangers allaient à Meudon, leur proposait-on de leur montrer « le château, la terrasse, les grottes « et M. le curé, l'homme du monde le plus revenant « en figure, de la plus belle humeur, qui reçoit le « mieux ses amis et tous les honnêtes gens, et du « meilleur entretien. »

Ce fut, ai-je dit, une sorte « d'accoucheur d'âmes »: en effet le pantagruélisme fit école. Mais ses principaux disciples, ceux de la Cour, curieux surtout de plaisir, affolés de libertinage, de paganisme, compromirent la doctrine du maître : avec eux, elle dégénéra en un épicurisme grossier. Ne voyant qu'un seul côté de cet enseignement fantaisiste et frivole, en apparence consacré à la satisfaction d'appétits immodérés, ils pratiquèrent avec entrain l'art de la volupté, ils célébrèrent le culte de Bacchus, ils crurent honorer leur initiateur en pantagruélisme en fêtant sans mesure la dive bouteille, comme si elle n'avait pas été, dans l'idée de Rabelais, l'image symbolique de la coupe inépuisable en laquelle devaient étancher leur soif les esprits altérés de science et de vérité.

Après eux, d'autres générations vinrent qui firent profession de foi pantagruélique. Ce furent de bons compagnons, enthousiastes de savoir, préoccupés d'être libres, sacrifiant à des dieux multiples, sans trop de convictions, avec une prudente ironie, un peu divers et ondoyants, indécis dans leurs opinions, d'ailleurs imprégnés du principe mal compris d'Epicure, à savoir que la meilleure règle de conduite est la recherche du plaisir; enfin des hommes qui, sans être des héros ni des parangons de vertu, purent se montrer de franc et loyal courage, et, se mettant en règle avec leur conscience, avec les lois divines ou humaines, qui se rendirent capables de joyeusement vivre et honorablement mourir.

Si Rabelais a été le précurseur de nos pédagogues modernes, il peut, avec non moins de justice et d'exactitude, être présenté comme l'aïeul, rien moins que vénérable, (car il inspire plus l'admiration familière que le respect), de cette lignée vraiment française, Montaigne, Molière, La Fontaine, Lesage, Voltaire, Beaumarchais, Renan. Et combien d'autres, en France ou à l'étranger, successeurs immédiats des contemporains tout proches, ont exploité si ingénieusement, parfois si éloquemment, cette veine féconde de gaieté, de libre allure dans le style et dans la pensée dont s'étaient récréés sans scrupule les bons esprits du XVIᵉ siècle, à la lecture des chroniques gargantuine et pantagruéline !

Vraiment, Rabelais a pu faire écrire ceci par son héros Gargantua : « Quand par le plaisir de luy qui « tout régit et modère, mon âme laissera ceste habi-« tation humaine, je ne me repreteray totalement « mourir, ains passer d'ung lieu en aultre, attendu « que en toy et par toi je demeure en mon image, « visible en ce monde, vivant, voyant et conversant « entre gens d'honneur et mes amys, comme je « souloys. »

Si le maître avait pu avoir la vision de ces illustres descendants, continuateurs, à des titres divers, de son œuvre, il se fût trouvé » en grande jubilation et contentement », et ce triomphe posthume, dans la gloire de ces héritiers de son génie, l'eût consolé des revers qu'il avait éprouvés, des accusations dont il avait été l'objet, des périls qu'il avait courus.

Il existe, sans doute, dans les familles d'une même race humaine, entre les plus beaux génies dont s'honore une nation, un cousinage intellectuel qui se trahit à certains traits de ressemblance et qui les groupe étroitement devant la postérité en dépit des différences de mœurs et de climat. Ces écrivains, tout de spontanéité, si la poussée atavique est très sensible, ou tout de patience, s'ils se cherchent et s'ils remontent péniblement à leur auteur, ces écrivains, croyons-nous, trouvent en leur berceau le vert rameau et la couronne d'or ; ils se les transmettent d'âge en âge, malgré le temps et l'espace qui les séparent, comme ces coureurs, dont parle le poète, qui font passer de main en main le flambeau qui ne doit pas s'éteindre. Ils s'inspirent l'un de l'autre, se donnent le mot d'ordre, se livrent le dépôt sacré des secrets du génie, la moisson d'idées et de sentiments que chacun a reçue et augmentée, et, à eux tous, successivement, dans la suite des siècles, ils entretiennent le culte de la Beauté éternelle, ils sont les serviteurs fidèles de l'Art impérissable.

Les maîtres que j'ai nommés plus haut entre plusieurs autres ne sont pas tous des héritiers directs du grand railleur du xvi° siècle. Pourtant, même en ligne collatérale, la parenté se révèle par quelque trait, il y a l'air de famille ; mais, lorsque l'on retrouve dans un écrivain plus récent même érudition, même tendance au scepticisme, même subtilité, même éloquence, même « gaieté d'esprit et mépris des choses fortuites », on peut être assuré que la filiation est directe.

La théorie, suspecte à bien des points de vue, en tout cas non prouvée et assez improbable, d'après laquelle la vie terrestre ne serait, pour chaque être, qu'une série d'existences à travers lesquelles il s'affinerait, s'épurerait, deviendrait meilleur ou simplement autre, cette théorie serait-elle plus qu'une conjecture ? L'histoire politique ou littéraire n'offre-t-elle pas de ces phénomènes de réviviscence qui font reparaître des types d'esprit ayant déjà joué leur rôle dans le monde et le reprenant sous d'autres formes, en d'autres milieux ? Ne semble-t-il pas, en effet, que certains êtres disparus se réincarnent en de nouveaux êtres, gardant, en cette métamorphose, de nombreux traits de la précédente physionomie, montrant le caractère distinctif de la race intellectuelle à laquelle ils appartiennent ?

Ces esprits d'élite qui forment l'aristocratie des travailleurs de la pensée, — d'ailleurs pas tous au même rang, — n'ont-ils pas eux-mêmes un peu conscience que la nature leur a fait, plus large qu'à d'autres, une part dans l'héritage commun d'idées, de sentiments, d'émotions qui constituent l'humanité et d'où ils tirent leur œuvre d'art? Il semble bien que, par quelques-unes de leurs productions, sur un point de détail, dans la forme ou le fond, qui se retrouve identique d'un auteur à l'autre, ils veulent manifestement indiquer qu'ils ont le droit de se faire des emprunts. Les rois s'appellent frères ou cousins : pourquoi les génies ne se traiteraient-ils pas de même, enfants de la même lignée exceptionnelle et prédestinée ?

Entre tous ceux qui ont précédé ou suivi Rabelais, qui lui ont pris ou desquels il tient certains procédés de composition, certains artifices de style, certaines peintures de caractères, combien sont réellement des « porte-sceptre », pour rappeler le mot de Sainte-Beuve? Quels sont les véritables précurseurs de Rabelais? Quels sont ses héritiers les plus directs? En France et à l'étranger, un grand nombre d'auteurs lui doivent quelque chose. J'en vois peu qui aient présenté, au même degré, une telle originalité, celle d'avoir des qualités et des défauts qui semblent s'exclure. Il y en a peu qui aient eu autant d'esprit, du plus salé, du plus piquant, et autant d'amabilité, qui aient fait preuve d'un si complet scepticisme parfois et d'une si grande bonté, d'une si profonde horreur de l'intolérance et d'une si belle humeur inaltérable. S'il est vrai, comme l'a prétendu Alexandre Dumas fils, que « la première condition du génie, c'est la sincérité », Rabelais a bien été un homme de génie. Dumas ajoute : « ce qui est sincère est toujours chaste », mais il serait un peu risqué, cet aphorisme, appliqué à un livre que l'on a eu beau lire et relire à satiété (c'est, entre parenthèses, la marque des œuvres qui restent et qui doivent durer), qui n'en garde pas moins une très mauvaise réputation. En effet, Lenient le salue comme « l'apocalypse de la libre pensée » ; Prosper Mérimée, tout en ne trouvant pas « une page qu'on puisse lire tout haut », ne voit pas « une ligne qui n'offre un sujet de méditation. »

Evidemment, on ne pourrait adresser ni un si bel éloge, ni de si vives critiques, à la plupart des écrivains, français et étrangers, qui marchent sur les traces de Rabelais, que la critique littéraire compte plus ou moins dans sa postérité, directe ou collatérale. Ils ne méritent pas cet excès d'honneur d'être loués outre mesure, parce qu'ils ont plané moins haut que lui, d'un vol, moins sûr et moins hardi, vers l'idéal ; on ne leur a pas non plus fait l'indignité de les rabaisser au niveau des plus vulgaires amuseurs de la foule, parce qu'ils n'ont pas, comme le Gaulois, toujours mal froqué, curé de Meudon, méprisé certaines bienséances et traîné leur muse dans l'ordure.

Au XVIᵉ siècle, en Allemagne, par exemple, *Fischart*, le grand satirique de la Réforme que l'on a appelé le Rabelais mayençais (quoiqu'il fût de Strasbourg, par sa famille, par une bonne partie de son existence), a traduit, ou plutôt adapté, l'œuvre gargantuine et pantagruéline. Dans cette œuvre, il ne montre pas à un égal degré les qualités de celui dont il s'inspire. N'a pas non plus la verve bouffonne, la fantaisie lâchée, la gaieté « bon enfant » du conteur

français, le théologien satirique *Murner*, dont les pamphlets, l'*Evocation des Fous*, la *Corporation des Fous*, valurent à leur auteur une si belle réputation de polémiste. L'un et l'autre, hardis, spirituels, originaux dans l'invective et la satire, n'atteignent pas à la verve, la fécondité, la vivacité du satirique français. Surtout il leur manque une chose qu'il possède, lui, au plus haut degré, la bonne humeur, grâce à laquelle il fait oublier la douloureuse cuisson des blessures qu'il a causées. Un seul homme, à cette époque et dans ce pays, posséda, comme Rabelais, le don de la gaieté, la faculté de rire, de se moquer, d'invectiver parfois avec une sorte de sérénité, au milieu des batailles de plume les plus vives et les plus cruelles. Ce fut *Luther*, dont notre enthousiaste Michelet a écrit, dans son volume sur la Réforme :
« La bénédiction de Dieu qui était en Luther appa-
« rut en ceci surtout que, le premier des hommes
« depuis l'antiquité, il eut la joie et le rire héroïque ;
« elle brilla, rayonna en lui, sous toutes les formes ;
« il eut ce grand don au complet. » Sauf la remarque, tout au moins inutile, que ce don vint de la bénédiction de Dieu, il faut reconnaître qu'en effet le promoteur de la Réforme, pendant une grande partie de sa vie publique, au fort de ses luttes contre l'Eglise romaine et contre les confessions rivales, conserva la bonhomie joyeuse, la simplicité, qu'il tenait de ses parents, humbles ouvriers. Luther a, de plus que notre écrivain, la poésie dans ses œuvres pieuses, la foi qui fait prier, et aussi l'audace impétueuse du verbe, de la plume, de l'action, l'éloquence fiévreuse, passionnée, injurieuse. Homme du peuple, il en a toutes les énergies, tous les emportements et,

parfois, la naïveté, la bonté, la robustesse d'allures. Rabelais est bien plus prudent, plus fin, plus cultivé, plus épique aussi jusque dans l'invective, plus libre enfin, car il ne songe pas à fonder une religion nouvelle, à devenir chef d'une église ; il n'a d'autre ambition, ce semble, que de fronder la sottise, l'injustice, l'oppression, et il doit à son équanimité, à sa prudence, de mourir comme il a vécu, tandis que Luther, le « Rossignol de Wittemberg » (suivant le mot de *Hans Sachs*), le bon docteur qui prêchait les oiseaux et, devant les blés mûrs, pleurait de reconnaissance et d'amour pour Dieu, mène une vieillesse triste, aigrie, et meurt déçu de tout, exaspéré par la lutte et les mécomptes des derniers jours.

A la même époque, l'Angleterre, qui va assister au plein épanouissement du génie de Shakespeare (ce qui suffirait à la gloire littéraire d'une nation), possède des satiriques et des conteurs, en prose, en vers, dont la verve s'exerce aux dépens des ridicules et des vices de leurs contemporains. Mais il est bien certain que ni *Georges Gascoigne*, avec son *Miroir* (steel glass), ni *Joseph Hall*, évêque de Norwich, avec ses satires *mordantes* (biting) ou *sans dents* (toothless), n'ont les échappées burlesques, d'ailleurs peu convenables, du satirique Rabelais ; ils n'approchent guère de sa valeur littéraire, autant qu'il nous est permis d'en juger toutefois, car toute comparaison entre écrivains si différents d'origine, de milieu, de langue, est périlleuse pour le critique ! Il faut arriver au siècle suivant pour trouver un conteur qui, porté par son goût personnel à l'observation, à l'ironie et à la critique, voyant le monde en travesti, ose en tracer le portrait caricatural : c'est Butler, avec sa satire héroï-comique, *Hudibras*, que Voltaire a honorée d'un pastiche réussi.

Plus tard, à l'âge de la reine Anne, on rencontre deux conteurs, humouristes par excellence, assez grands, assez personnels, assez variés par la forme, tout en se rattachant à ce genre de la satire symbolique, allégorique, pour ne pas paraître indignes de prendre place dans la galerie des maîtres moqueurs où Rabelais a régné. Je veux parler de *Swift* et de *Sterne* : ils sont incontestablement de sa lignée, mais, entre eux et lui, quelle différence ! Voici l'appréciation, sur lui-même, du célèbre et mordant doyen de Saint-Patrick : « Le principal but que je me propose « dans tous mes travaux est de vexer le monde plutôt « que de le divertir et si je pouvais remplir mon des- « sein sans nuire à ma personne ou à ma fortune, je « serais l'écrivain le plus infatigable que vous ayez « connu de votre vie. » Pessimiste âpre, il travaille à faire partager aux autres ses idées misanthropiques : de bonne heure, il a crevé sa vésicule de fiel ; son encre est faite de bonne bile, cuite et recuite, bien concentrée. Coleridge l'a appelé un « Rabelais à sec ».

Le Révérend Sterne a l'ironie plus douce, plus aimable : « il ressemble à ces petits satires de l'anti- « quité qui renfermaient des essences précieuses », a dit de lui Voltaire (*Questions sur l'Encyclopédie*, V° *Conscience*), et il le nomme le second Rabelais de l'Angleterre. Le doux et spirituel auteur du *Voyage sentimental* a beaucoup étudié l'épopée pantagruélique ; on le sait et cela se voit. Mais, pour être juste, reconnaissons qu'il a su conserver toute son originalité ; il donne sa marque personnelle, la qualité de son humour est bien britannique ; il est amusant avec décence, il inspire une douce gaieté (1), il ne se départ pas des principes de la morale, se souvenant de l'habit sacré qu'il porte. Ce sont de ces scrupules que ne connaît pas notre Rabelais, un siècle auparavant.

Un penseur de notre époque a écrit : « Rien n'est « beau que ce qui sort de l'âme ou des entrailles. » Rabelais a puisé son inspiration partout ; qu'elle vienne de la tête, ou du ventre, tout lui est bon pour dérider les fronts moroses. *Pro tumulo venter sesquipedalis erat*, suivant une épigramme de Joachim du Bellay. On a de lui des pages qui sont d'un savant, d'un aimable philosophe : c'est la voix d'en haut. Il en offre d'autres où il laisse parler la voix d'en bas, de l'estomac, des entrailles et de tout le reste.

C'est aux disciples qu'il a eus, écrivains ou simples lecteurs, à faire leur choix ; suivant leurs convenances personnelles, dans cette mine inépuisable de joyeusetés où, tour à tour, Montaigne, Molière, La Fontaine, Voltaire, Beaumarchais ont butiné sans vergogne comme dans un trésor de famille.

CHAPITRE XX

Je compterais volontiers parmi les héritiers directs de Rabelais un de nos plus illustres contemporains, qui, lui aussi, a été un abîme de science encyclopédique ; aimable et souriant, sceptique, doux et tolérant, il a prêché la joie dans ses livres, dans ses en-

---

(1) « J'aime, dit Montaigne (III, 5), une sagesse gaye et civile, et fuys « l'aspreté des mœurs et l'austérité, ayant pour suspecte toute mine rébar- « bative... La vertu est qualité plaisante et gaye. »

tretiens, du reste avec une note atténuée et légèrement ironique, plutôt faite pour inspirer un peu de mélancolie. Je songe à Ernest Renan.

Le grand railleur du xvi⁰ siècle et le subtil philosophe du xix⁰ présentent intellectuellement bien des points de contact. D'abord ils ont accompli tous deux une œuvre d'érudition considérable. De même que Rabelais a sa longue série d'études polygraphiques, sur des auteurs grecs, latins, toscans, dont nous ne savons, du reste, que peu de chose, Renan se présente à la postérité savante avec un magistral ensemble de travaux d'exégèse religieuse, d'histoire, de linguistique, de critique d'art. De même que le bon curé de Meudon met au jour ses joyeuses chroniques, pour l'ébattement des bons compagnons, de même le professeur au Collège de France publie l'*Abbesse de Jouarre, Caliban*, le *Prêtre de Némi*, élucubrations fantaisistes, qui ont mécontenté des esprits chagrins, trop soucieux du discours académique. Mais elles ont enchanté tant de lecteurs délicats ! Rabelais s'est survécu, non pas à cause de ses livres érudits, mais grâce à ses œuvres badines. Qui sait si Renan, en dépit de son énorme bagage d'ouvrages de toute sorte, ne sera pas dépassé un jour et s'il ne devra pas l'immortalité (celle qu'au fond il préférait et qu'il voulait peut-être mériter) à ces dialogues philosophiques qui ont d'abord paru, à lui et à bien d'autres, au milieu de ses austères recherches, comme une débauche d'esprit ?

S'il était encore de mode de poursuivre ce que Plutarque, le créateur du genre, appelait « des Vies parallèles », sans doute y aurait-il plaisir et intérêt à établir les joints où les deux grands écrivains se tiennent et les divergences qui les séparent. Il est toujours un point de ressemblance, c'est qu'ils brillent au premier rang de ceux qui ont le plus honoré la patrie française. Mais ce n'est pas le seul !

Ne sont-ils pas notés comme des déterminés sceptiques ? Il est vrai que l'un, moine à peu près défroqué, reçu par grâce spéciale dans le clergé séculier, n'a paru jamais souffrir de doutes, d'indécisions, ou, du moins, il n'en a pas fait la confidence, tandis que l'autre, échappé du giron de l'Eglise, libéré du joug de l'autorité spirituelle, a, bien souvent, il semble, songé avec quelque amertume à ces premières années de jeunesse où il avait la foi ingénue : il « a souhaité encore dormir avec les simples » (l'*Avenir de la Science*). L'un, avec le vêtement laïque, et l'autre, avec la robe, conservent à l'âme comme au visage un certain pli monastique.

N'ont-ils pas tous deux une prodigieuse érudition et non moins d'esprit ? Ils raillent de même les faiblesses humaines, mais l'un a l'esprit rude, l'autre, l'esprit doux.

Tous deux ne font-ils pas consister la sagesse en un doux mépris des choses fortuites ? L'un s'en accommode, l'autre s'y résigne, comme si les choses avaient leur destinée inévitable et parce que le mieux est d'accepter la vie telle qu'elle est.

Tous deux n'ont-ils pas connu, en leur temps, les misères, les déceptions, les haines profondes, les jalousies bêtes, et, avec cela, l'insécurité matérielle, intellectuelle et morale ? Mais l'un est tout à l'action, à l'énergie, à la maîtrise de soi, toutes qualités qui aident à dominer la fortune contraire, tandis que l'autre paraît croire que nous sommes des êtres faibles, jouets de nos passions, de nos illusions, instruments poussés au gré des choses aveugles et mobiles.

Par des procédés différents qui tiennent à la dissemblance des temps et de l'ambiance, ils ont atteint la pleine possession de l'art d'écrire : la virtuosité de l'un à jongler avec les mots et à enrichir le vocabulaire n'amuse pas plus que ne séduit l'abondance savoureuse et pleine de l'autre. Telle page de celui-là, débordante de sève, passionnante d'activité créatrice, ressemble à telle autre page de celui-ci, puissamment suggestive et d'une forme accomplie, non pas seulement pour le plaisir esthétique que la lecture en provoque que parce que les deux « morceaux » ont été composés avec la secrète pensée d'étonner ou de plaire. L'un joue de la musette, « pour la musar-« derie des musards », l'autre joue du luth pour être goûté des stylistes.

Ils ont cru, tous deux, à l'influence bienfaisante de la gaîté sur l'état d'âme des individus et des foules. L'un a le rire débordant, exubérant, communicatif, fouetté de temps en temps, si l'on veut, par la griserie de la « purée septembrale », mais aussi et surtout par l'ardeur de servir à la guérison des mélancoliques, par le désir d'instruire et d'amuser des intellectuels qui, uniquement occupés de la brièveté de la vie, ne savent pas, faute de vigueur, « compenser la hastivité de son escoulement » et ne font rien pour « rendre plus profonde et plus pleine la possession de vivre », en dépit des bons conseils de Montaigne. L'autre sourit, et sa gaîté est discrète, contenue, désillusionnée, ce semble, par avance. Il s'inquiète de ce que l'on dira plus tard, de ce que pourra produire un lendemain brumeux, et, se définissant lui-même, il se juge un inoffensif : « il donna de bons conseils ! mais quelle mollesse ! quelle absence de colère contre son temps ! » *(Discours au lycée Louis-le-Grand).* La gaîté selon Rabelais est le fondement même, au xvi° siècle, d'une sorte de religion, en laquelle se font initier tous ceux qui se piquent de quelque « pantagruélisme. » Au xix° siècle, règne encore, avec des alternatives de bonne et mauvaise fortune, une école sans vraie gaîté, où figurent quelques-uns de nos écrivains les plus rares et dont l'unique doctrine a été un subtil éclectisme de doutes et d'ironies : ce syndicat d'intellectuels s'est nommé le « renanisme. »

Mme de Sévigné a eu un très joli mot pour définir les esprits douteurs et pour caractériser leur œuvre : elle les appelle des « semeurs de négatives. » N'est-ce pas bien appliqué à bon nombre des disciples de Renan, en philosophie, en littérature, qui ne cessent pas de jeter à la volée les germes d'incertitude et d'irrésolution, de poser des points d'interrogation et de répandre l'ivraie le long des vérités conventionnelles les plus consacrées par la tradition.

L'œuvre du renanisme a tout ce qu'il faut pour plaire, et on a peine à se défendre contre la douce violence qui vous est faite : elle comporte un si élégant et si aristocratique dilettantisme ! Mais Renan lui-même n'était pas à proprement parler un semeur de négatives, trop peu affirmatif pour cela. Sa pensée de derrière la tête, exprimée d'une façon toujours aimable, vous laisse flotter dans une sorte de vague qui n'a rien de désagréable, au contraire : du reste, elle ne satisfait nullement les esprits positifs, pas

plus qu'elle ne console ceux qui ont besoin d'être
protégés et rassurés par une croyance quelconque,
qui ne peuvent aller sans ce viatique des âmes à la
fois ardentes et faibles, la foi. Le malheur (ou le
bonheur, suivant le point de vue auquel on se place)
veut que Renan donne des illusions sur sa foi même
à ceux qu'il a habitués à ses plus curieuses ironies.
Il se laisse parfois aller à des effusions qui méritent
d'être retenues à l'égal des plus beaux morceaux de
notre littérature. Et alors on se demande si l'on ne
s'est pas trompé sur son prétendu scepticisme et si
l'on n'a pas eu le tort de le juger à travers les doutes
de son école. Que l'on relise quelques-unes de ces
pages admirables de morale et de philosophie, ou
encore cette invocation à sa sœur chérie, Henriette,
où il a mis tant d'émotion, on en arrive à dire de lui
qu'il a eu souvent le secret des mots puissants et
parfois des mots touchants, de ceux qui vont au cœur!

On ne peut disconvenir que cette note manque
dans l'œuvre de Rabelais, ainsi que l'a très bien fait
remarquer un critique autorisé : « Satirique et rail-
« leur impitoyable, il ne connut jamais cette douce
« sensibilité qui établit un lien intime entre un écri-
« vain et son lecteur. » *(Prosper Mérimée)*. Mais, en
ces chroniques burlesques, la sensibilité expansive
comme on la comprit plus tard, l'émotion à fleur
d'épiderme comme l'exprime Renan, n'auraient-elles
pas été déplacées ? Et puis, le temps, le milieu,
comportaient-ils de tels sentiments ? Rabelais vécut
au milieu des tempêtes du siècle, dérobant ses pensées de derrière la tête, sous le voile transparent
d'une allégorie aux brutalités et obscénités voulues.
Renan, presque toujours, du haut d'une tour d'ivoire,

regarda volontiers les hommes s'agiter et les événements passer, ayant tout le loisir d'affiner ses pensées, de polir ses phrases, afin de réserver son quant à soi et de ne livrer de lui que ce qu'il voulait laisser voir au public curieux.

En dépit de ces différences de caractères, de tempéraments, d'habitudes, il existe, à notre avis, de l'un à l'autre, des marques certaines d'atavisme. Celui qui a dit : « le plus haut degré de culture intellectuelle est, à mes yeux, de *comprendre l'humanité* », qui, pour prouver qu'il avait lui-même cette intelligence, a oublié son scepticisme et nous a laissé de si admirables pages sur la marche de l'humanité et sur les phases de la pensée humaine, ne s'éloigne pas beaucoup de celui qui l'a si bien comprise et sentie, notre condition d'homme, qu'en outre des sages avis qu'il nous donne par la bouche du bon Pantagruel, il n'a eu d'autre souci que de nous amuser pour nous faire prendre notre mal en patience. Celui-ci résume toute sa philosophie dans cette recommandation suprême de la prophétesse Bacbuc : « buvez », c'est-à-dire « instruisez-vous », le vin a pouvoir d'emplir l'âme « de toute vérité, tout sçavoir, toute philosophie », et puis, « allez, de par Dieu qui vous conduye ». Renan, de son côté, pense que c'est « une « chose très philosophique à sa manière... l'art de « céder à sa nature, la gaîté, qui apprend que l'*abstine* « *et sustine* n'est pas tout et que la vie doit aussi pou- « voir se résumer en « sourire et jouir ». Chacun d'eux a pour guide « l'illustre Dame Lanterne » : la science tempérée par le rire, ceci faisant pardonner cela.

Il est donc bien vrai que Renan porte en lui quelque chose de l'âme d'un Rabelais, qu'il a été non pas exactement ce qu'était l'autre, mais sans doute ce qu'il aurait voulu être. Par certaines de ses œuvres, il le dépasse de tout ce que notre temps a de plus lui-même que le xvie siècle, avec une hauteur de vues, une force de pensée, une élégance d'expression que certes l'aïeul concevait et qu'il aurait pu atteindre, mais aussi avec une mélancolie dans le doute que l'autre ne connaissait pas.

L'ancêtre, avec confiance, écrivait que sous terre sont des choses admirables, qu'il y a bien plus à y découvrir qu'il n'en existe dessus, que rien de ce qui est apparent n'est comparable « à ce qui est en terre caché », qu'avec de la patience, du travail, de la sagesse, ils élargiront la connaissance incomplète qu'ils ont de Dieu et de ses créatures. Après trois siècles, dissertant à propos de la culture intellectuelle de l'humanité, l'arrière-neveu a répondu : « Mon Dieu ! « c'est perdre son temps que de se tourmenter sur ces « problèmes. Ils sont spéculativement insolubles ; ils « seront résolus par la brutalité... Ces terribles pro- « blèmes sont insolubles à la pensée. Il n'y a qu'à « croiser les bras avec désespoir. L'humanité sau- « tera l'obstacle et fera tout pour le mieux. Absolu- « tion pour les vivants et eau bénite pour les morts. » De tels accents ne se retrouvent pas dans la prose pittoresque, imagée, éclatante, verveuse, du bon Rabelais, pas plus qu'on ne retrouve dans aucune fantaisie de Renan le refrain, le cri drôlement lyrique « et tout pour la tripe. »

N'importe : en dépit de cette supériorité de la forme et du fond, il n'est pas sûr que l'avenir ne lise pas plus volontiers les grosses farces de Rabelais que les subtiles analyses psychologiques de Renan. Celui-ci a d'ailleurs si bien prêché « la résignation à l'oubli », ne se faisant aucune illusion sur ce qui restera de l'œuvre individuelle pour la gloire de l'individu, qu'il se sera trouvé encore très heureux de ne pas entièrement plaire aux générations qui auront besoin de « s'esclaffer » : il a dû préférer son lot de philosophe en situation d'être représenté devant la postérité seulement par quelques pages tout à fait exquises.

Et son école, avec cette doctrine prétendue, le renanisme, restera en partage aux savants, aux sages, aux raffinés amateurs de beau style, à un bon nombre de « snobs » qui admirent, parfois sans comprendre, des paradoxes élégants, des ironies discrètes, tandis que le pantagruélisme conviendra au commun des mortels, à la foule qui s'incline devant les conceptions géniales et approuve un moment sans conviction, et qui revient avec plus d'entrain à ce qui peut l'amuser, aux badinages, à la saine et exubérante gaîté dont Panurge et le frère Jean des Entommeures ont donné le type démesurément grossi.

Le renanisme est une aristocratie, par suite il est voué à une solitude relative. Les personnes qui s'y rattachent ne peuvent prétendre à conquérir une majorité ; ce sont des isolés dans l'humanité. « Et
« vous vous étonnez, pourrait-on dire avec Renan,
« qu'avec cela ils soient parfois tristes, solitaires ;
« mais ils en sont plus glorieux qu'affligés, dit-on ! »

Le pantagruélisme, qui comporte la santé et la gaîté, le besoin de vivre, l'énergie d'y pourvoir par l'équilibre des forces morales, intellectuelles et matérielles, ne doit-il pas être enseigné et recommandé aux générations dont l'esprit compliqué, embroussaillé, tourmenté, éprouve l'insatiable désir de conclure et d'affirmer? Dans les périodes de doute intense et irréductible, tous ceux qu'irrite un scepticisme inutile, une science fuyante, reviennent volontiers aux doctrines confuses et contradictoires des époques de transition. On finit par croire à tout, ayant douté de tout. On se replonge dans les rêveries moyen-âgeuses, tristes et décevantes, on se rattache à n'importe quoi, à une superstition quelconque, pour ne pas laisser l'âme vide tourner comme une meule qui se broie elle-même n'ayant plus de grain à moudre. Il n'est pas mauvais qu'à ces esprits fiévreux d'activité, altérés de vérité, comme à d'autres, « gens « estourdiz et musars de nature », on rappelle l'oracle de la dive bouteille. Et, s'ils objectent que Rabelais, avec toute sa gaîté, Renan, avec toute sa finesse ont eu le même mot « peut-être ? », comme Montaigne disait « que sais-je ? », il sera utile de répondre que la conduite de ces apôtres, aimables gens de bien, mieux que leurs discours, a résolu ces points d'interrogation : ils ont toujours eu « l'illustre dame Lanterne », c'est-à-dire qu'ils ont vécu « à propos », « sachant méditer et manier leur vie » (Montaigne), en gens honnêtes, tenant la vertu pour une qualité plaisante et gaie, aimant le Beau et le Bien et recherchant le Vrai sans préjudice du rire.

C'est la morale que voudrait enseigner cette longue étude.

Lorsque Jean du Bellay, évêque de Paris, se donnait le plaisir de devenir propriétaire rural à Rome et d'acheter une vigne parsemée des débris d'anciennes constructions, il ne se proposait pas d'exploiter en bon père de famille. Philosophe, lettré, archéologue, il voulait, en cette terre cultivée et vivante, qui ne donnait plus à présent que du vin, retrouver ces couches profondes sous lesquelles dormaient des témoins de l'instabilité des hommes et des choses : il voulait réveiller de leur longue torpeur des générations disparues dont la gloire et les malheurs se racontaient non plus par la tradition orale, mais par des médailles, des stèles, des bijoux épars au milieu d'ossements informes et sans nom. A cette terre verdoyante et parée, en dépit des fantaisies stercorales de vignerons en goguette, il demandait le secret des choses mortes ; il évoquait de pâles ombres, il ressuscitait le lointain passé.

Ainsi a-t-on fait avec l'œuvre si touffue, si diverse, si bizarre et, malgré tout, si remarquable, de maître François Rabelais, grand calloïer des îles d'Yères, grand bienfaiteur de l'humanité qui peine et qui pense.

Son livre est comme la vigne de Jean du Bellay. Un grand nombre de cultivateurs y auront travaillé. Beaucoup n'y auront vu que des souches vigoureuses, des pampres folâtres, n'y auront récolté que du vin, du bon gros vin bleu, espoir des franches et grossières lippées. D'autres n'auront songé qu'à la récolte souterraine, à la richesse du tréfonds.

Avec ceux-ci, j'ai tâché de provigner dans les terres de Rabelais. N'en aurais-je rapporté pour mes lecteurs et pour moi qu'un peu plus de « pantagruélisme », je ne croirais pas avoir complétement perdu mon temps.

FIN

NOTES ET ÉCLAIRCISSEMENTS

Si je n'avais craint d'augmenter au-delà de ce qui convenait à l'objet spécial de cette étude le nombre des chapitres relatifs à la « pédagogie de Rabelais », j'aurais multiplié les citations et les additions qui sont de nature à éclairer mon texte. Mais j'ai craint d'annexer un nouveau livre à l'autre, et je m'en suis tenu à quelques indications sur ce qui m'a paru le plus intéressant.

Je n'ai pas voulu non plus abuser des extraits d'auteurs modernes, et j'ai eu plus de regret de ma discrétion, car mes lecteurs auraient eu tout bénéfice et tout agrément à recourir à des maîtres autorisés ; que les études auxquelles je fais allusion soient des monographies très complètes ou de simples chapitres très suggestifs, qu'elles émanent de Compayré, de Gebhart, de Stapfer, de Réville, de tant d'autres, *non ex minimis*, il y aura toujours intérêt à rechercher ce qui a été dit de Rabelais pédagogue. En portant de ces auteurs le témoignage reconnaissant qu'ils m'ont été, quelques-uns, très utiles, je dois ajouter cependant qu'ils m'auraient plutôt découragé de tenter mon travail personnel, par la perfection de leur œuvre, si je les avais connus à temps : même à ce point de vue, je leur rends grâces.

Je ne crois pas avoir à signaler tous les *errata* qui ne relèvent que de la typographie : ce sont les moins graves, d'autant que le lecteur y suppléera aisément et que sa perspicacité me vaudra son indulgence.

Cependant, je l'avertis, pour faire preuve de conscience, qu'il faut lire :

A la page 34, ligne 1, *publiques* au lieu de *politiques*.

A la page 30, ligne 7, *grand et durable* au lieu de *véritable*.

A la page 91, ligne 3, *comptaient* au lieu de *comptent*,

et, qu'à la page 30, ligne 3, il faut rétablir ainsi la phrase :
« ... de toute espèce *dont pouvait profiter* l'écolier studieux. »

En ce qui concerne d'autres *errata*, je me bornerai à m'en accuser en employant la formule commode, qui est un modèle traditionnel de simplicité et d'humilité :
« Excusez les fautes de l'auteur ! »

Page 16. — V. l'*Agonisticon* de P. Fabri, et, surtout, l'ouvrage de Tuccaro, *Trois dialogues de sauter et voltiger en l'air.*

Ce dernier auteur (p. 191), comme Rabelais (l. c.), a traité du
« frottement », de son utilité, de son mode. « Il y a deux choses
« qu'on doit observer au frottement, à sçavoir la qualité et quantité :
« la quantité, parce qu'au commencement les membres un peu avant
« l'exercice doyvent estre en toute diligence frottez doucement, à
« loisir, avec frottoirs de toile déliée, et se doit le frottement conti-
« nuer peu à peu, avec douceur et légièreté, jusques à ce que le corps
« soit reschauffé ; après se doyvent peu à peu faire les frottements
« plus forts et gaillards, adjoustant enfin si besoin estoyt de l'huille,
« en laissant le frottoir de toile et usant d'un tel frottement et fait en
« ceste sorte, iceluy ne refould les forces, mais les conforte et rend
« plus dispostes, fortes et promptes, excitant et fortifiant la nature
« et mouvement des nerfs, des muscles et des joinctures de tout le
« corps humain qui en devient plus agile, plus souple, plus prompt
« et dispos pour toute action ... »

. . . .

« On le doit premièrement faire de long et estendre de haut en bas, puis après de travers, le frotteur fera les frottements à la forme d'une demie croix obliquement et de travers, les continuans en ceste manière et en autre peu à peu, selon les différences des lieux par où le frottoir passera, d'un costé et d'autre, ce qui adviendra par un chatouillement plaisant et gratieux, car on ne sçauroit croire combien profite à la nature de tous les membres ces caresses réglées...

« Quant aux frottements qui se doyvent faire après les exercices, chacun sçait qu'ils sont nécessaires, tant pour s'essuyer et nettoyer la sueur et crasse, comme pour la récréation, repos et soulas des membres... »

. . . .

J'ai cité assez longuement pour donner une idée de la manière de l'auteur, fond et forme. Nos modernes traités de massage sont plus scientifiques, plus méthodiques ; ils tiennent bien plus compte de l'anatomie et de la physiologie, ils ne sont pas plus minutieux sur quelques points. Et puis, Tuccaro n'a pas la prétention d'écrire en savant : il s'adresse aux gens du monde, leur conseillant, pour le surplus, de s'adresser aux « belles œuvres qu'en a faict l'excellent « docteur Mercuriali, intitulez gymnastique. »

Page 25, ligne 9. — L'année 1535 fut appelée « l'année aux placards » à cause du grand nombre de libelles de tout genre qui furent publiés par les catholiques et les protestants. La guerre religieuse se faisait par le pamphlet, le sermon, la chanson, l'affiche, le roman. C'est après une profanation d'une image de la Vierge que François Ier, renonçant à sa neutralité bienveillante entre les partis, persuadé d'ailleurs qu'après avoir attaqué Dieu, on s'en prendrait à la royauté, jura de poursuivre l'hérésie et de l'extirper par le fer et le feu. Il laissa faire ou mit en mouvement les cours de justice parce qu'il vit dans les hérétiques surtout des factieux. L'orthodoxie religieuse le touchait moins que le sentiment de l'autorité royale.

Page 25, ligne 10. — Les savants, les lettrés furent les premiers à profiter de la découverte de l'imprimerie, mais le commerce des livres ne donna de grands résultats qu'au moment de la Réforme. Les controverses religieuses firent sentir la nécessité d'une production plus intense. Comme on s'adressait au grand public, peu érudit, peu patient, d'ailleurs occupé par le travail journalier, il fallut imprimer, non de gros livres de doctrine, mais des brochures, des plaquettes, peu compactes, d'un format commode. Dans cette lutte ardente et sans merci à propos de religion, il vint un moment où le pamphlet en langue vulgaire, à prix réduit, prima et ruina le livre de fonds, classique latin ou grec. A cet égard, Luther et Calvin provoquèrent une révolution pareille à celle qu'amena, de nos jours, la création du journal à un sou. Ce progrès de l'imprimerie et de la librairie date de 1516 et 1518 ; inutile de dire que, pour l'Allemagne, c'est Luther qui donna le signal de ces publications populaires au tirage très élevé.

Page 28, ligne 18. — Pantagruel ne peut séjourner à Angers, à cause de la peste. A vingt-cinq ans de distance, cette maladie sévit dans deux Universités, Angers et Caen.

L'école d'Angers, fondée au xie siècle, fut transformée en Université par une ordonnance de Jean-le-Bon (1350), avec les mêmes privilèges que celle d'Orléans. Des lettres-patentes les renouvelèrent en 1364, 1373, 1398, 1494. Au commencement du xve siècle, elle ne comprenait que deux facultés, celle de droit civil et celle de droit canon. Le 30 octobre 1432, le pape Eugène IV, par une bulle reçue officiellement en France l'année suivante, établit trois autres facultés, celle de théologie, celle de médecine, celle des arts. L'Université d'Angers ne fut pleinement établie avec tous les privilèges conférés à celle de Paris qu'au XVI° siècle. (*Statuts des quatre Facultés de l'Université d'Angers*, par M. Pons, archiviste du département de Maine-et-Loire. — Académie des Inscriptions et Belles-Lettres : J. Officiel, 17 avril 1878).

Pages 38, 39, 40. — En Angleterre, le grec commença d'être publiquement enseigné dès 1535. Le premier titulaire d'une chaire de grec à Cambridge fut John Cheke (1540).

Les érudits anglais plaçaient la littérature grecque bien au-dessus de la littérature latine : « Si l'on excepte le seul Cicéron et un ou
« deux autres d'entre les Latins, ce ne sont tous que torchons ra-
« piécés et guenilles, mis en comparaison avec un ample vêtement
« d'un beau tissu ; et franchement s'ils ont quelque mérite, ils l'ont
« acquis, emprunté ou volé chez les grands esprits d'Athènes. »
(Ascham Works, t. III, the Scholemaster, l. I, p. 134, cité par M. Wiesener, dans son beau livre *La Jeunesse d'Elisabeth*).

Pages 52 et 53. — Autre citation d'un écrivain qui n'a rien d'un charlatan ni d'un gobeur et qui fut un homme de bien et de bon sens :

« La vieille astrologie aurait eu raison, en ce sens, sur l'astronomie moderne qui ne s'occupe des astres que pour les mesurer et les peser, les compter comme elle peut, quand elle ne peut pas faire autre chose qu'une vertu réside en eux, autre que celle découverte par Newton, qu'ils soient entre eux en rapports personnels, comme ceux qui s'établissent d'homme à homme, quelle répugnance l'esprit pourrait-il avoir à l'admettre ? Par où la raison peut-elle en être choquée, et la supposition contraire n'est-elle pas faite, au contraire, pour la choquer, au premier examen sérieux ? Cela peut-il lui sourire de stériliser l'Univers, de le remplir de cadavres ambulants, promenant tout au plus dans leurs cours aveugles des populations de parasites, investis seuls du droit de vivre de la vie intellectuelle et morale, du droit d'entrer en communion par la pensée avec le principe caché de la vie universelle (p. 68-69).

..... Quant aux astrologues, de vénérable mémoire, héritiers à travers les âges de la science astronomique des anciens temps et pères de la nôtre, s'ils ont abusé de la crédule ignorance de leurs contemporains, en enseignant que les actions célestes s'exerçaient personnellement, d'astre à homme, et se vantant d'en avoir le secret, peut-être se cachait-il une foi raisonnée sous les rouries de leur métier ? Il est permis d'y reconnaître la trace lointaine des intuitions qu'auront pu avoir les premiers contemplateurs du ciel, plus libres que nous dans leurs élans. Le culte des astres, dégagé de son rituel confectionné pour le peuple, réduit à la simple prosternation mentale, n'est pas si insensé qu'on l'a dit. (p. 71).

(*Philosophie de poche*, par Jean Macé, 1893).

Pages 61 et 107. — Très anciennement, les lois, d'accord avec la coutume de tous les peuples qui ont compris et pratiqué le culte des morts, défendaient aux chirurgiens de se livrer à des opérations sur le cadavre. Tout au plus, autorisait-on les recherches d'anatomie pathologique et de physiologie sur le corps des animaux. On ne pouvait procéder que par comparaison du corps de l'animal au corps humain, et les assimilations n'étaient pas toujours exactes.

Le premier « physicien » qui ne craignit pas de faire une autopsie fut un certain Erasistrate, disciple du philosophe Chrysippe (210 avant J.-C.). Les expériences auxquelles il se livra lui donnèrent de si utiles résultats qu'il voulut pousser plus loin et qu'après avoir travaillé sur le cadavre de condamnés à mort, il voulut essayer avec eux de la vivisection. Celse nous assure qu'il fut autorisé à le tenter ; mais le fait reste douteux.

Erasistrate observa le mouvement de systole et de diastole : il conjectura sur les valvules du cœur, sur le rôle des reins.

Son disciple Hérophile s'occupa des nerfs. Il découvrit les vésicules séminales.

Page 68, ligne 26. — Dès le XIIIe siècle, on peut dire que les architectes constructeurs de monastères comprennent dans leur plan une bibliothèque.

C'est là que l'on a retrouvés, perdus de poussière et de moisissure, des *palimpsestes* ou livres écrits sur parchemins grattés de façon à faire disparaître la première écriture. Usage déplorable, puisqu'il substitua trop souvent de la prose latine fort vulgaire, quoique sacrée, à des œuvres du plus haut intérêt ! Des psautiers, des évangéliaires occupèrent la place d'un texte ancien. On manquait de parchemin. Pour conserver un ouvrage d'une latinité douteuse, on anéantissait un texte curieux. Heureusement, on peut le dire, à quelque chose fut utile cette barbarie : les écrits pieux conservèrent quand même les profanes. On a pu reconstituer la première écriture, et l'on a ainsi retrouvé les Institutes de Gaïus, des lettres d'Antonin-le-Pieux, de Marc-Aurèle, un traité de Cicéron (*De Republica*), des œuvres de Frontin, de Symmaque. Les pauvres moines n'auraient probablement pas eu souci de leurs parchemins, si des prières, des traités de piété ne les avaient rendus sacrés à leurs yeux.

Page 69. — L'Université de Caen avait un grand renom au Moyen-Age : elle possédait une fort belle bibliothèque.

Il paraît que des vols nombreux y furent commis : elle réparait assez facilement ces pertes, grâce aux dons considérables qu'elle recevait. Mais elle souffrit surtout des guerres de religion : les protestants la pillèrent en 1562. Puis ce fut la peste qui en ferma les portes et dispersa les nombreux étudiants.

Au commencement du xviiie siècle, elle fut encore victime de la rapacité livresque de l'intendant de la province, M. Foucault.

Page 71. — Le bibliothécaire se nommait *armarius* et la bibliothèque *armariola*. On faisait jurer à celui-là de ne jamais céder ni engager les volumes de celle-ci, et, comme si le serment n'eût pas dû suffire, on enchaînait les volumes à la table ou pupitre sur lesquels on devait les consulter : p. ex à Cordes (Tarn), *lou librè ferrat*. Louis XI alla plus loin : il fit enclouer certains livres pour empêcher qu'on ne les lût. Les ouvrages condamnés ainsi étaient ceux des *nominaux* les plus engagés dans la grande querelle avec les *réalistes*.

Page 71. — On finit par réagir contre le luxe des « illustrations », parce que les copistes, devant avoir le talent de peintres, se faisaient payer plus cher ; les moines n'étant pas toujours à la hauteur de cette tâche vraiment artistique, on ne se souciait plus, dans les couvents, de faire appel à des étrangers dont les prétentions étaient très élevées, en raison de leur spécialité.

La matière employée était le parchemin, le vélin, quelquefois des tablettes de cire, plus souvent des peaux de mouton que l'on cousait ensemble et que l'on roulait *(in rotulis)* ou que l'on recouvrait d'un papier très fort, que l'on reliait.

Page 97, ligne 10. — La carte de Fra Mauro fut la première exacte pour la région Nord-Ouest de l'Europe et surtout pour les côtes de Norwège : elle s'appuyait sur la relation d'un long et dramatique voyage accompli en 1431 par le vénitien Piero Querini jusqu'au 67° degré de latitude (*Bulletin de la Société de Géographie de Rome*, 1885, étude de M. le professeur Pennesi). Ce navigateur avait eu connaissance des îles Sorlingue, des côtes d'Islande, de l'archipel Loffoden, des côtes de Norwège et du Danemark.

Page 98. — On n'a pas retrouvé d'exemplaire de la carte dressée par le médecin florentin Toscanelli dont Christophe Colomb s'inspira très certainement lorsqu'il projeta d'aller aux Grandes-Indes par l'Ouest. Ce que le célèbre navigateur entreprit et réalisa, Toscanelli le conçut, l'entrevit : en 1474, il avait communiqué au roi de Portugal un plan de voyage de découvertes, dont le principe était de se diriger vers l'Occident pour rencontrer les continents et grandes îles que l'on gagnait en naviguant vers l'Orient. Il espérait ainsi retrouver les îles aux épices, les terres aux « denrées coloniales » qu'avaient successivement abordées, explorées ou annexées des capitaines portugais.

Si la carte de Toscanelli s'est perdue, on peut en mentionner les données d'après un globe de Martin Béhaïm, de Nuremberg, dressé en 1491 pour établir l'état des connaissances géographiques après les excursions maritimes des Portugais. Les cartes de Ptolémée avaient été le point de départ. Les voyages de Marco Polo, au XIII° siècle, Jean de Mandeville au XIV°, Béthencourt, Diaz, Païva, Covilham, avaient permis de dépasser les bornes du monde ancien et d'annexer, dans toutes les directions, sur toutes les mers, des pays dont Ptolémée n'avait pas soupçonné l'existence, même après les grands périples accomplis par certains navigateurs. Comme documents géographiques, il faut ajouter à ceux énumérés au texte et pour être complet : les globes de Johann Schöner (1515-1520); le globe dressé sur les ordres de Charles-Quint pour être offert à Sébastien del Cano avec cette devise : *Tu primùm me circumdedisti ;* le globe doré (1528 ?) qui est à la Bibliothèque nationale.

Page 98, ligne 7. — Les notions sur la faune terrestre ou abyssale d'une région étaient souvent très fantaisistes. Une carte du XIV° siècle, dressée par Angelicus Dulceri, à Majorque (en 1349), et une carte catalane plus récente, énumèrent des îles fabuleuses où les hommes sont immortels, des contrées où vivent des animaux extraordinaires des mers dont les abîmes recèlent des monstres hideux d'une taille prodigieuse. L'auteur des *Merveilles du Monde,* au XV° siècle, parle d'oiseaux qui naissent du limon de la mer. Un autre écrivain croit qu'ils proviennent des feuilles d'un arbre. Le kraken, la licorne, le serpent de mer, le dauphin, le « monstre léonin de mer », les tritons, les sirènes, toute cette ménagerie fantastique de l'antique, alimente les relations des voyageurs et, par suite, les traités d'histoire naturelle, illustrés par des peintres qui *adjoutent* ou *ostent beaucoup,* d'après le témoignage de Rondelet (*Histoire des Poissons*, 1554), citant la *Cosmographie de Münster.*

Rabelais a son serpent de mer, le « grand et monstrueux physe-
« tère, bruyant, ronflant, enflé, enlevé plus haut que les hunes des
« naufz et jectant eaulx de la gueulle en l'aer devant soy, comme si
« feust une grosse rivière tombant de quelque montagne. » (IV, c. 33).

Page 107, lignes 1 et suiv. — Il n'est pas jusqu'à Brown-Séquard, l'auteur de la méthode reconstituante, qui n'ait eu un ancêtre.

Antoine Mizaud, docteur en médecine, né à Montluçon (1520) et mort à Paris (1578) où il exerça brillamment sa profession, avait composé un ouvrage où l'on a cru retrouver l'idée de la méthode précitée. Il est ainsi présenté : *Memorabilium, utilium ac jucundo-*

rum centuriæ novem, in Aphorismos arcanorum omnis generis locupletes perpulchrè digestæ. Auctore Ant. Mizaldo, medico. Lutetiæ, 1566. On y recommande, comme un aphrodisiaque utile, prise dans du bouillon ou du vin, l'ingestion des parties génitales d'un taureau rouge (?!) broyées dans un mortier. Il est vrai que la même préparation prise par la femme la détourne des œuvres de la chair. Curieux effet en sens contraire, suivant le sexe !

Physiologiste et thérapeute, Mizaud, quoique très savant, versa dans ce que Rabelais appelait « l'astrologie divinatrice et l'art de Lullius »; il s'occupa d'astrologie, et, à cet effet, il rechercha s'il n'y aurait pas une sympathie entre la femme et la lune, si cet astre avait de l'influence sur la terminaison des affections chirurgicales.

Dans les deux cas, il se prononce affirmativement et il examine avec gravité comment se fait l'accord entre la santé de la femme et la lune, et quel est le résultat des opérations « suivant l'accord de la lune et des membres. »

Voici le texte exact de l'ouvrage où ces belles idées, encore aujourd'hui mal déracinées, sont exposées : « Secrets de la lune, opus-
« cule non moins plaisant qu'utile, sur le particulier consent et
« manifeste accord de plusieurs choses du monde avec la lune,
« comme du soleil, du sexe féminin, de certaines bestes, oyseaux,
« poissons, pierres, herbes, arbres, malades, maladies et autres de
« grande admiration et singularité. »

(*Nouvelle Revue*, 1ᵉʳ sept. 1892 : Un précurseur de M. Brown-Séquard, par M. Georges de Dubor].

Page 107. — Rabelais indique nettement quel emploi on peut tirer des pigeons voyageurs. Gargantua et Pantagruel sont de plusieurs siècles en avance sur nos colombophiles; ils se servaient de ces rapides oiseaux en temps de paix et en temps de guerre, pour être informés très promptement de l'issue d'une bataille, des résultats d'un siège, de la naissance d'un enfant de grande famille, de la maladie ou mort de quelque parent ou ami. Le gozal ou pigeon était le messager fidèle, porteur de nouvelles bonnes ou mauvaises selon la couleur du fil noué à la patte.

Les modernes chefs d'armée ou d'Etat ont, par leurs pigeons, des renseignements moins sommaires sur les événements qui les affectent et qu'ils désirent connaître « véhémentement », mais ils auront mis le temps pour adopter et perfectionner ce mode de correspondance. (Pantagruel, liv. IV, ch. III).

Page 107, ligne 11. — Ne pourrait-on voir aussi, dans quelques mots sur « l'art d'evocquer des cieulx la fouldre et le feu céleste,
« jadis inventé par le saige Prometheus », une sorte de prescience

des belles découvertes qui dérivent de la théorie de Franklin (*eripuit cœlo fulmen*)? Rabelais n'a-t-il pas entrevu qu'un jour, des philosophes, non plus ignorants comme ceux « qui se complaignent « toutes choses estre par les anciens escriptz, rien ne leur estre « laissé de nouveau a inventer », découvriraient cet art perdu et, « voyans villes conflagrer et ardre par fouldre et feu éthéré », expliqueraient les phénomènes de la nature, « ce que la terre vous « exhibe, ce que la mer et aultres fleuves contiennent, ce qui est en « terre caché »? Il est vrai que contrairement à ce que pense le maitre Rabelais, la plupart de ces savants « alphestes, c'est-à-dire rechercheurs et inventeurs », n'ont pas tous estimé deux choses nécessaires « guide de Dieu et compaignie d'homme » : ils n'ont pour guide que « l'illustre Dame Lanterne », ils ne reconnaissent pour « compaignons de leurs pérégrinations » que le doute méthodique, l'expérience, la raison, la science.

Page 107, ligne 14. — Le principe de la circulation du sang, pressenti par Rabelais, entrevu par Michel Servet, découvert par Harvey (1608), avait été indiqué, à titre d'hypothèse, par Nemesius, évêque d'Emèse, en Phénicie, 1000 après Jésus-Christ. Ayant remarqué le mouvement alternatif du pouls, imaginant que cette action se manifestait d'abord au cœur, il avait présumé que les contractions régulières des artères étaient symétriques et connexes à celles du cœur.

Un contemporain de Rabelais, le médecin Columbus, d'Italie, avança que, le cœur se dilatant, le sang tombait de la veine cave dans l'oreillette droite, de celle-ci dans le ventricule droit, puis dans l'artère pulmonaire, enfin dans l'oreillette gauche.

Cette thèse devait être reprise et soutenue, contre les professeurs de l'Université d'Utrecht, par Descartes et son disciple Regius.

Page 107, ligne 20. — Rabelais n'indique-t-il pas le procédé très moderne du lavage de l'estomac, lorsqu'il décrit la maladie dont souffre Pantagruel (chap. XXXIII) et qui l'empêche de boire et de manger? Les purges les plus énergiques ne suffisent pas, il faut employer le ramonage de cette cheminée embrenée d'odeurs abominables, « vaporement d'humeurs corrompues. » Les médecins conseillent un nettoyage à fond. Les paysans enfermés, avec leurs outils et leurs lanternes, dans des pommes de cuivre, et descendus dans l'estomac, qui « cheurent plus de demye lieues en ung gouf- « phre horrible, puant, infect plus que Mephitis, ny la palus Cama- « rine, ny le punays lac de Sorbonne », ne rappellent-ils pas nos modernes scaphandriers? « Quand tout feut bien nettoyé, chas- « cun se retira en sa pomme... Et par ce moyen feut guari et ré- « duict à sa première convalescence. »

Page 110. — Les « folz astrologues de Nurnberg », dont se moque Rabelais, n'étaient pas plus méprisables que ceux de Louvain. L'école de Nuremberg était renommée : elle avait préludé, pour son compte, à la renaissance des sciences mathématiques et astronomiques, avec Purbach et Jean Müller.

Page 116. — Calvin et Luther comprirent toute l'utilité de l'enseignement de la musique et des exercices de chant dans les écoles primaires.

Luther composa lui-même des cantiques écrits en langue vulgaire ; il introduisit la musique vocale dans le programme des écoles.

Calvin eut deux collaborateurs : l'un, musicien célèbre, maître de chapelle en Italie et en France, chef d'école, Claude Goudimel, fit la musique des psaumes mis en vers par Clément Marot ; l'autre, Guillaume Franc, fut un professeur distingué, qui enseigna à Genève et à Lausanne. Le réformateur genevois avait aussi introduit la musique vocale dans son programme d'enseignement primaire (16 avril 1643).

Page 134. — Les anciens avaient, sur l'influence thérapeutique de la musique, des idées qu'il y aurait intérêt à examiner de plus près. Peut-être, en pathologie générale, est-il permis d'affirmer que, la maladie constituant un trouble dans l'aménagement cellulaire, la musique, médecine par les sons (phonothérapie), peut tout remettre en ordre avec des vibrations qui ont un retentissement favorable dans tout l'être

Page 135. — Un grave auteur allemand, M. Franz M. Böhme, a écrit tout un gros volume sur l'*Histoire de la Danse en Allemagne*, dans lequel Mme Arvède Barine (*Revue bleue*, 1887, 1er semestre, p. 577), a cueilli la pensée suivante : « L'importance de la danse
« comme initiatrice, promotrice et, plus tard, facteur nécessaire de
« la culture générale d'un peuple, comme mesure de la civilisation
« d'une nation, comme origine des arts, de la poésie et de la mu-
« sique, qui aujourd'hui s'y rattachent étroitement, comme appui
« et soutien de tous les arts qui expriment le beau dans le mouve-
« ment, cette importance n'a été reconnue que depuis un demi-
« siècle par l'histoire de la civilisation et celle de l'art. » L'aperçu très rapide que j'ai donné sur les danses de France au XVIe siècle à propos de l'éducation physique suivant Rabelais prouve que l'utilité de cet exercice n'était pas méconnue ; il est vrai que cette utilité n'était pas démontrée dans un aussi *beau langage* que celui de M. Böhme et que l'on faisait inconsciemment de l'hygiène sociale comme M. Jourdain faisait de la prose.

Page 143. — Le goût particulier de Rabelais, en fait de musique, est pour la simplicité, le naturel, la rusticité même. L'instrument qu'il préfère est, dit-il, la rustique cornemuse... (I., 4, III, 46)

Page 143, ligne 12. — Bernardin de Saint-Pierre croyait à l'influence de la musique sur la santé morale des enfants ; aussi proposait-il de régler les divers exercices d'une école au son des flûtes, des hautbois et des musettes.

Il aurait voulu que l'on mît en musique des sentences morales : « Qui pourrait jamais oublier les saintes lois de la morale, si elles « étaient mises en musique et en vers aussi agréables que ceux du « *Devin du Village.* » (*Etudes de la Nature*, XIV°).

Page 143. — On a compris, de nos jours, l'importance de l'enseignement du chant pour les enfants et pour la jeunesse adulte ; aussi a-t-on composé pour les écoles primaires et régimentaires des chants patriotiques à l'unisson ou à plusieurs parties, d'un rythme entraînant, sans complications harmoniques, pour leur laisser un caractère populaire. On espère donner à nos écoliers et à nos conscrits le goût de la musique et des réunions amicales dont elle est le prétexte.

En outre, on voudrait peu à peu éliminer les chansons ridicules ou obscènes qui accompagnent trop souvent des promenades militaires et qui ne sont pas de nature à fortifier l'idée du devoir dans l'esprit des jeunes soldats. Nous sommes, à cet égard, dans un état d'infériorité à l'égard de nos voisins, les Suisses, les Allemands, les Italiens.

Page 150. — Un prédécesseur (comme écrivain), du général Lewal, à la fin du XVI° siècle, a très bien présenté l'histoire de la gymnastique d'après les médecins, les poètes, les historiens, les pères de l'Eglise. Cet ouvrage, d'une lecture pénible (car il est bourré de citations latines, hérissé de citations grecques), est de P. Fabri et il porte le titre de *Agonisticon*, avec ce sous-titre : *Sivè de re athletica ludisque veterum gymnicis, musicis atque circensibus spicilegiorum tractatus tribus libris comprehensi. Lugduni 1592.* L'auteur est un érudit consommé ; peut-être n'a-t-il pas l'autorité de celui qui a été homme du métier! Il s'intitule d'ailleurs ancien magistrat : *Fabri, ex-magistri et in senatu Tolosano præsidis* (V. note, p. 10).

Page 154. — Saint Louis, qui a été un grand roi et que l'Eglise devait canoniser, n'avait pas eu une enfance plus heureuse. Ses frères, comme lui, étaient rudement fustigés. Au témoignage du confesseur de la reine Marguerite, femme de Louis IX, on le battait souvent « pour lui enseigner choses de discipline. » Blanche de Castille était sévère en tout.

Page 155. — Une correction serait pourtant très utile, disent certains, pour éveiller l'intelligence des enfants. Tirer les oreilles qui sont les membres consacrés à la mémoire, « selon la doctrine des saiges Egyptiens » et secouer fortement la tête d'un élève, ce serait excellent pour remettre ses sens « en bonne et philosophique discipline. » (Pantagruel, L. III, ch. 46). Virgile en témoigne (Eglogue VI). Et voilà pourquoi, sans doute, trop de maîtres encore s'en prennent aux oreilles et aux cheveux des élèves... pour leur réveiller l'esprit !

Page 155. — Dans le livre des *Proverbes*, il est écrit : « *Qui parcit virgæ odit filium suum.* » Le père Malebranche s'autorisait de ce passage pour donner son approbation aux châtiments corporels *(Recherche de la vérité,* L. II, 2ᵉ p. ch. 8). Montaigne les réprouvait (*Essais,* L. I, ch. 25 ; L. II, ch. 8). La Bruyère a écrit : « Il faut aux enfants les verges et la férule. » (*Caractères,* de l'Homme).

Page 155. — Bernardin de Saint-Pierre a protesté contre l'usage des punitions corporelles : « J'attribue, dit-il, à ce genre de châtiments non seulement la corruption physique et morale des enfants, mais même de la nation... Le gouvernement doit proscrire ce genre de châtiment, car il corrompt à la fois les pères, les mères, les précepteurs et les enfants. Ce serait une question de droit intéressante à traiter, savoir si l'Etat peut laisser le droit d'infliger l'infamie à des hommes qui n'ont pas droit de vie et de mort. Ce n'est rien, dit-on, ce ne sont que des enfants ; mais c'est parce que ce sont des enfants que toute âme généreuse doit les protéger et parce que *tout enfant misérable devient un homme méchant.* » Grande parole d'un miséricordieux qui a la vue perspicace d'un homme politique !

Page 156. — Dans la benoiste île des Papimanes, comme, à l'arrivée de gens qui disent avoir vu le Pape, le maître d'école fouette ses élèves ainsi qu'il est d'usage, pour qu'ils s'en souviennent toute leur vie, le bon Pantagruel intervient pour faire cesser cette inutile leçon correctionnelle. « Messieurs, si ne désistez fouetter ces enfants, je m'en retourne. »

Page 168. — On a retrouvé, dans les ruines de Pompéi, un Traité de musique de l'épicurien Philodème, contemporain de Cicéron. Sa bibliothèque, qui paraît avoir été assez riche, fut découverte, en 1752, à Herculanum.

Page 205. — Rabelais fait mourir de rire, autrement dit « crever de rire » la mère de Gargantua. Avec son constant souci de citer des auteurs et d'accrocher les épisodes de son récit à des souvenirs de l'antiquité ou des temps modernes, il aurait pu rappeler, à l'occasion de cette fin burlesque, la mort de Policrate, après avoir reçu les remerciements d'habitants de Naxos, celle de Diagoras, en apprenant la victoire de ses trois fils aux jeux olympiques, celle du peintre Zeuxis pris d'accès de gaieté convulsive devant le portrait-charge de vieille femme qu'il venait de terminer, celle de Crassus « voyant un âne couillart qui mangeait des chardons », celle de « Philémon, voyant un âne qui mangeait des figues qu'on avait « apresté pour le disner. » Fallait-il que ces derniers surtout fussent impressionnables et eussent bonne envie de rire ! Rabelais les cite après le plaidoyer de Janotus de Bragmardo (I, 20).

Page 208. — Bossuet, qui avait fait l'application à Molière du mot cité « Malheur à vous qui riez, car vous pleurerez » était dans la tradition de beaucoup de saints. Saint Ambroise, saint Basile croyaient « qu'il n'était permis de rire en aucune sorte. »

Page 218. — C'est M. Ch. Lévêque qui rapporte la cause du rire « au plaisir indicible de se sentir vivre en liberté » : Cet état d'âme ainsi défini correspond à celui que M. Richet a appelé l'exaltation du sentiment de la vie. Le philosophe, le physiologiste s'expriment d'une façon identique.

Sur cette question de l'évolution du rire, on peut consulter avec intérêt un écrivain récent, M. Ernest Mancini, qui a écrit des pages intéressantes dans la *Nuova Antologia* (avril 1897).

Page 220. — A ceux de mes lecteurs qui voudraient remonter aux sources et se documenter sur le sujet du rire que j'ai trop succinctement traité au seul point de vue de la gaieté selon Rabelais, je signale quelques ouvrages curieux :

Laurent Joubert, *Traité du Ris* ; Paris, in-8, 1579 ; Coclenius Rudolphus, *Physiologia de Risu et lacrymis* ; Marpurgi, in-8, 1597.

Il ne serait pas sans intérêt aussi de lire : Léon Dumont, *Des Causes du Rire* ; Paris, Durand, in-8, 1862 ; Alfred Michiels, *Introduction aux œuvres complètes de Regnard* ; Paris, Delahays, 2 vol. in-8, 1860 ; *Le Rire, essai littéraire, moral et psychologique*, par M. Louis Philbert, avocat à la cour d'appel de Paris, couronné par l'Académie.

TABLE DES MATIÈRES

Chapitres	Pages
I. Principaux réformateurs de l'enseignement public au XVIᵉ siècle. Rabelais et son programme d'études..	4-13
II. Mise en pratique du plan pédagogique : éducation physique, intellectuelle et morale. Gargantua ; François Iᵉʳ................................	13-23
III. Pantagruel : un prince-écolier qui fait son tour de France. Lettre de Gargantua.....................	23-35
IV. Culture du latin et du grec. Méthode de travail...	36-42
V. Les langues sémitiques. La Kabbale. Répudiation de l'astrologie judiciaire.....................	42-52
VI. Rabelais précurseur en médecine, chirurgie, hygiène...................................	53-61
VII. Pantagruel à travers les bibliothèques et chez les gens de lettres	61-75
VIII. Etude de l'histoire............................	76-88
IX. La Géographie pantagruéline....................	88-99
X. Astronomie et Mathématiques...................	99-115
XI. De la musique comme hygiène morale et sociale. Maîtres de chapelle au temps de Rabelais......	115-134
XII. Gargantua et Pantagruel cultivent les arts d'agrément : danse, chant, musique instrumentale...	135-143
XIII. L'art militaire. Education des féodaux. Jeux de plein air. Agonistique. Châtiments corporels...	143-165
XIV. Suivant Rabelais (et, plus tard, Rousseau), nécessité du retour à la nature : il continue Aristote et Platon...................................	166-173

Chapitres	Pages
XV. Les femmes dans l'épopée gargantuine. Injustice séculaire à leur égard....................	173-190
XVI. Les femmes savantes en France au XVIe siècle....	190-201
XVII. La gaîté Rabelaisienne.......................	201-222
XVIII. Morale et Théodicée. Rabelais précurseur de Leibnitz...................................	222-238
XIX. Conclusion. Réincarnations hypothétiques du génie de Rabelais............................	238-252
XX. Un arrière-neveu : Renan. Le Pantagruélisme et le Renanisme..............................	252-262
APPENDICE. — Notes et éclaircissements............	263-275

www.ingramcontent.com/pod-product-compliance
Lightning Source LLC
Chambersburg PA
CBHW070534160426
43199CB00014B/2255